均线指标精讲与实战操盘

郭晓静 / 编著

中国宇航出版社

· 北京 ·

图书在版编目（C I P）数据

均线指标精讲与实战操盘 / 郭晓静编著. -- 北京：中国宇航出版社，2021.6
ISBN 978-7-5159-1919-5

Ⅰ. ①均… Ⅱ. ①郭… Ⅲ. ①股票投资－基本知识 Ⅳ. ①F830.91

中国版本图书馆CIP数据核字(2021)第099339号

责任编辑 卢　珊　　**封面设计** 宇星文化

出　版 发　行 中国宇航出版社

社　址 北京市阜成路8号　　**邮　编** 100830
(010)60286808　　(010)68768548

网　址 www.caphbook.com

经　销 新华书店

发行部 (010)60286888　　(010)68371900
(010)60286887　　(010)60286804(传真)

零售店 读者服务部
(010)68371105

承　印 北京天顺鸿彩印有限公司

版　次 2021年6月第1版　　2021年6月第1次印刷

规　格 710×1000　　**开　本** 1/16

印　张 13.25　　**字　数** 195千字

书　号 ISBN 978-7-5159-1919-5

定　价 39.00元

让均线指标助你盈利

（代序）

长期以来，投资者都在尝试寻找更好用的技术分析指标和工具。不过，当大家试验了各类新的技术指标和技术工具后发现，原来最好用的工具还是最基础的那几种，而均线指标绝对是其中最为经典的代表。均线指标在绝大多数交易软件中都是作为与K线图相配套的默认技术指标出现的，由此可见其受重视和欢迎的程度。

自葛兰碧（Joseph E.Granville）提出移动平均线理论至今，均线指标已经被市场上的投资者普遍认可。每天在股票交易软件中，借助该工具做交易分析与决策的投资者更是数不胜数。与此同时，均线指标的应用途经与方法也在不断地拓展。

其一，应用领域的拓展。均线指标不仅在股票交易市场得到了广泛的应用，在期货市场、外汇市场也同样得到了投资者的认可；其二，分析方法的拓展。借助不同的分析框架和分析周期，使均线指标的应用方法与技巧更为丰富，本书中我们就给出了多种分析框架，以供读者选择；其三，交易策略的拓展。投资者在应用均线指标时，所采用的交易策略并不相同，同样是股价下跌远离均线，有些投资者已经开始入场抄底，有些投资者则避之唯恐不及。

总之，我们学习技术指标，重点在于理解和掌握技术指标运行的原理，同时，必须根据市场环境和自己的交易策略，有所选择、有所变化地使用。

这就如同一部兵法，虽然很有用，但市场上读到这本书的人很多，市场上的主力读得更多，理解得也更加到位；作为散户，与主力相遇，大家都在读同样的兵书，谁会赢？当然是能够将兵书灵活运用的人才会笑到最后。如果投资者只知道刻板地照搬兵书上的原则，只会输得很惨。包括均线指标在内的所有技术指标，在使用时都需要遵循这一原理。我们要学会这些技术指标的用法，同时也不应拘泥于这些用法，要大胆地去尝试技术指标新的应用方法。

在本书中，为了帮助投资者在短线交易、波段交易以及趋势判断等方面获得更为清晰和准确的交易信号，我们还尝试将均线指标与其他技术指标进行组合，以提升交易信号的有效性和准确性。当然，有些投资者对此会存在一些疑问，单独的技术指标就可以发出买卖信号，为何还要与其他技术指标组合，是不是多此一举？其实，这就如同股价已经出现了反弹，为何还要看技术指标是相同的道理。我们的交易必须以资金安全为前提，单独的交易信号，准确性肯定有所不足，通过多指标的交易信号共振，无疑可以增加交易信号的有效性。将均线指标与其他技术指标结合分析，也是基于这样的考虑，即为了保障资金安全，降低判断失误的概率。

股市中，能够获得最终胜利的人，肯定不是看了最多投资理论书籍的人，而是那些懂得灵活运用这些投资理论和技术分析工具的人。

目录

第四章 强势出击——均线经典实战技术

第五章 短线是金——均线追涨交易技术

第六章　随风起舞——均线波段交易技术

第七章　优中选优——均线选股战法

第一章

成本利器——透析均线指标的奥秘

均线，全称为“移动平均线”（Moving Average），英文简称为“MA”，是由葛兰碧（Joseph E.Granville）在1962年发明的。该指标以“平均成本概念”为理论基础，采用统计学中的“移动平均”原理，将一定时间周期内的股价或指数的平均值标在价格图表中连成曲线，用来显示股价或指数的历史波动情况，并以此来预测后市的趋势走向，为投资者提供操作依据。

目前，均线指标是绝大多数证券交易软件K线图界面的默认技术指标，如图1-1所示。

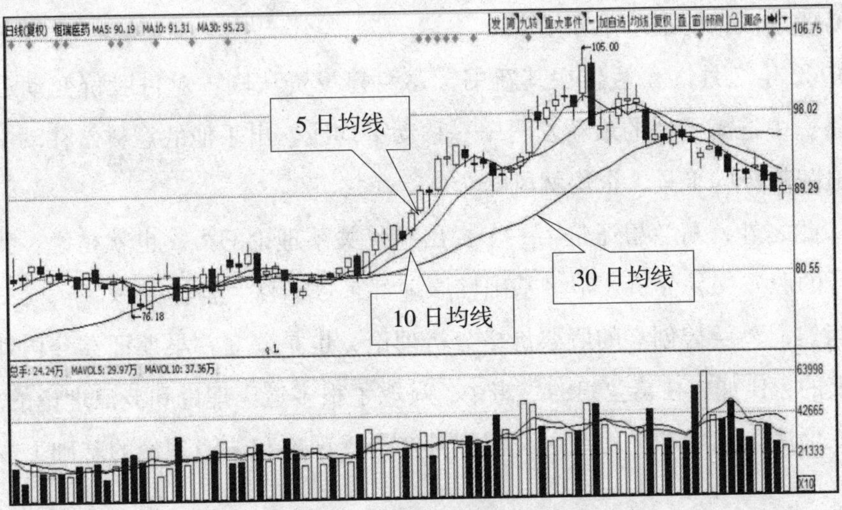

图1-1　均线指标示意图

从图 1-1 中可以看出，恒瑞医药的整个均线指标系统由 5 日均线、10 日均线和 30 日均线组成。也就是说，整个均线指标发出的交易指示信号，都是以此为基础的。在图 1-1 的均线系统中，5 日均线反映的是投资者短期的平均持仓成本，10 日均线为中期持仓成本，30 日均线为长期持仓成本。

在实战中，投资者可根据个人的投资偏好，对各条均线的分析周期以及均线数量进行调整。

第一节　均线指标的设计与应用原理

时至今日，均线已经成为大多数投资者在分析股价运行趋势时不可或缺的工具，因此，我们有必要先了解一下均线的设计及其应用原理。

一、葛兰碧与均线分析理论

1960 年，葛兰碧在其所著的《每日股票市场所获最大利益之战略》一书中，首先提出了判断股价买卖时机的八项法则。这八项法则，直至今天仍然是投资者交易股票依据的最基本原则。

1962 年 7 月，葛兰碧在其新书《葛兰碧投资法则：对付股价变动最有效的策略》中透露了他的最新发明——移动平均线。出乎他的意料，移动平均线这一追踪趋势的工具，很快就风靡全球。

除此之外，葛兰碧还是第一个提出量价关系理论的人。也就是说，我们现在进行的股票交易分析，很多基础性原理都来自于葛兰碧。

当然，葛兰碧创立的股票价格分析理论，也是建立在早期证券分析理论基础之上的，比如，在葛兰碧的思想中，吸取了很多道氏理论和波浪理论的思想，他的八项法则和移动平均线，其实都是在道氏理论和波浪理论的基础上发展而来的。

二、移动平均线的算法

移动平均线是通过计算一组数值的算术平均值得到的均线。其计算方法为：将一组数值相加，然后再除以该组数值的个数。这是最简单的均线，也是投资者最熟悉的均线。

其计算公式如下：

$$MA = (C_1 + C_2 + C_3 + \cdots\cdots + C_n) \div n$$

其中　C_n 代表某个交易日的收盘价，n 代表移动平均周期。

例如，在 n 个交易日股票的收盘价分别为 C_1、C_2、C_3、$\cdots C_n$，那么，我们可以按照下列公式计算 5 日的均值。

第五天的均值为：$(C_1 + C_2 + C_3 + C_4 + C_5) \div 5$

第六天的均值为：$(C_2 + C_3 + C_4 + C_5 + C_6) \div 5$

第七天的均值为：$(C_3 + C_4 + C_5 + C_6 + C_7) \div 5$

……

把计算得到的均值画在坐标轴（股价走势图）上，横轴为时间，纵轴为股价，并将它们用曲线连接起来，就得到了一条 5 日均线。依据上述原理，还可以得到 10 日、20 日等不同时间周期的均线。

下面用具体数据来详细说明算术移动平均线是如何计算的。

某只股票连续 10 个交易日的收盘价如表 1–1 所示。

表 1–1　某只股票的收盘价

（单位：元）

第 1 日	第 2 日	第 3 日	第 4 日	第 5 日	第 6 日	第 7 日	第 8 日	第 9 日	第 10 日
C_1	C_2	C_3	C_4	C_5	C_6	C_7	C_8	C_9	C_{10}
10.22	10.41	10.65	10.53	10.76	11.12	10.98	11.74	12.01	12.34

如果要计算 5 日短期均线的话，就可以将移动平均周期 N 的数值设为 5，可以得到以下 5 日股价平均值。

如图 1–2 所示，三七互娱的股价经过一段时间的调整后，于 2020 年 6 月初重新启动了一波上涨行情。6 月 9 日，该股股价向上突破 30 日均线，与此同时，5 日均线也同步向上穿越了 30 日均线。这说明两点：其一，短线投资者的持仓成本开始高于长线投资者的持仓成本；其二，股价位于各条均线上方，说明此时股价高于大多数投资者的持仓成本。基于以上两点可以预判，未来股价上涨的可能性远高于下跌。

第二节 均线指标的分析周期

在实战中，周期不同的均线，发出的交易信号与质量也有所不同。使用何种周期的均线，需要投资者根据个人情况进行选择设置。

一、均线数量与周期的设置

在大多数证券交易软件中，系统会自动为投资者提供若干条均线（以 5 日均线、10 日均线和 30 日均线为多）。

若想调整或修改均线数量和分析周期，可在 K 线图上选中某条均线后右击鼠标，在快捷菜单中选中【修改指标参数】，如图 1–3 所示。

接着，系统会弹出一个【公式参数修改】的对话框，如图 1–4 所示。

若需修改均线的分析周期，只需将各条均线对应的数据格中的数值修改一下即可，也可以通过点击数字旁边的箭头向上或向下修改数据。

若需减少均线数量，只需将该均线对应的数据格中的数值修改为“0”即可；需要添加均线，直接在下面均线对应的数据格中填入相应的分析周期即可。

上面介绍的方法，只是修改均线数量和分析周期的方法之一，投资者也可以通过选择图 1–3 快捷菜单中的【修改长期均线】来调整均线设置，其方法与上面所讲的大同小异，这里不再赘述。

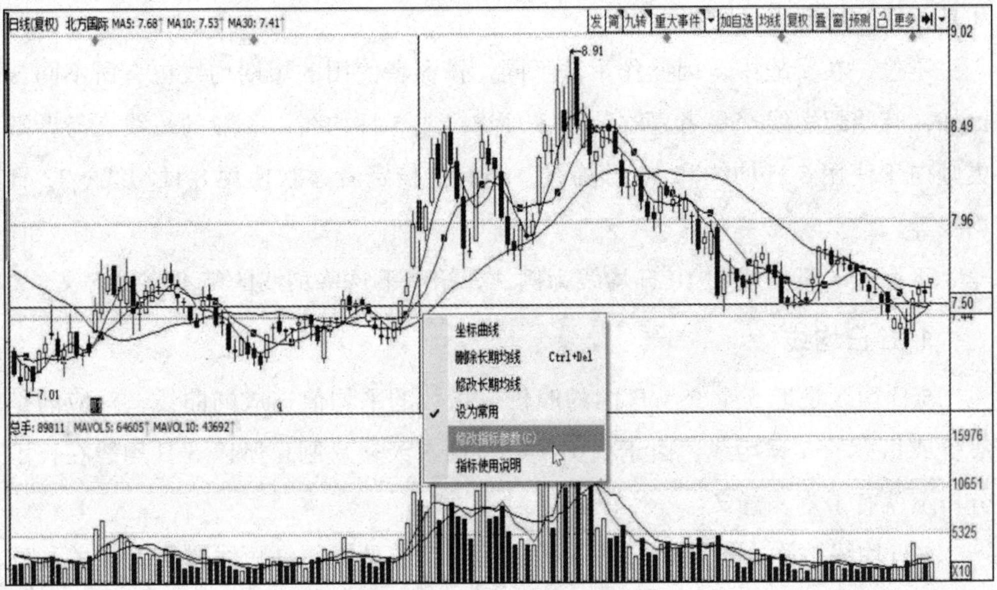

图 1-3　选择【修改指标参数】

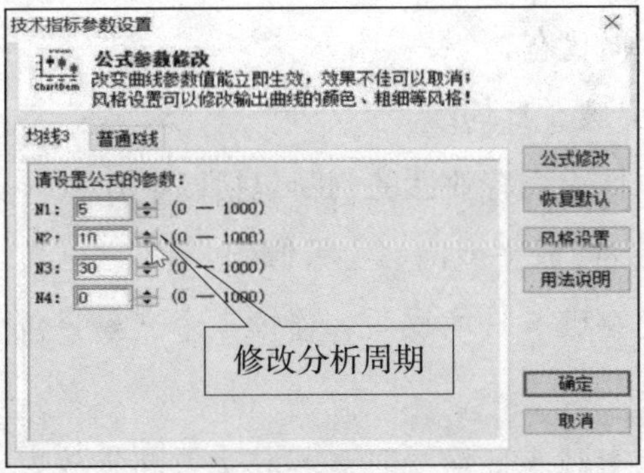

图 1-4　【公式参数修改】对话框

二、短期均线：5 日均线和 10 日均线

短期均线反映了近期买入股票的投资者的平均持仓成本。短期均线对于趋势交易者，特别是短线或超短线交易者来说，具有极其重要的意义。通常情况下，只有股价能够站稳短期均线，即短期内买入股票的投资者都处于盈利状态，

才是较佳的短期入场时机。

不过，在实战中，因操作手法不同，投资者使用的短期均线也有所不同，比如，有些超短线交易者喜欢使用 3 日均线或 5 日均线，一般的短线交易者则更倾向于使用 5 日均线和 10 日均线，还有些投资者喜欢使用 8 日均线、13 日均线等。

下面以 5 日均线和 10 日均线为例，介绍一下这些均线的基本交易含义。

1. 5 日均线

5 日均线是近 5 个交易日内的股价或指数的平均值连成的曲线，对应的是股价或指数的 5 日均线。由于我国实行每周 5 天交易制，所以 5 日均线在技术分析上就有了重要意义。

5 日均线被称为短线运行的保护线，它反应灵敏，是短线投资者最关注的一条均线，可用作短线进出的依据。当股价位于 5 日均线上方时，表示最近 5 个交易日买入的投资者基本处于盈利状态；反之，则表示最近 5 个交易日买入的投资者大多处于亏损状态。

（1）股价向上突破 5 日均线。

股价向上突破 5 日均线有效性的判断包括以下几点。

第一，5 日均线方向放平或向右上方倾斜。

第二，股价向上突破 5 日均线后，连续 3 个交易日位于 5 日均线上方，则可认定为有效突破。

第三，股价向上突破 5 日均线时，若成交量同步放大，则可增强突破信号的有效性。

下面看一下锐奇股份的案例。

如图 1-5 所示，2020 年 8 月 24 日，锐奇股份的股价经过底部整理之后，向上突破了 5 日均线。8 月 25 日、26 日，该股没有回到 5 日均线下方，证明突破有效。投资者可以在 26 日这一天短线买入。需要说明的是，对 5 日均线的突破，要选择在股价处于相对低位时买入，而且必须要在验证其有效后方可介入。

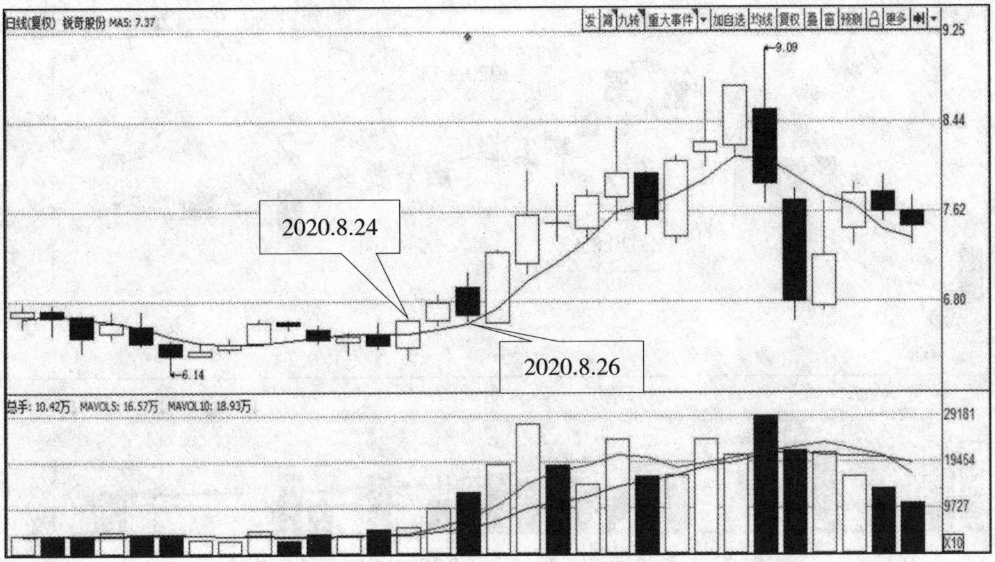

图 1-5　5 日均线：锐奇股份（300126）日 K 线走势图

（2）股价向下跌破 5 日均线。

股价向下跌破 5 日均线有效性的判断包括以下几点。

第一，5 日均线方向放平或向右下方倾斜。

第二，股价向下跌破 5 日均线后，连续 3 个交易日位于 5 日均线下方，则可认定为有效跌破。

第三，股价向下跌破 5 日均线时，通常并不需要成交量放大相配合。不过，若股价跌破 5 日均线时成交量同步放大，则可提前卖出股票。

下面看一下阳谷华泰的案例。

如图 1-6 所示，从 2020 年 5 月开始，阳谷华泰的股价出现了一波上升行情。2020 年 8 月中旬，该股进入筑顶阶段。2020 年 8 月 11 日，阳谷华泰的股价向下跌破了 5 日均线，这说明该股走势可能会发生改变。8 月 13 日，该股再度下挫，至此，该股股价已经连续 3 个交易日位于 5 日均线下方，说明该股股价短线走弱已成定局，投资者宜卖出手中的股票。

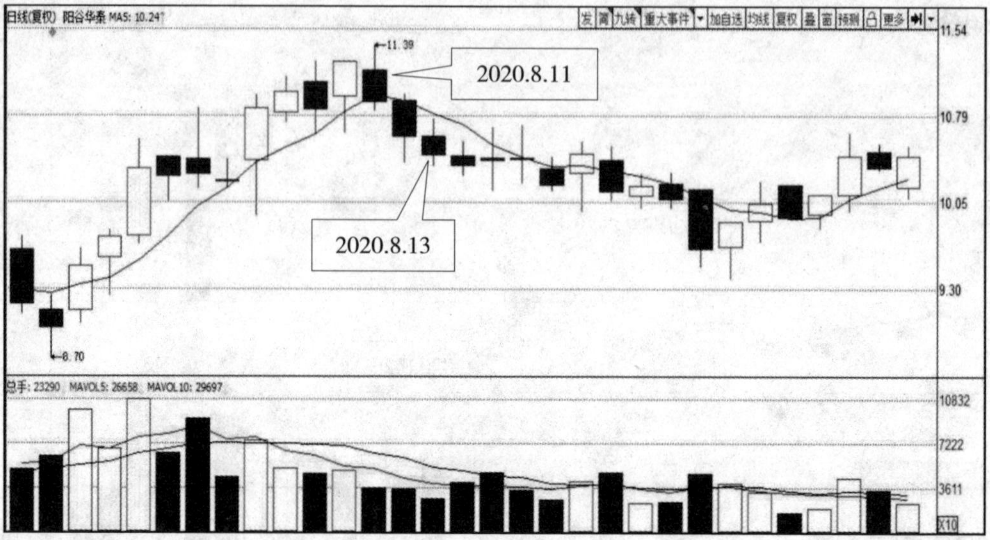

图 1-6　5 日均线：阳谷华泰（300121）日 K 线走势图

（3）股价与 5 日均线同步运行。

如果股价位于 5 日均线上方且与均线同步攀升，说明该股短期内将以上涨为主，投资者可以追涨买入；如果股价位于 5 日均线下方且与均线同步下跌，则说明该股短期内将以下跌为主，投资者应该远离该股。

根据股价与 5 日均线的同步运行情况，持有股票的投资者应该注意这样几点。

第一，股价沿 5 日均线缓步上攻，是一种比较理想的状态，可安心持股。

第二，股价沿 5 日均线上升过程中，可能会偶尔跌破 5 日均线，但只要股价在 5 日均线下方停留没有超过 3 个交易日，则可继续持股。

第三，股价上涨行情进入尾声时，往往会出现快速上涨走势，即股价位于 5 日均线上方，且距离 5 日均线较远，这时投资者要随时做好出货的准备，一旦股价滞涨反跌，就应该立即出货。

下面来看一下巨星科技的案例。

如图 1-7 所示，2020 年 7 月 2 日，巨星科技的股价向上突破了 5 日均线，之后股价在 5 日均线的支撑下向上运行，这种走势预示着该股已进入短线上涨行情，激进的投资者可以适度追涨，争抢反弹。

7月16日、7月27日，该股股价曾短暂跌破5日均线，不过很快又回到了5日均线上方，这更说明该股的上涨行情将会持续，激进型投资者可继续追涨。

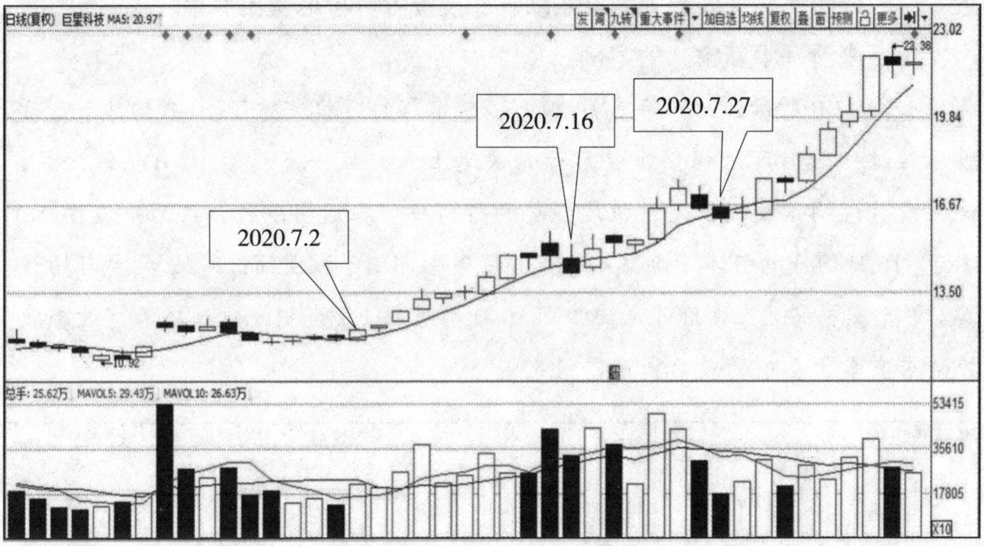

图 1-7　5日均线：巨星科技（002444）日K线走势图

2. 10日均线

10日均线是短线的生命线，也是短期内多空双方力量强弱的分界线。当股价位于10日均线上方运行时，说明多方力量强于空方力量，市场属于强势，股价短期内以上涨为主；相反，当股价位于10日均线下方运行时，说明空方力量强于多方力量，市场属于弱势，股价短期内以下跌为主。

10日均线是反映单边连续趋势的指标，在大盘或个股处于极度强势或极度弱势的情况下，会在一段时间内（通常是连续两周）沿10日均线连续运动，一直等到股价跌破或突破10日均线为止。许多个股，特别是庄家已经锁仓控盘的股票，在主升阶段，股价往往会沿着10日均线上涨，其结束的经典方式是爆出大阳线。

其操作要点如下。

第一，股价突破10日均线后沿10日均线上行，说明股价处于强势上涨趋势中，投资者可耐心持股或追涨买入。

第二，某一交易日股价跌破10日均线，且连续3个交易日位于10日均线下方，则说明此次跌破行为为有效跌破，投资者可考虑卖出股票。

下面来看一下新宙邦的案例。

如图1-8所示，2020年5月29日，新宙邦的股价突破了10日均线。之后，股价经过一段时间的振荡盘整后开始快速上涨，且一直处于10日均线上方，这种走势说明该股股价处于极度强势的行情中。在后半阶段，经历一波快速上涨后，10日均线的斜率逐渐减小。2020年7月16日，该股股价跌破了10日均线，其后3个交易日内，股价并未回归到10日均线以上，说明此次跌破为有效跌破，投资者宜卖出手中的股票。

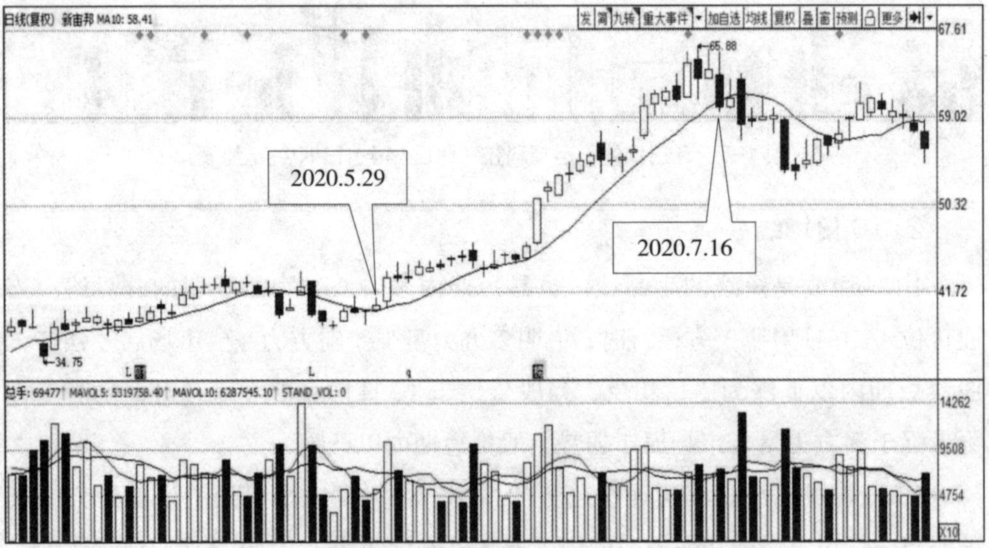

图1-8　10日均线：新宙邦（300037）日K线走势图

三、中期均线：20日均线和30日均线

中期均线反映了一段时间内买入股票的投资者的平均持仓成本。中期均线

一方面可以作为短线交易者的参照线，另一方面也可以作为波段或中线交易者的交易基准指标线。20 日均线和 30 日均线都属于比较经典的中期均线，有些投资者也喜欢使用 21 日均线、34 日均线作为中期均线。

下面以 20 日均线和 30 日均线为例，介绍中期均线的交易含义。

1. 20 日均线

由于我国股市的开市时间基本上是每周一至周五，一个月有 4 周，所以 20 日均线可以看作是月均线，代表一个月的平均持仓成本。20 日均线受到很多投资者的青睐，是投资分析中最重要的辅助均线，其预测底部的准确性极高。

在实战操作中，均线周期太短不容易反映大势，均线周期过长又不利于中短线买卖，因此，更能反映股价和股指中期趋势的 20 日均线具有广泛的适用性。

20 日均线也是中线行情的分界线。一般情况下，股价上穿 20 日均线可视为重要的买入信号，股价下破 20 日均线可视为重要的卖出警戒信号。

（1）股价向上突破 20 日均线。

股价向上突破 20 日均线有效性的判断包括以下几点。

第一，20 日均线方向放平或向右上方倾斜。

第二，股价向上突破 20 日均线后，连续 3 个交易日位于 20 日均线上方，则可认定为有效突破。

第三，股价向上突破 20 日均线时，若成交量同步放大，则可增强突破信号的有效性。

下面来看一下安科瑞的案例。

如图 1-9 所示，2020 年 7 月 3 日，安科瑞经过一段时间的筑底后放量上涨，股价向上突破了 20 日均线。从图中可以看到，该股当天收出一根小阳线，此后连续拉出几根阳线。此时是一次较好的买入机会。此后，该股股价经过一段时间的回调，于 8 月 12 日在 20 日均线附近获得支撑，转而重新上涨。该股股价回调遇 20 日均线支撑重新开始上涨时，可考虑追涨买入该股。

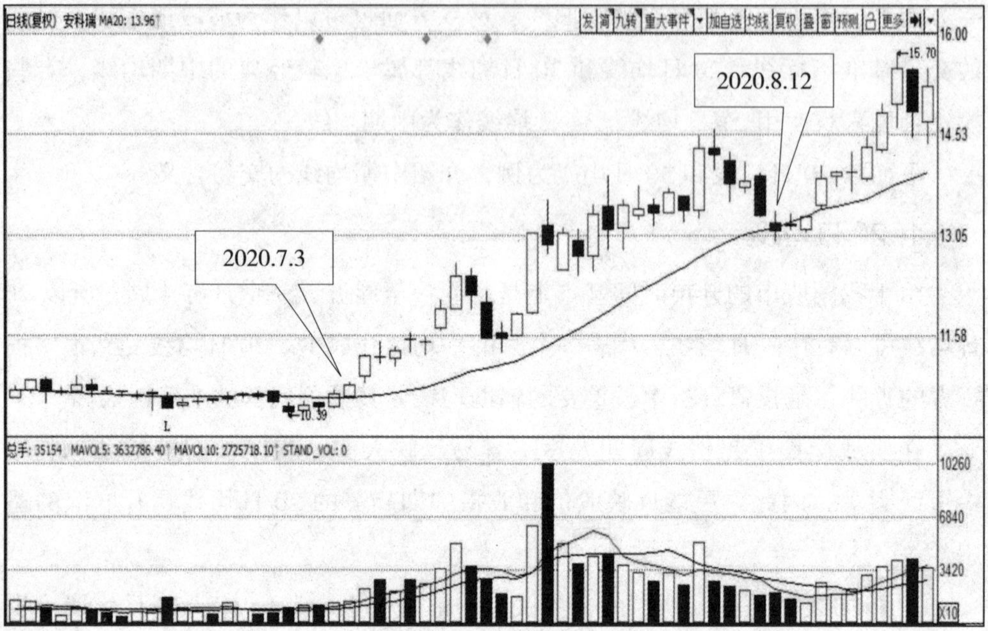

图 1-9　20 日均线：安科瑞（300286）日 K 线走势图

（2）股价向下跌破 20 日均线。

股价向下跌破 20 日均线有效性的判断包括以下几点。

第一，20 日均线方向放平或向右下方倾斜。

第二，股价向下跌破 20 日均线后，连续 3 个交易日位于 20 日均线下方，则可认定为有效跌破。

第三，股价向下跌破 20 日均线时，通常并不需要成交量放大相配合。不过，若股价跌破 20 日均线时成交量同步放大，则可提前卖出股票。

下面来看一下新易盛的案例。

如图 1-10 所示，2020 年 7 月中旬开始，处于上涨状态的新易盛的股价出现加速上扬走势，这意味着股价距离触顶已经不远了。7 月 14 日，该股以一根高开低走的假阴线终结了上涨格局。此后，该股股价经过几个交易日的连续下挫后，出现横向振荡态势。8 月 7 日，该股股价放量跌破了 20 日均线，预示着行情将发生反转。鉴于股价下跌当天成交量同步出现了放大态势，投资者可在 7 日当天果断减持或清仓以规避风险。

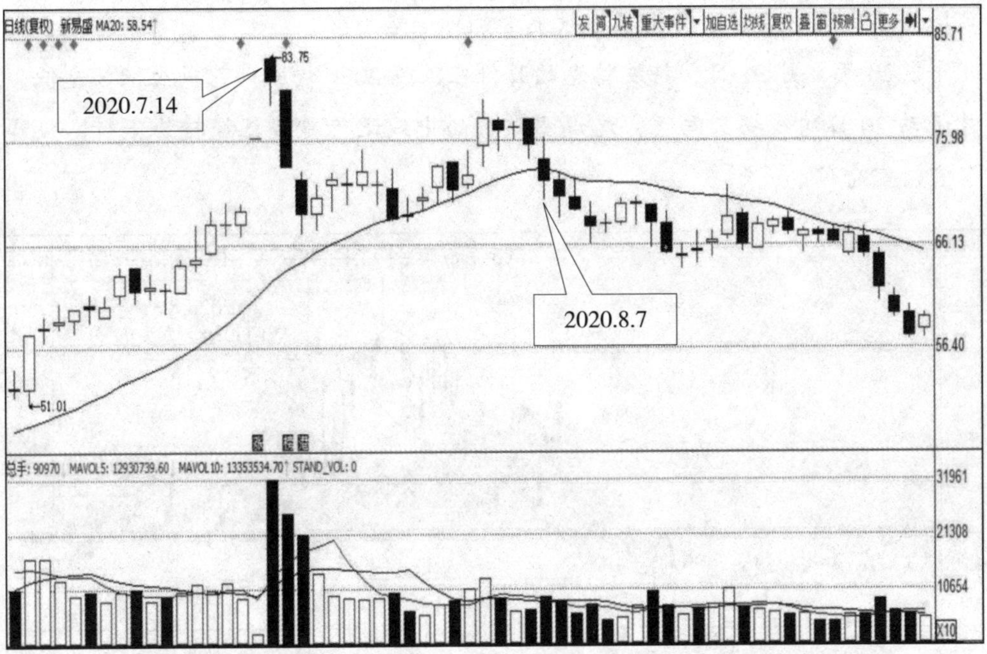

图 1-10　20 日均线：新易盛（300502）日 K 线走势图

相比 5 日均线和 10 日均线，股价突破 20 日均线所发出的买入或卖出信号相对滞后，但也更为稳定。投资者在实战操作过程中，可引入其他技术指标或将 5 日均线、10 日均线与 20 日均线结合分析，从而提前获得买入或卖出信号。

（3）20 日均线出现拐头现象。

20 日均线是中期趋势的跟踪线。20 日均线在低位向下运行，当其拐头向上时，往往意味着股价将进入中线上升行情，投资者可以适量买入；20 日均线在高位向上运行，当其拐头向下时，通常表示股价将进入中线调整或下降行情，投资者应选择空仓观望。

下面来看一下特发信息的案例。

如图 1-11 所示，2020 年 3 月中旬到 6 月中旬，特发信息的股价一直在 20 日均线的下方且与均线同步下降，之后股价经过底部调整后开始掉头向上运行。2020 年 6 月 15 日，在不断上涨的股价的带动下，20 日均线出现向上拐头现象。这种走势表明该股将走出一波中期上涨行情，投资者可以适量买入。只要 20

日均线不出现拐头向下的情况，投资者就可一路持有。

2020 年 8 月 31 日，特发信息的股价在跌破 20 日均线的基础上继续走低，并带动 20 日均线拐头向下，这说明该股的中线运行趋势已经转为下行，投资者宜清空仓位。

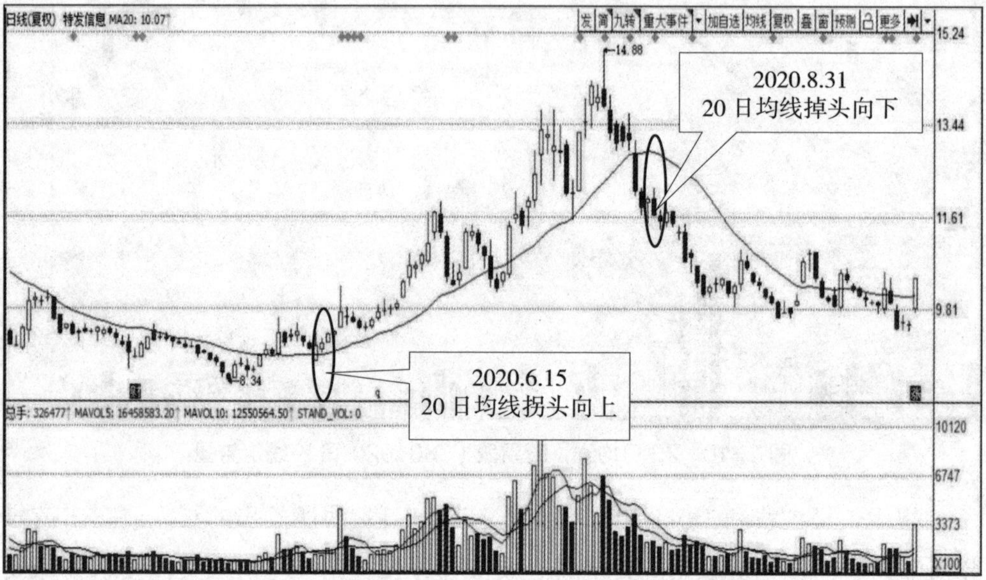

图 1-11　20 日均线：特发信息（000070）日 K 线走势图

2. 30 日均线

30 日均线属于典型的中期均线，是股价或指数近 30 天的平均收盘价。通过 30 日均线，我们能够把握波段收益，规避波段风险，能够分析出庄家是否入驻或出货。

30 日均线往往是大盘或者个股中线行情的生命线，是波段走势强弱的分水岭。30 日均线之下的股票就像麻雀，不可能远走高飞；30 日均线之上的股票就像雄鹰，很可能展翅高飞。同理，30 日均线也决定了大盘走势的强弱，大盘指数在 30 日均线之下，投资者最好不要动买股票的念头，大盘指数在 30 日均线之上，且 30 日均线走平或上升，才是做多的最好时机。由此也可以看出，除了股价对 30 日均线的突破外，股价与 30 日均线同向运行，也是投资者需要关注的一个要点。

如果股价与30日均线皆呈现上升趋势，表明上涨行情仍在继续，投资者可适度追涨；如果股价与30日均线皆呈现下降趋势，表明下跌行情仍将持续，投资者应坚决空仓。该技巧比较适合中长线投资者使用。对于短线和超短线投资者来说，30日均线显得有些滞后。

（1）股价与30日均线同步上行。

股价与30日均线同步上行的操作要点包括以下几项。

第一，30日均线向右上方倾斜。

第二，股价向上突破30日均线后，一直沿30日均线同步上行，投资者可一直持有股票。

第三，股价在30日均线上方运行，可能会出现回调，但只要没有跌破30日均线，投资者就可以继续持股。

下面来看一下中国医药的案例，如图1-12所示。

图1-12　30日均线：中国医药（600056）日K线走势图

如图1-12所示，2020年上半年，中国医药的股价出现了一波下跌行情。2020年6月17日，股价向上穿越30日均线。

此后，30 日均线的方向开始放平，这说明股价运行趋势可能会发生反转，投资者可在股价站稳 30 日均线后买入该股。

此后，该股一直沿 30 日均线上行。7 月 17 日和 8 月 12 日，该股曾两度回调至 30 日均线附近，均因受均线支撑而再度上攻。这种走势表明该股一直处于中期上涨行情当中，投资者可以一直持股。如果股价处于低价位区间，投资者还可以适度加仓。

（2）股价与 30 日均线同步下行。

股价与 30 日均线同步下行，操作要点包括以下几项。

第一，30 日均线方向向右下方倾斜。

第二，股价向下突破 30 日均线后，一直沿 30 日均线同步下行，此时投资者只需持币观望。

第三，股价在 30 日均线下方运行，若出现反弹，30 日均线就会成为股价强大的阻力。若股价无法放量突破 30 日均线，还将延续下跌态势。

下面来看一下华润双鹤的案例，如图 1-13 所示。

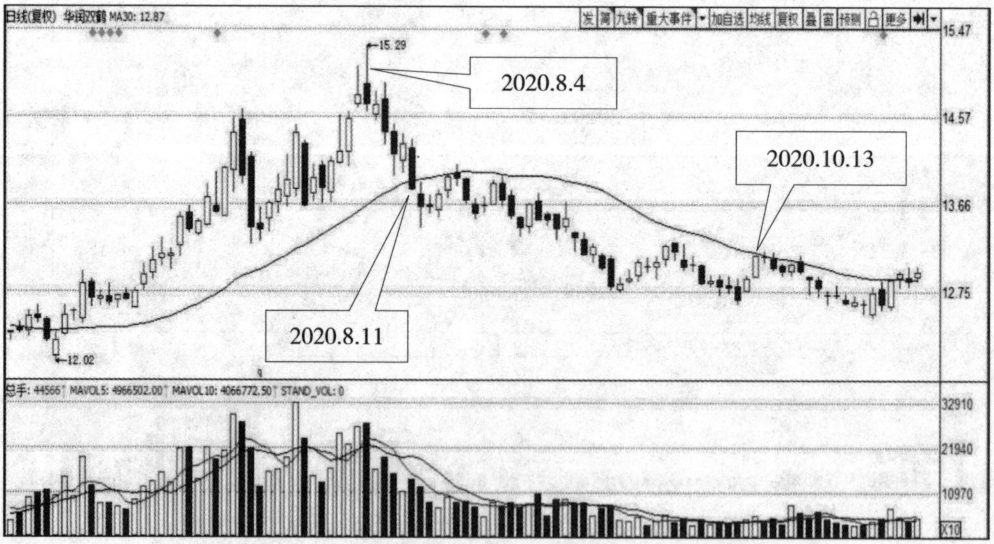

图 1-13　30 日均线：华润双鹤（600062）日 K 线走势图

如图 1-13 所示，2020 年 8 月 4 日，华润双鹤的股价创出阶段高点后反转向下。8 月 11 日，该股股价向下跌破 30 日均线，表明该股趋势将反转向下，投资者应该坚决做空。此后，该股股价与 30 日均线同步向下运行，投资者宜持币观望。

该股股价下跌过程中，也曾出现反弹走势，不过，在股价反弹至 30 日均线附近时，因均线的阻力转而下跌，由此可见 30 日均线对股价的阻力作用之大。

四、长期均线：60 日均线和 120 日均线

长期均线反映了较长一段时间内买入股票的投资者的平均持仓成本。长期均线可以帮助投资者厘清当前股价所处的主要趋势，也可以为投资者进行波段交易提供支持。一般来说，120 日均线和 250 日均线属于典型的长期均线，而 60 日均线既可以看成中期均线，也可以看成长期均线。不过，结合 A 股的实际情况，将 60 日均线看成长期均线似乎是一种更为合理的选择。

下面以 60 日均线和 120 日均线为例，介绍一下长期均线的交易含义。

1. 60 日均线

60 日均线是最近 60 个交易日收盘平均价的连线，反映了最近 3 个月的平均持仓成本，对股价或指数的后期走势，尤其是中长期走势具有重要的指导意义。相对于其他周期均线，60 日均线能更清晰地显示出行情大的变化趋势，既不过于敏感，也不过于滞后，因而又被称为趋势线。

60 日均线为中线行情的分析和判断提供了比较准确的依据，所以在实际运用中受到投资者的青睐。庄家的平均持股成本一般用 60 日均线来表示。庄家总是在 60 日均线以下建仓，在 60 日均线以上出货。通常情况下，股价或指数如能向下有效跌破 60 日均线，会动摇多头市场，后市看跌；股价或指数如能向上有效突破 60 日均线，会扭转空头市场，后市看涨。

（1）股价与 60 日均线同向运动。

60 日均线是中线牛熊的分界线。如果股价在 60 日均线上方不断攀升，且

均线方向向上，那么这只股票正处于牛市行情中，投资者可追涨买入或持股待涨。如果股价在 60 日均线下方不断下跌，且均线方向向下，那这只股票正处于熊市行情中，投资者应该果断止损或持币观望。

下面来看一下宇通客车的案例。

如图 1-14 所示，自 2020 年 6 月 29 日宇通客车的股价向上突破 60 日均线后，股价在 60 日均线上方不断攀升，60 日均线也一路上行，说明该股处于牛市行情中。在此过程中，即便股价出现小幅下跌，也能在较短的时间内恢复元气，再创新高。因此，没有精力做短线或缺乏短线经验的投资者，可以将 60 日均线作为自己的"工作线"，只要 60 日均线不出现走平或掉头向下的情况，投资者就可以坚持持股。

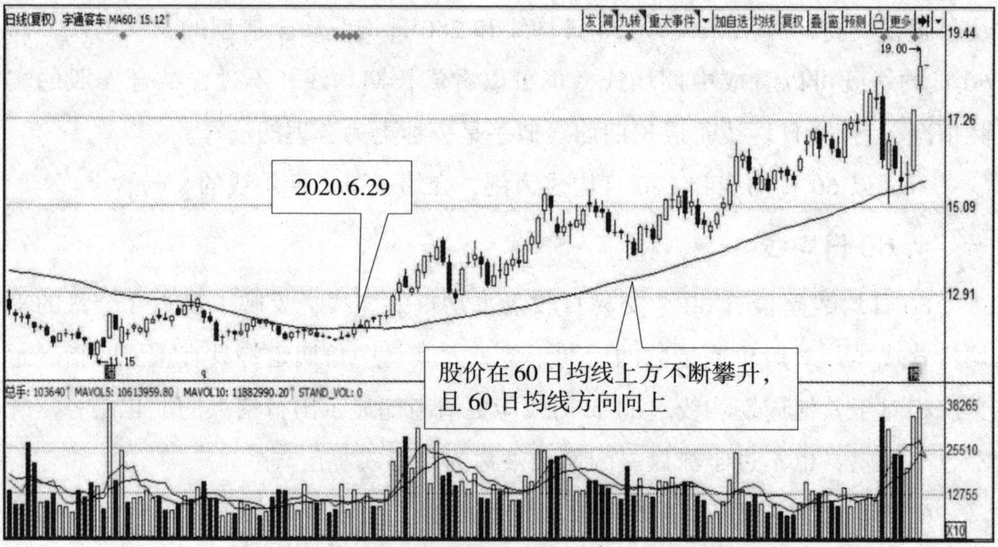

图 1-14　60 日均线：宇通客车（600066）日 K 线走势图

（2）60 日均线的支撑和阻力作用。

60 日均线对股价有较强的支撑和阻力作用，股价一般不会轻易穿越该线。股价在 60 日均线上方运行，若股价回落到 60 日均线附近获得支撑后重新上涨，是较好的介入机会，投资者可追涨买入。股价在 60 日均线下方运行，若反弹到 60 日均线附近遇到阻力后重新下跌，则是较好的逃命机会，投资者应果断止损。

下面来看一下西部资源的案例。

如图 1-15 所示，从 2020 年 7 月 3 日股价突破 60 日均线后，西部资源的股价就在 60 日均线上方运行。经过一段时间的上涨之后，短线投资者获利回吐，股价出现了小幅下跌，但是并没有跌破 60 日均线。7 月 17 日，股价一度跌至 60 日均线附近，但获得支撑重新上涨，说明牛市行情仍将持续。当天，投资者可以追涨买入。

其后，该股股价又出现了两次回调至 60 日均线附近的情况，均因受该线的支撑而重新上涨，由此可见，60 日均线具有较为强大的支撑能力。

9 月 21 日，该股股价向下跌破了 60 日均线，此后，60 日均线的支撑作用将会转化为阻力作用。10 月 13 日，当该股股价重新反弹至 60 日均线附近时，因受均线的阻力作用转而重新下跌。由此可见 60 日均线对股价的阻力作用之强。

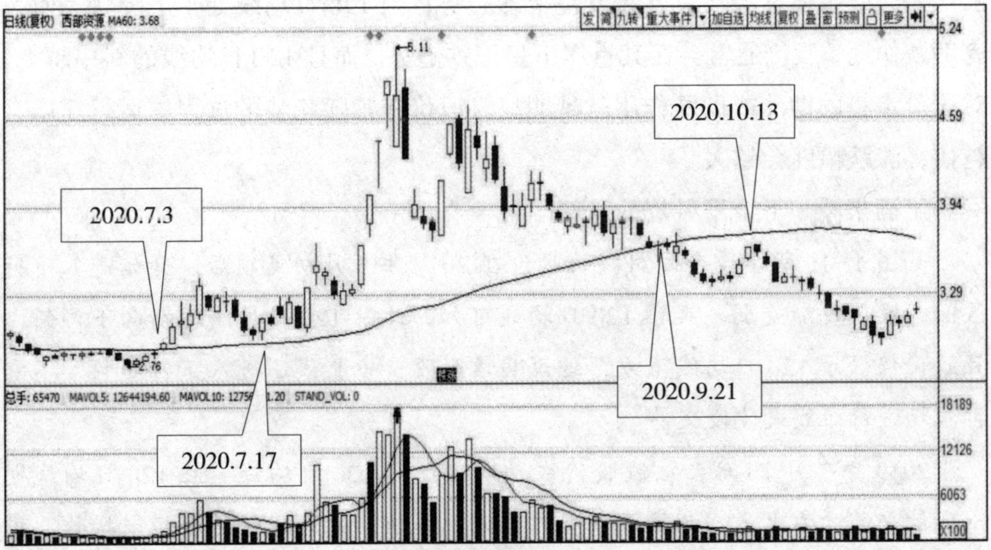

图 1-15　60 日均线：西部资源（600139）日 K 线走势图

2. 120 日均线

120 日均线与 250 日均线都属于长周期均线，在中短线实战交易中应用较少，二者的用法也有诸多相似之处。下面以 120 日均线为例，介绍一下这类长周期均线的用法。

120 日均线是某指数或股票最近 120 天的平均指数或平均收盘价格。因为这一周期接近于股票市场半年（6 个月）的开市交易时间，所以又称为半年线。

120 日均线是股票价格走势的脊梁线、灵魂线。它的时间跨度长，走势波动不大，趋势一旦形成就不会轻易改变，庄家不易利用其制造骗线陷阱。所以，投资者可以从 120 日均线的变动中观察指数或股价的长期运行趋势。120 日均线和 250 日均线在实战应用方面都属于难度大、要求高的均线，主要原因是这类均线属于大周期成本线，反映的是市场整体趋势的变化，而不是局部的变化。投资者必须更多地思考长期均线的深层次含义，而且还需要与波浪分析相结合，这样才能进行可靠的分析。

120 日均线具有助涨和助跌的作用。当 120 日均线处于上升状态时，有助涨作用，股价通常会在其支撑下呈上涨趋势；当 120 日均线处于下降状态时，有助跌作用，股价通常会在其重压下呈下跌趋势。而且 120 日均线的斜率越大，对股价走势的助涨或助跌作用就越明显，股价在紧随趋势的过程中运行速度会越快，涨跌幅度会越大。

下面来看一下金发科技的案例。

如图 1-16 所示，金发科技的股价在 2017 年 5 月初见顶后，开始进入下行区间，股价逐渐走弱。观察 120 日均线可知，此时 120 日均线逐渐向下倾斜，且股价仍位于 120 日均线下方，这说明该股股价中长线已进入下行趋势，不宜再入场进行短线或波段交易。

2019 年 7 月 15 日，该股股价成功向上穿越 120 日均线，且 120 日均线也出现放平并向右上方拐头的迹象。综合以上分析，此时比较适合短线操作，投资者可于此时买入该股。

观察 120 日均线走势可以发现，120 日均线发出的交易信号相对滞后，但其指示的股价运行趋势却更为稳定。120 日均线的方向，基本能够真实反映股价中长线的运行趋势。

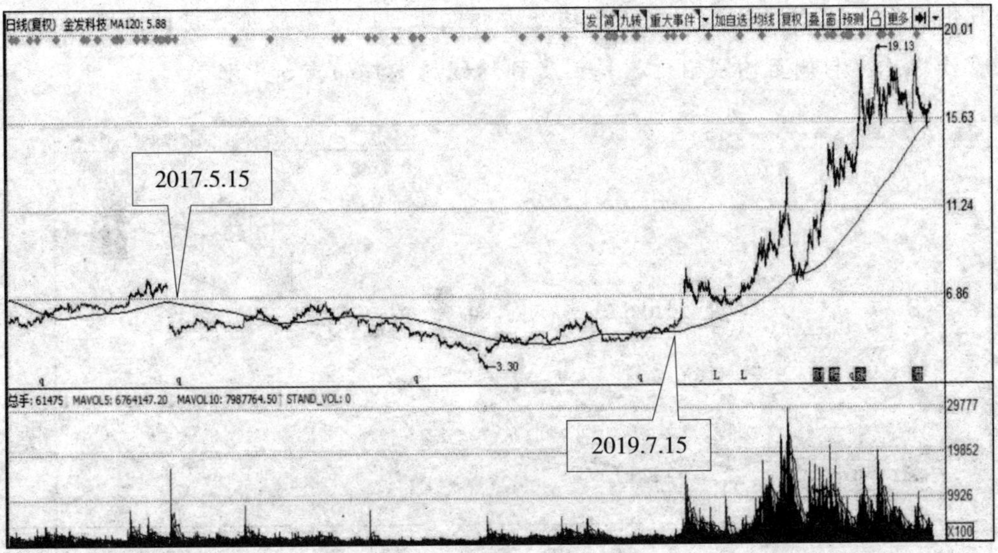

图 1-16　120 日均线：金发科技（600143）日 K 线走势图

第三节　均线指标的研判要素

投资者应用均线指标时，以下几个方向需要重点关注。

一、K 线与均线的相对位置

从某种意义上来说，K 线与均线的相对位置，是能够反映股价运行状态的一个指标。当 K 线位于均线上方，表示股价高于均线对应周期内的大多数投资者的持仓成本，也就意味着股价上涨相对比较容易；反之，则下跌比较容易。

换句话说，当股价 K 线处于均线上方，说明股价处于强势上行趋势；反之，股价 K 线位于均线下方，则说明股价处于弱势趋势。

下面来看一下赤峰黄金的案例。

如图 1-17 所示，赤峰黄金的股价自 2020 年 6 月 22 日走出振荡区间后，股价 K 线一直位于均线上方，且均线方向向上，意味着股价将持续上涨。其间股价曾几次回调至均线附近，均因受到均线的支撑而重新上涨。

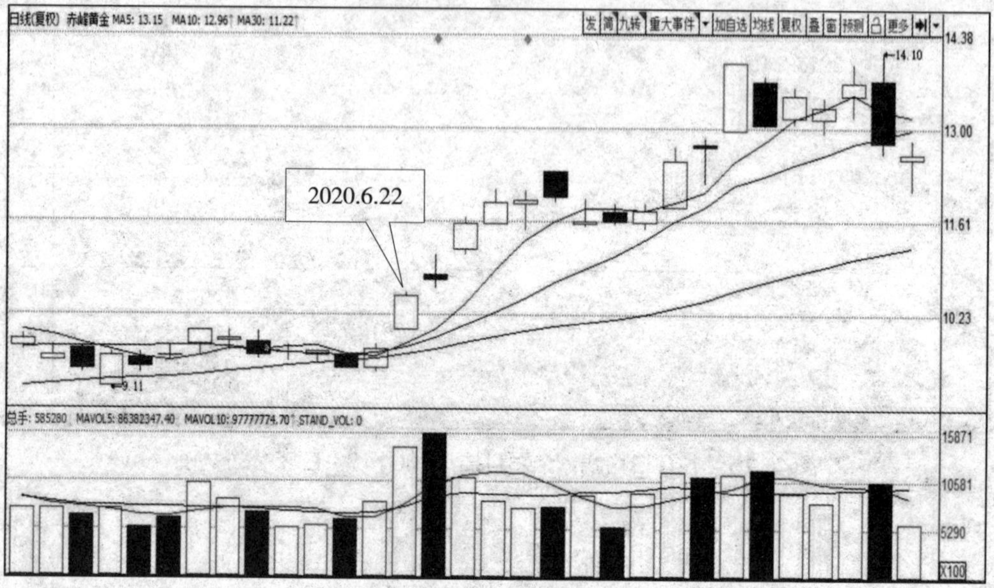

图 1–17　均线的位置：赤峰黄金（600988）日 K 线走势图

一般来说，股价 K 线运行于均线上方，属于典型的看涨信号。不过，若股价 K 线与均线距离过远，就存在乖离过大的问题，也就意味着股价短线存在回调的可能。这一点在后面讲解葛兰碧八项法则时还会有详细的介绍。

二、均线的倾斜方向

均线能够代表趋势，趋势方向是均线的第一要素。均线通常有两种方向，一种是向上，另一种是向下。均线的方向与历史数据有关，如果均线的当前值比前一阶段的均值大，那么均线的方向是向上的；如果均线的当前值比前一阶段的均值小，那么均线的方向是向下的。

当中长期均线向上运行时，表示中长期趋势以上涨行情为主，此间出现的股价下跌通常是短期回调；当中长期均线向下运行时，表示中长期趋势以下跌行情为主，此间出现的股价上涨通常是短期反弹。

也就是说，均线的倾斜方向与股价运行的大趋势是吻合的，即短期均线方向向上，则股价短期处于或即将进入上涨趋势；短期均线方向向下，则股价短期处于或即将进入下降趋势。

下面来看一下吉林森工的案例。

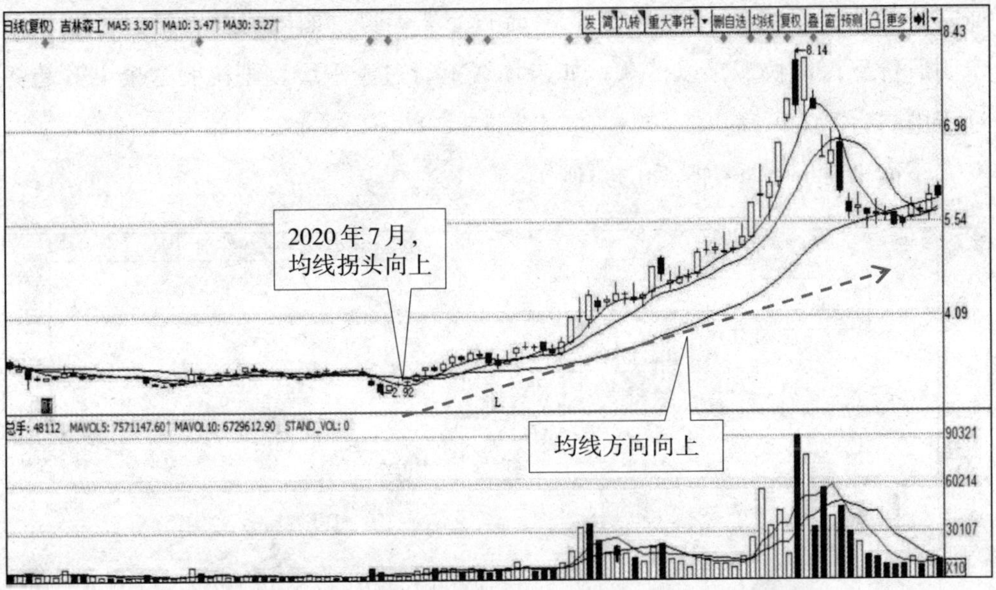

图 1–18　均线的方向：吉林森工（600189）日 K 线走势图

如图 1–18 所示，吉林森工的 5 日均线、10 日均线和 30 日均线在 2020 年 7 月出现拐头向上的走势，且股价 K 线一直位于均线上方，预示着股价将在中短期出现一波上涨走势。

运用均线的方向判断股价运行趋势时，有两点需要注意。

第一，均线的选择。短期均线的走势能够对股价短期内的趋势进行预判，中长期均线也同样能够对股价中长期趋势进行预判。使用哪条均线，主要取决于投资者对投资策略的选择。

第二，通常情况下，若均线方向向下倾斜，则预示着股价将下行，此时，投资者应尽量避免买入交易。

三、均线的斜率

均线的斜率是通过衡量当前均线的切线角度来判断均线运动的速度，实质上是判断均线在一定时间内的涨跌幅。一般情况下，均线的斜率用某条中长期均线来衡量，如 20 日均线、30 日均线或 60 日均线。当均线上行，斜率越大，说明股价上涨的速度越快；当均线下行，斜率越大，说明股价下跌的速度越快。通常，均线斜率接近 45 度角是最稳定的上涨走势。如果均线上行过于陡峭，说明股价涨得太快，难以持久；如果均线上行过于平缓，则说明这个上升趋势过于虚弱，不太可靠。

下面来看一下祥生医疗的案例。

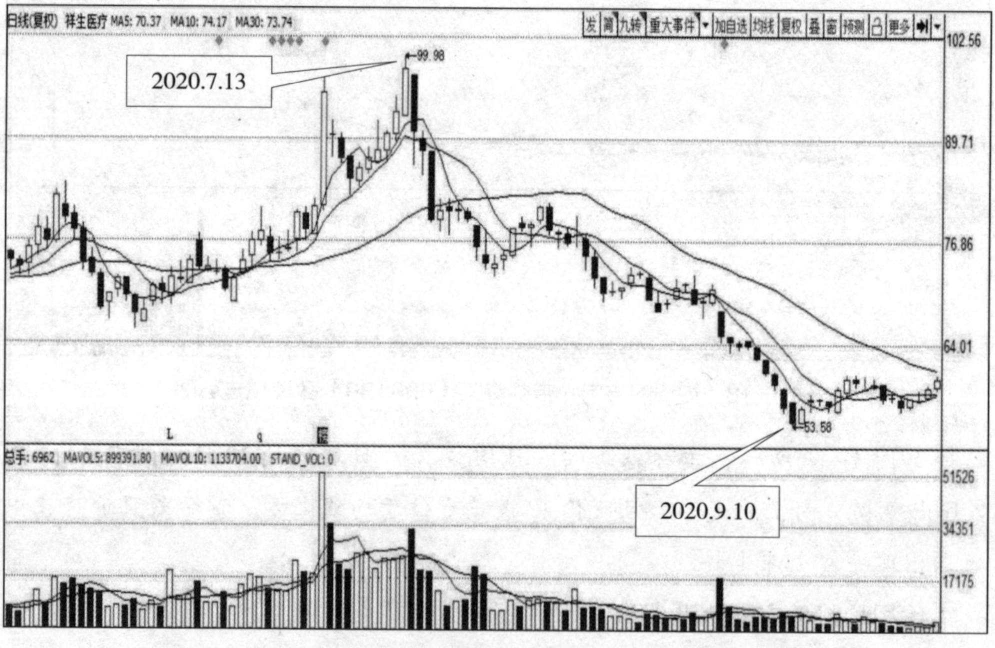

图 1-19　均线的斜率：祥生医疗（688358）日 K 线走势图

如图 1-19 所示，2020 年 7 月中旬，祥生医疗的股价触顶后出现振荡下跌走势。该股股价跌破 10 日均线后开始向下运行。

股价经过一段时间的下跌后，30 日均线的斜率也越来越大，下跌速度越来越快。

2020 年 9 月中旬，股价到达底部区域，此均线提前一步止跌回升。在股价的带动下，短期均线开始向上拐头，30 日均线的斜率呈现逐渐变小的态势。此时投资者可保持观望，一旦出现买入信号，可考虑入场买入。

四、均线的拐点

均线的拐点是指在该点前后，均线的运行方向发生了相反的变化。当一条中长期均线向上运行了很长时间之后，股价无力再创新高而出现下跌，均线也随之移动，进而形成了一个波峰，这种拐点预示着原来的上升趋势可能转变为下降趋势。当一条中长期均线向下运行了很长时间之后，股价无法再创新低而出现上涨，均线也随之移动，进而形成了一个波谷，这种拐点预示着原来的下降趋势可能转变为上升趋势。中长期均线的拐点有较高的参考价值，可使投资者有效掌握股票买卖的最佳时机。短期均线的拐点较多，可信度也相对较低。

下面来看一下永艺股份的案例。

如图 1-20 所示，从 2020 年 6 月中旬开始，永艺股份的 20 日均线开始拐头向上运行，且股价运行于 20 日均线上方，这说明股价处于良性上升区间。2020 年 9 月 3 日，永艺股份的股价大幅下跌并收出一根大阴线，20 日均线也随之下降，拐点出现。这是行情反转的信号，之前的上涨行情在下一步可能演变为下跌行情。

当然，均线拐头并不都是在某个交易日因股价大幅上涨或下跌引起的，还可能是由于股价连续的小幅上涨或小幅下跌引发的。这时候，投资者需要注意两个关键节点：其一，股价对均线的穿越，意味着股价运行趋势可能会发生反转；其二，均线拐头的完成，可对趋势反转进行确认。

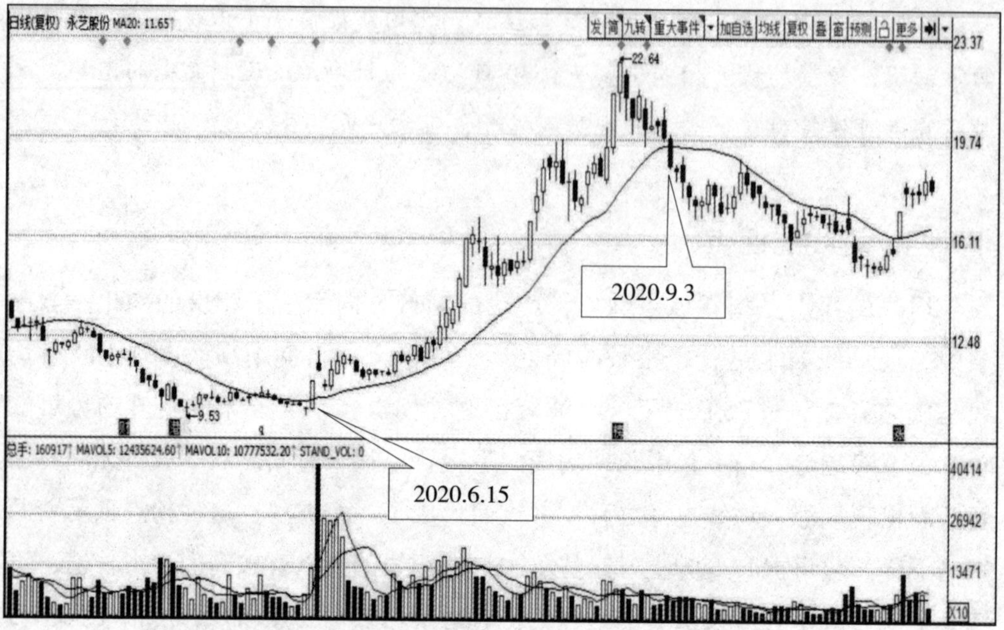

图 1-20　均线的拐点：永艺股份（603600）日 K 线走势图

第二章

核心用法——均线指标经典应用形态

均线指标会随着股价的波动呈现出各种不同的形态。在这些形态中，有一些被市场反复证明对后市股价运行具有着重要影响。本节着重介绍一下这些经典的均线形态。

第一节　突破：向上突破与向下突破

股价总是以均线为中心运行，有时会因运行方向、运行速度的改变而向上或向下突破均线，并与均线形成交叉形态。股价K线对均线的突破，意味着市场上投资者的平均持仓成本与股价的关系发生了变化，并可能引发股价运行趋势的改变。

股价对均线的突破主要包括两类：其一，股价向上突破均线；其二，股价向下突破均线。

一、股价向上突破均线

股价向上突破均线，是指股价经过连续的上涨，自下而上地完成对均线系统的穿越。当然，股价突破的均线周期不同，反映的交易含义也有所区别。具体来说，包括以下几个方面。

第一，股价 K 线突破的均线的周期，决定了交易含义的持续性。股价 K 线突破的是短期均线，只能说明股价存在短线走强的可能；股价 K 线突破长期均线，则说明股价存在长期走强的可能。

第二，通常情况下，股价 K 线自下而上完成对均线的突破后，就意味着多方占据了优势地位，未来股价上行的可能性很大。若此后均线的倾斜方向随之改变，则可增强股价上行的可能性。

第三，越是长期的均线，对股价的支撑或阻力作用越明显，股价 K 线对其突破也越困难，突破时往往需要更多的成交量相配合。

第四，股价 K 线对均线突破的有效性，也是投资者需要考虑的一个因素。并不是股价 K 线自下而上越过均线，就说明股价完成了对均线的突破，只有股价 K 线连续 3 个交易日站在均线之上或者越过均线 3 个百分点，才可以确认股价对均线的突破有效。

下面来看一下和胜股份的案例，如图 2-1 所示。

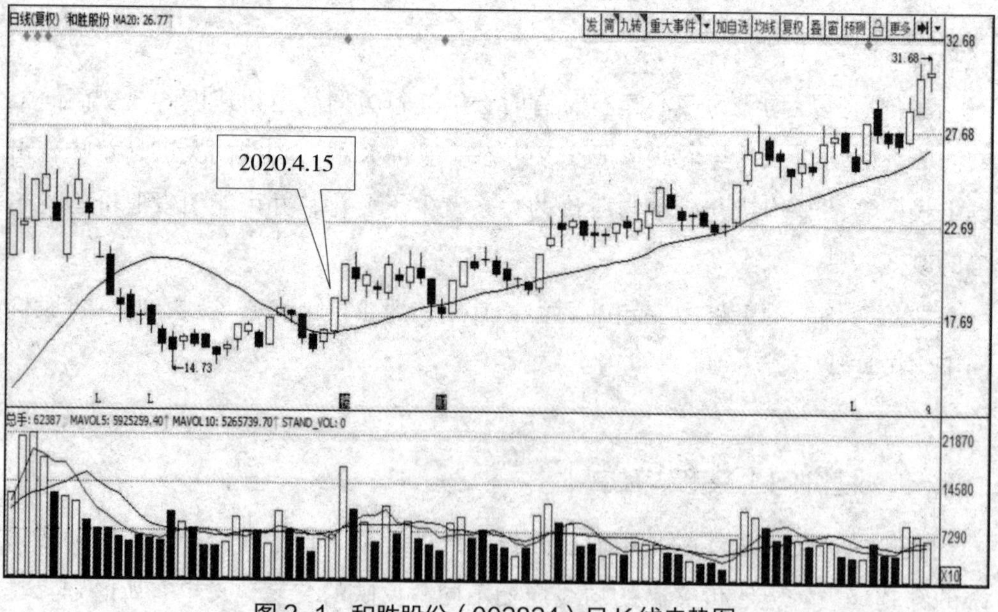

图 2-1 和胜股份（002824）日 K 线走势图

如图 2-1 所示，和胜股份的股价在 2020 年 3 月底经历了一波下跌走势，股价下跌到 14.73 元后开始反转向上。2020 年 4 月 15 日，股价突破 20 日均线，与此同时，20 日均线也出现掉头向上的迹象。随着股价的上涨，成交量也开始放大，这预示股价在中期将出现一波上涨行情。

从图 2-1 中可以看出，股价 K 线向上突破 20 日均线后，连续 3 个交易日站在 20 日均线之上，这说明股价对 20 日均线的突破为有效突破。20 日均线出现拐头向上迹象，这是股价进入中线上升趋势的一个较为明确的信号。

在研判股价向上突破均线时，还需要考虑股价对均线的假突破情况。很多主力都喜欢利用散户在股价向上突破均线后买入的心理，先是让股价做出向上突破的假动作，待散户追涨入场后，再反向向下打压股价，将散户套牢于高位。

投资者在识别股价线对均线的假突破时，应该注意以下几点。

第一，3 日原则或 3% 原则。如果股价自下而上突破均线后，3 个交易日内没有回到均线下方，则可认定此次突破为真突破，否则为假突破。若股价自下而上突破均线后，与均线存在 3% 以上的幅度时，也可以认定此次突破为真突破。

第二，成交量分析。股价自下而上突破均线后，如果成交量不能有效放大，则此次突破为假突破的可能性较大。

第三，均线的方向。股价自下而上突破均线时，若均线呈现向右上方倾斜或放平态势，那么突破的有效性将会大大提升。

下面来看一下川环科技的案例。

如图 2-2 所示，川环科技的股价在 2020 年 3 月底经历了一波下跌走势。在下跌过程中，4 月 22 日，该股股价向上突破了 30 日均线，不过，此时 30 日均线仍处于下行趋势，投资者可继续保持观望。

此后，该股股价很快又跌回了 30 日均线的下方。本次突破没有满足 3 日确认原则，此次突破为“假突破”。

此后，该股股价经过一段时间的下跌后，逐渐走出低谷，30 日均线逐渐放平。5 月 26 日，该股股价向上突破 30 日均线，且 3 个交易日后股价仍位于 30 日均线上方，说明此次突破为真突破，投资者可追涨买入该股。

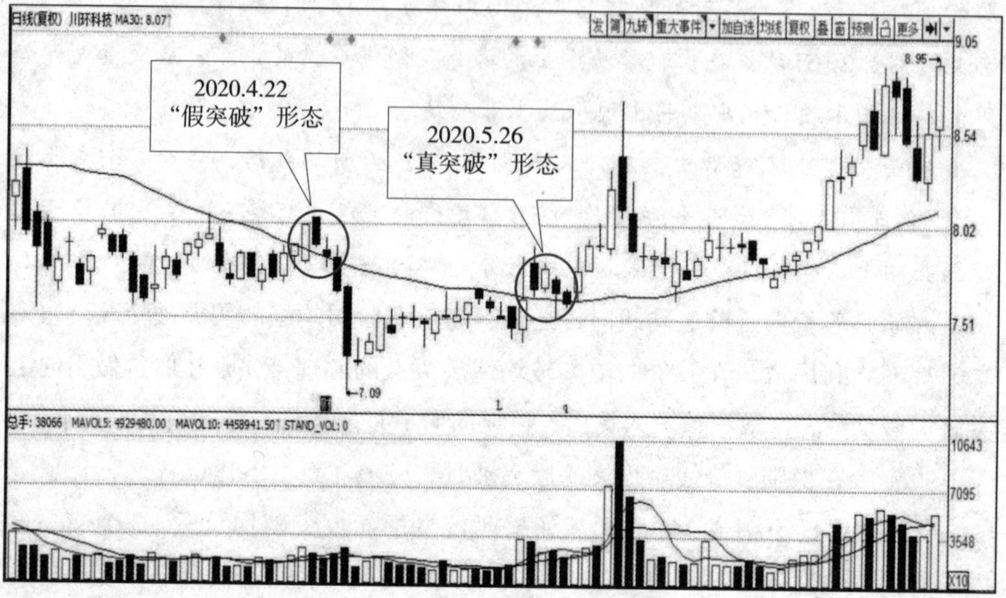

图 2-2 川环科技（300547）日 K 线走势图

二、股价向下突破均线

股价向下突破均线，是指股价经过连续下跌，自上而下完成对均线系统的穿越。股价突破的均线周期不同，反映的交易含义也有所区别。具体来说，包括以下几个方面。

第一，股价 K 线突破的均线分析周期，决定了交易含义的持续性。股价 K 线突破的是短期均线，只能说明股价存在短线走弱的可能；股价 K 线突破的是长期均线，则说明股价存在长期走弱的可能。

第二，通常情况下，股价 K 线自上而下完成对均线的突破后，就意味着空方占据了优势地位，未来股价下行的概率很高。若此后均线的倾斜方向随之改变，则可增强股价下行的可能性。

第三，越是长期的均线对股价的支撑作用越明显，股价 K 线对其突破也越困难，突破时往往可能伴随着放量的情况。

第四，股价 K 线对均线突破的有效性，也是投资者需要考虑的一个方面。并不是股价 K 线自上而下越过均线，就说明股价完成了对均线的突破，只有股价 K 线连续 3 个交易日处于均线之下或者越过均线 3 个百分点后，才可以确认股价对均线的突破有效。

下面来看一下上海新阳的案例，如图 2-3 所示。

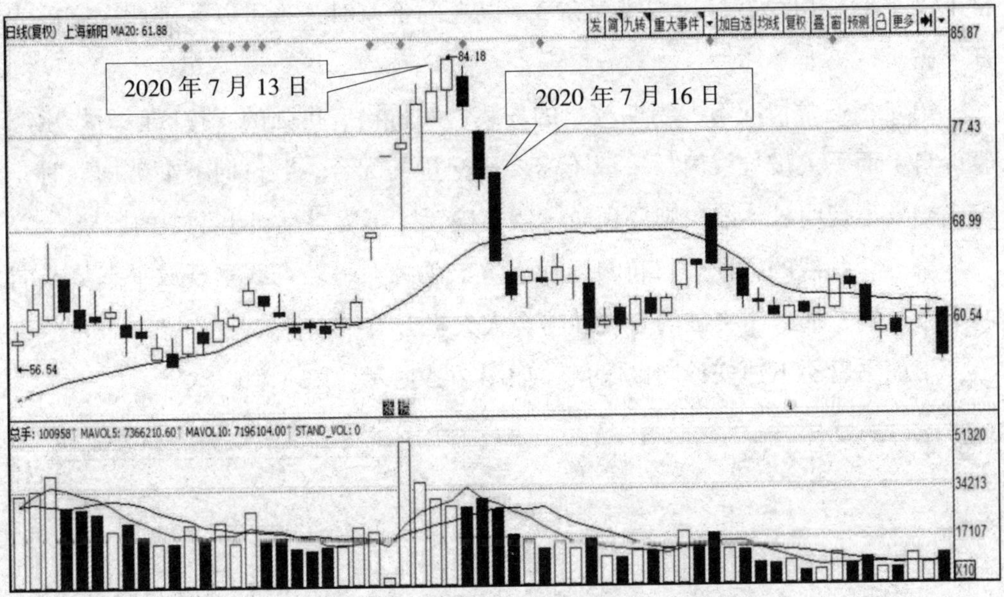

图 2-3　上海新阳（300236）日 K 线走势图

如图 2-3 所示，上海新阳的股价在 2020 年 7 月初经历了一波快速上攻走势，股价上涨到 84.18 元后开始反转向下。2020 年 7 月 16 日，股价向下突破 20 日均线，与此同时，20 日均线也出现放平迹象，这预示股价在中期将出现一波下跌行情。

从图 2-3 中可以看出，股价 K 线向下突破 20 日均线后，连续 3 个交易日处于 20 日均线之下，这说明股价对 20 日均线的突破为有效突破。同时，20 日均线出现放平迹象，这是股价进入中线下行趋势一个较为明确的信号。

股价向下突破均线时，还需要考虑股价对均线的假突破情况。很多主力都喜欢利用散户在股价向下突破均线后卖出的心理，先是让股价做出向下突破的假动作，待散户卖出股票后，再反向向上拉升股价，顺利将散户手中的筹码以较低的价格拿到手。

投资者在识别股价对均线的假突破时，应该注意以下几点。

第一，3 日原则或 3% 原则。如果股价自上而下突破均线后，在 3 个交易日内没有回到均线上方，则可认定此次突破为真突破，否则为假突破。若股价自上而下突破均线后，与均线存在 3% 以上的价差时，也可以认定此次突破为真突破。

第二，通常情况下，周期较长的均线，对价格有更强的支撑或阻力作用。股价自上而下突破均线时，一般不需要成交量的配合。股价向下突破均线时，若成交量出现明显萎缩，则要预防“假突破”，不要过早卖出手中的股票。

第三，均线的方向。股价自上而下突破均线时，若均线呈现放平态势或向右下方倾斜，那么，突破的有效性将会大大提升。

下面来看一下迪安诊断的案例，如图 2-4 所示。

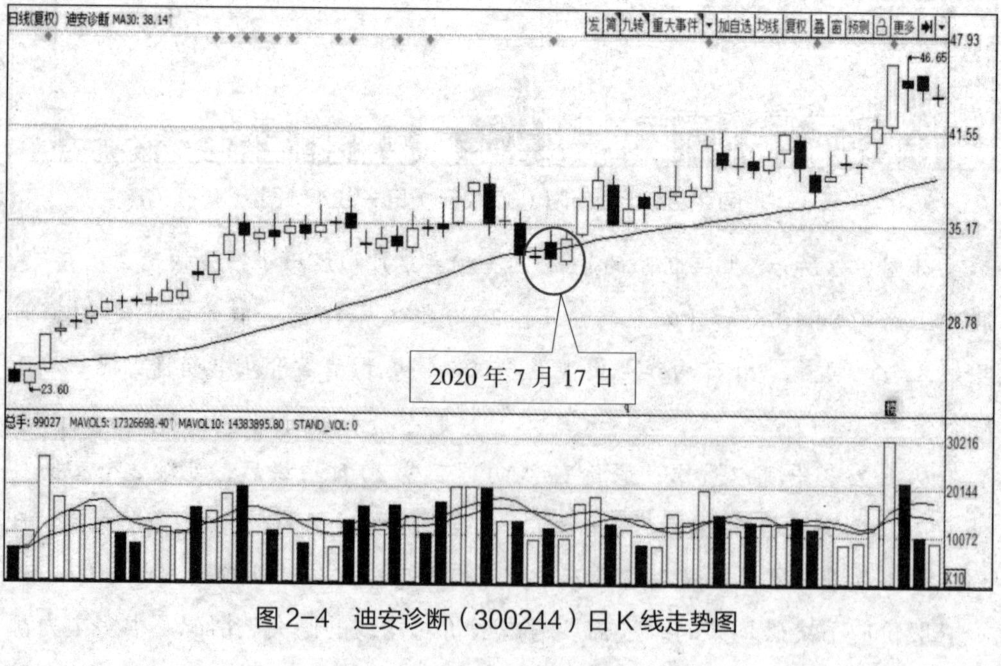

图 2-4　迪安诊断（300244）日 K 线走势图

如图 2-4 所示，迪安诊断的股价自 2020 年 6 月初开始启动了一波振荡上扬走势。股价上涨过程中，也曾出现了调整走势。7 月 17 日，该股股价向下突破 30 日均线，不过，此时 30 日均线仍处于上行趋势，投资者可继续保持观望。

此后，该股股价很快又回到 30 日均线上方，即本次突破没有满足 3 日确认原则，此次突破为“假突破”。

此后，该股股价重新开始上攻。

第二节　排列：多头排列与空头排列

随着股价的涨跌，短期均线、中期均线与长期均线会形成多种不同的分布形态，其中最为经典的形态包括多头排列和空头排列。

一、多头排列

多头排列是指短期均线、中期均线和长期均线按照自上而下的顺序排列，三条均线呈现向上倾斜的态势，如图 2-5 所示。均线多头排列表示多方力量强大，股价进入了一个稳定的上升期，通常是中线进场的机会。

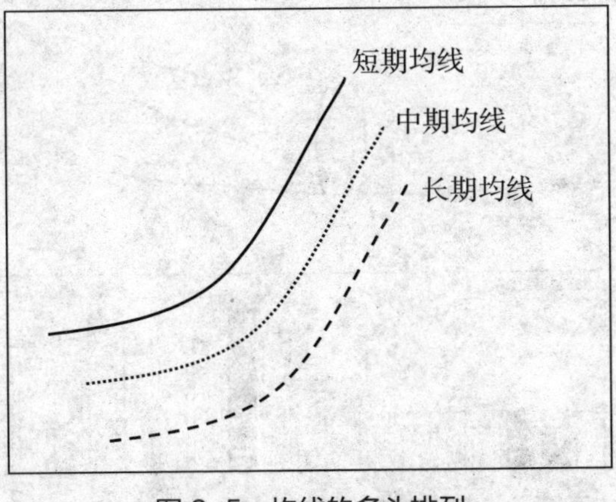

图 2-5　均线的多头排列

根据均线多头排列进行操作时，应该注意以下几点。

第一，当均线呈多头排列时，投资者可以在前期和中期积极做多，尤其是多头排列刚形成的首个交易日，是最佳的介入时机。

第二，均线如呈多头排列，股价往往会在短期均线之上运行。如果股价回落，并在某条均线附近获得支撑再度上涨，投资者仍可适量买入。

第三，当股价上涨到高位后，均线虽然仍呈多头排列，但是已经有走平或掉头向下的迹象，此时投资者应该对买入持谨慎态度。

下面看一下卫宁健康的案例。

如图 2-6 所示，2020 年 6 月初，卫宁健康的股价成功筑底后开始启动，2020 年 6 月 23 日，该股股价放量向上突破多条均线。

次日（即 6 月 24 日），该股股价高开高走收出小阳线，当日由 5 日均线、10 日均线和 30 日均线构成的均线系统形成多头排列状态。当天 K 线虽显示为放量小阳线，也可说明股价短期涨势基本确立，投资者可追涨买入该股。

此后，该股股价出现了一波较长时间的上涨行情。

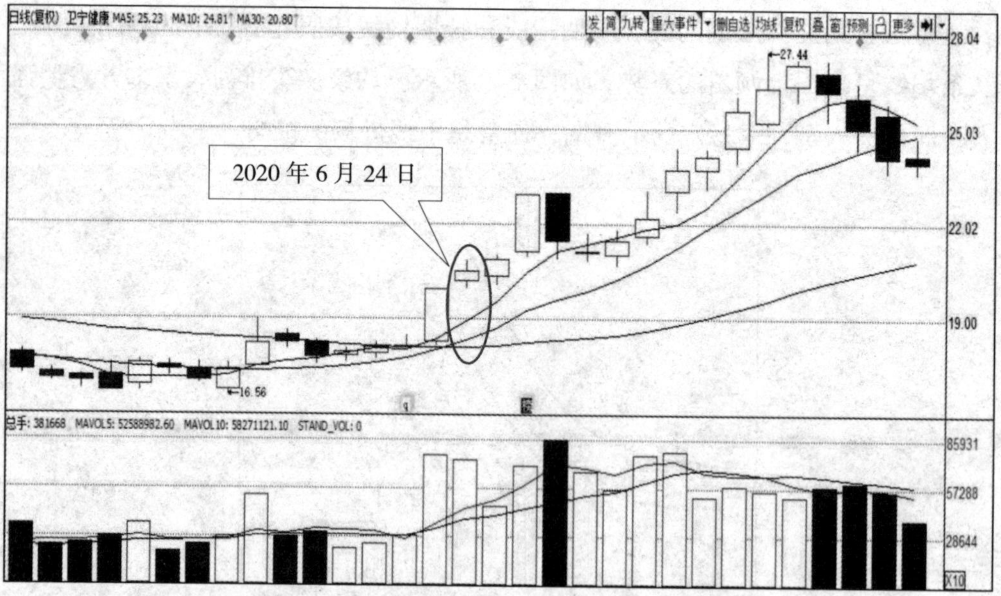

图 2-6　卫宁健康（300253）日 K 线走势图

二、空头排列

空头排列是指长期均线、中期均线和短期均线按照自上而下的顺序排列，三条均线呈现向下倾斜的态势，如图 2-7 所示。均线空头排列表示空方力量强大，股价进入了一个持续的下跌期，通常是中线离场的信号。

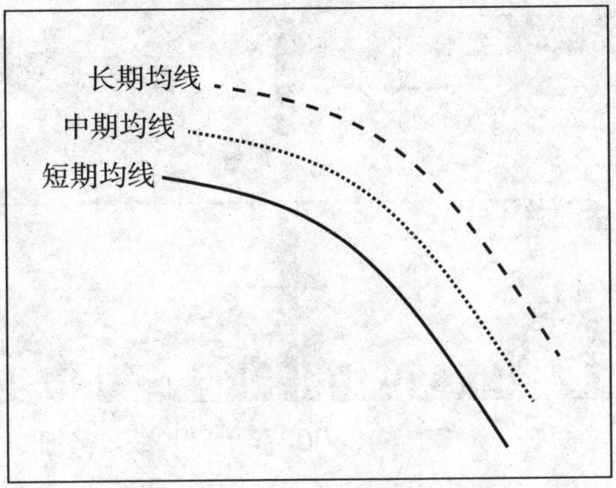

图 2-7 均线的空头排列

根据均线空头排列进行操作时，应该注意以下几点。

第一，当均线呈空头排列时，投资者可以在前期和中期积极做空，尤其是空头排列刚形成的首个交易日，是最佳的卖出时机。

第二，均线如呈空头排列，股价大多在短期均线之下运行。如果股价反弹，并在某条均线附近遇到阻力再度下跌，持股者应果断卖出。

第三，当股价下跌到低位后，均线虽然仍呈空头排列，但是已经有走平或掉头向上的迹象，此时投资者不应再盲目割肉。

下面来看一下梅安森的案例。

如图 2-8 所示，2020 年 9 月 22 日，梅安森的股价大幅下挫，与此同时，5 日均线向下跌破 10 日和 30 日均线，5 日、10 日和 30 日均线形成了空头排列状态，这意味着该股已进入到空头市场中，股价的整体趋势将转弱。由于梅安森之前已有较大的涨幅，所以这次出现均线空头排列，会引发一波较大的下跌行情。

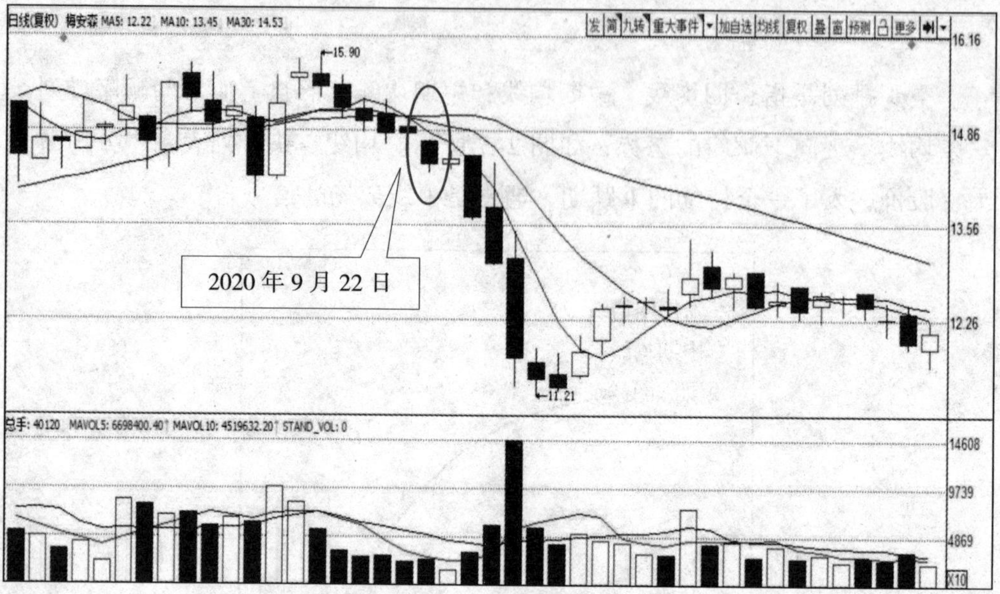

图 2-8　梅安森（300275）日 K 线走势图

第三节　交叉：黄金交叉与死亡交叉

当走势发生转向时，均线之间以及均线和股价之间会打破原来的顺序重新排列。当行情由下跌转为上涨时，均线会由空头排列逐渐演变成多头排列。在转变过程中，首先会出现股价上穿均线，并带动短期均线向上穿越中期均线和长期均线，接着中期均线向上穿越长期均线，这种均线的交叉现象称为黄金交叉。

反之，当行情由上涨转为下跌时，均线会由多头排列逐渐演变成空头排列，在转变过程中，首先会出现股价跌破均线，并带动短期均线向下跌破中期均线和长期均线，接着中期均线向下跌破长期均线，这种均线的交叉现象称为死亡交叉。

黄金交叉与死亡交叉是较为可靠的行情转向信号，实战中，投资者也都非常重视这一信号。

一、黄金交叉

黄金交叉，简称金叉，是指周期较短的均线由下而上穿过周期较长的均线，而且这两条均线的方向都是向上的，如图 2-9 所示。均线金叉代表阻力线被向上突破，表示股价行情将继续上涨，通常是买入信号。

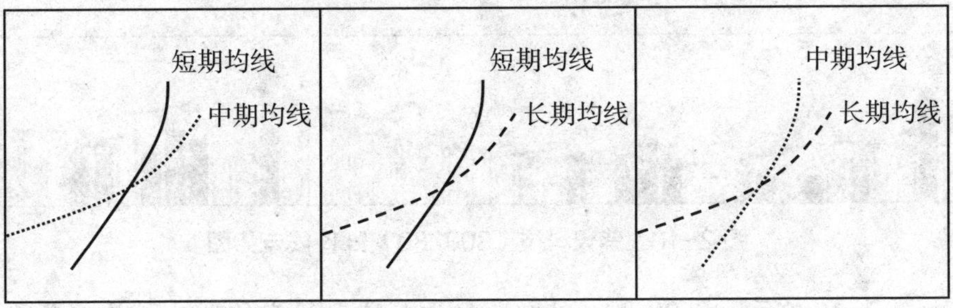

图 2-9　均线金叉

1. 黄金交叉的分析要点

根据均线的黄金交叉进行操作时，应该注意以下几点。

第一，短期均线上穿上升中的长期均线，形成黄金交叉，投资者可以在金叉形成当天果断买入。

第二，均线形成金叉时，周期较长的均线应该是向上的，如果该均线走平或向下，则是一个虚假的金叉，不能视为买入信号。

第三，周期越长的均线，发出的金叉信号指引的交易周期越长。如果周 K 线图或月 K 线图上的均线出现金叉，中长期投资者可以考虑买进。

第四，两条交叉的均线上倾的角度越大，周期越长，看涨信号越强烈。

第五，两条周期较长的均线发生金叉时，如果股价在交叉点上方附近，那么投资者可以适量买入；如果股价远离均线，可能会出现小幅回调走势，投资者可在股价回调至均线附近时，再执行买入操作。

下面来看一下紫天科技的案例，如图 2-10 所示。

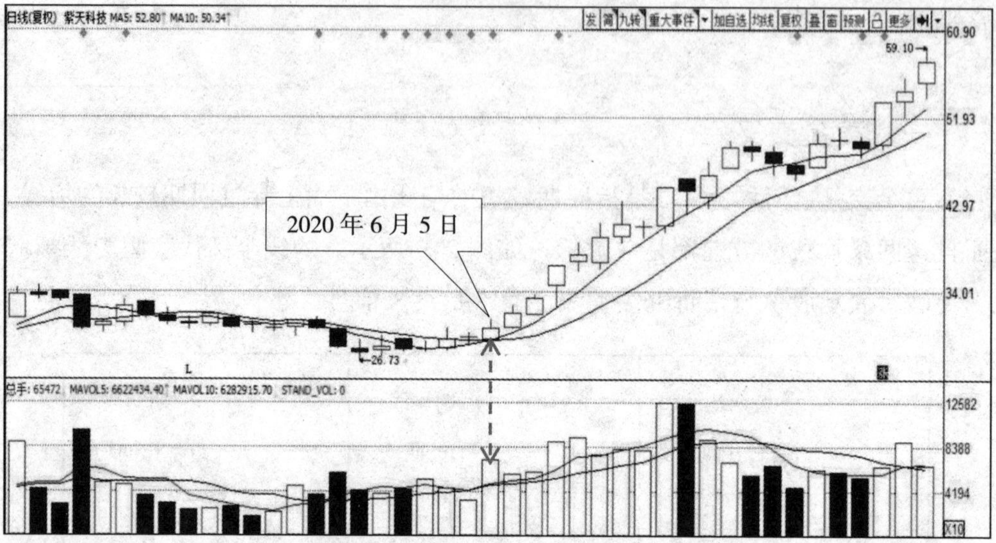

图 2-10 紫天科技（300280）日 K 线走势图

如图 2-10 所示，2020 年 6 月初，处于整理走势中的紫天科技的股价开始反弹，从而带动 5 日均线、10 日均线向上移动。2020 年 6 月 5 日，5 日均线上穿处于上升状态的 10 日均线，与此同时，该股股价 K 线位于黄金交叉点的上方，成交量也放大了数倍，这属于比较明确的买入信号，投资者可考虑在此时买入该股。

其后，该股股价一路上行，由此可见，黄金交叉发出的信号准确性较高。

2. 黄金交叉的位置

黄金交叉出现的位置不同，其操作方式也会有所不同。

（1）长期均线以下的黄金交叉。

股价触底反弹向上，带动短期均线（如 5 日均线）向上穿越中期均线（如 10 日均线）形成黄金交叉，若交叉点位于长期均线（如 30 日均线）下方，表明此时的黄金交叉引发的股价上涨可能面临较大的压力，上涨空间有限。不过，如果此后股价能够向上突破长期均线（如 30 日均线），则意味着股价将迎来新一波上涨。

下面来看一下润和软件的案例，如图 2-11 所示。

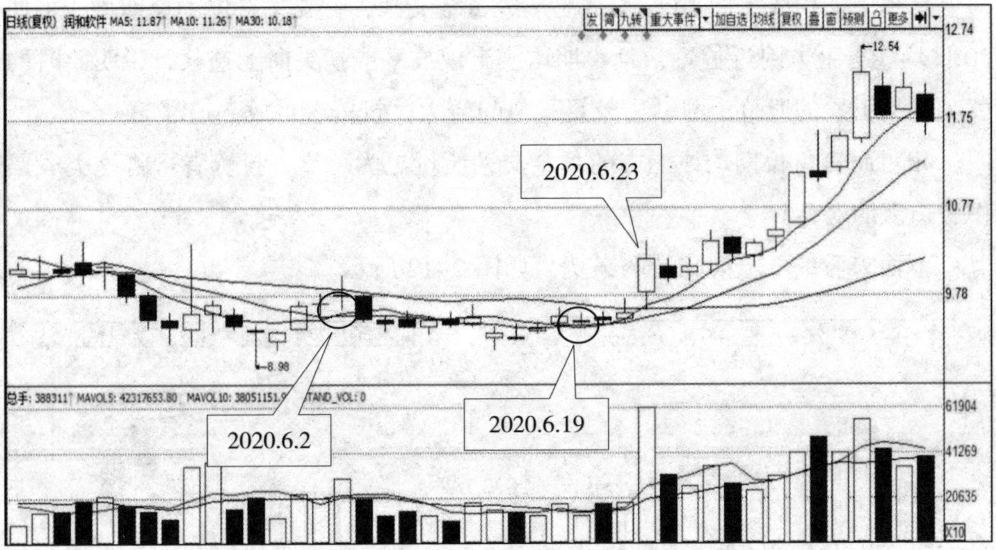

图 2-11 润和软件（300339）日 K 线走势图

如图 2-11 所示，润和软件的股价在 2020 年 2 月中旬开始启动了一波下跌走势，股价与均线双双下挫。到了 2020 年 5 月底，该股股价触底反弹向上。6 月 2 日，该股股价收出一根跳空十字线，接着 5 日均线向上穿越 10 日均线形成了低位黄金交叉形态。不过，此时黄金交叉点位于 30 日均线下方，这说明股价上涨的空间可能非常有限，投资者宜注意防控风险。

此后，该股股价因受 30 日均线的阻力作用而重新在底部盘整。6 月 19 日，该股股价再度收出阳十字线，5 日均线再度上穿 10 日均线，形成低位黄金交叉，不过，该交叉点仍位于 30 日均线下方，且距离 30 日均线很近，投资者可等待股价突破 30 日均线后再入场。

6 月 23 日，该股股价放量突破 30 日均线。此后，5 日均线和 10 日均线先后完成了对 30 日均线的突破。至此，该股上升趋势已经确立，投资者可积极入场做多。

（2）长期均线上方附近的黄金交叉。

股价经过一段时间的振荡整理后启动上涨，带动短期均线（如 5 日均线）向上穿越中期均线（如 10 日均线）形成黄金交叉，若交叉点位于长期均线（如 30 日均线）上方附近位置，且长期均线出现放平或拐头向上迹象，说明此时的黄金交叉引发的股价上涨动力较足，空间较大，投资者可放心追涨。

相对而言，长期均线上方的黄金交叉质量更为可靠，投资者可将这类股票作为追涨的对象。

下面来看一下上海临港的案例，如图 2-12 所示。

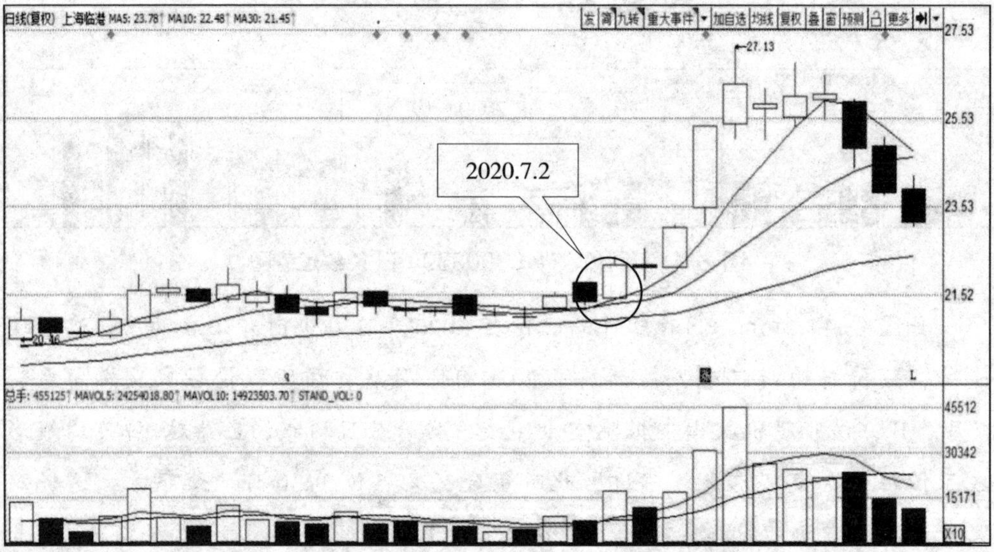

图 2-12　上海临港（600848）日 K 线走势图

如图 2-12 所示，上海临港的股价在 2020 年 4 月底开始启动了一波温和的上涨走势。进入 6 月中旬，股价开始横向振荡整理。与此同时，30 日均线出现放平并向右上方倾斜的态势，这种环境比较有利于短线操作。

2020 年 7 月 2 日，该股股价收出一根中阳线，与此同时，5 日均线向上穿越 10 日均线形成了低位黄金交叉形态，此黄金交叉点位于 30 日均线上方附近位置，且 30 日均线开始向右上方倾斜，这说明股价上涨的空间可能非常大，投资者宜追涨买入。

此后，该股开启了一波大幅上涨行情。

二、死亡交叉

死亡交叉，简称死叉，是指周期较短的均线由上而下跌破周期较长的均线，且这两条均线的方向都是向下的，如图 2-13 所示。均线死叉代表支撑线被向下突破，表示股价将继续下跌，通常是卖出信号。

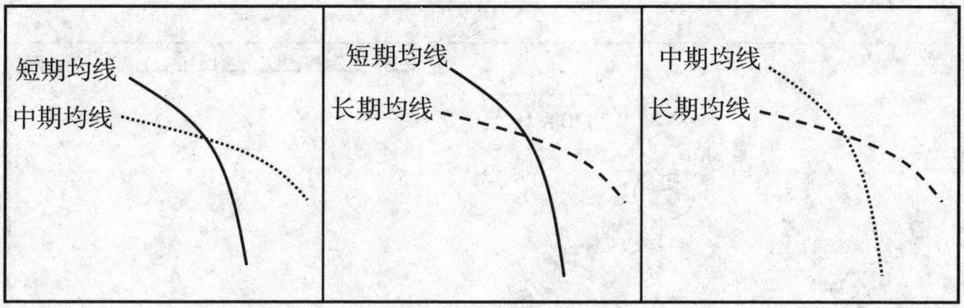

图 2-13　均线死叉

1. 死亡交叉的分析要点

根据均线的死亡交叉进行操作时，应该注意以下几点。

第一，短期均线跌破下降中的长期均线，形成死亡交叉，投资者应该在死叉形成的当天果断卖出。

第二，均线形成死叉时，周期较长的均线应该是向下的。如果该均线走平或向上，则是一个虚假的死叉，不能视为卖出信号。

第三，如果周 K 线图上的均线出现死叉，中长期投资者应该积极做空，持币观望。

第四，两条交叉的均线下倾的角度越大，周期越长，看跌信号越强烈。

第五，两条周期较长的均线发生死叉时，如果股价在交叉点下方附近，投资者可以继续做空；如果股价位于均线下方较远的位置，那么股价有可能出现反弹，持股者不宜马上割肉，应等反弹出现后择高卖出。

下面来看一下云天化的案例。

如图 2-14 所示，2020 年 8 月 19 日，处于上涨行情末期的云天化创出新高后回落，当天收出一根上影线很长的阴线。次日该股收出一根十字线，表示多方无力上攻，股价随时有下跌的可能。之后该股出现连续的小幅下跌。2020年8月26日，云天化的5日均线跌破了正在向下移动的10日均线，形成了死亡交叉。这是较为明显的卖出信号，投资者应考虑卖出该股。

其后，该股股价虽出现反弹，但反弹力度很小。此后，该股开始了一波快速杀跌过程。

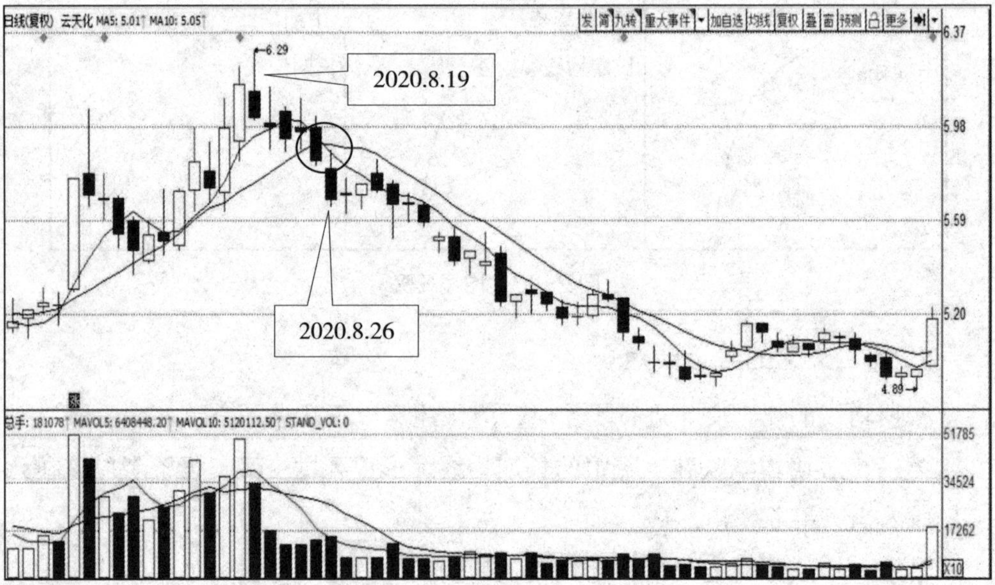

图 2-14　云天化（600096）日 K 线走势图

2. 死亡交叉的操作建议

死亡交叉出现的位置不同，其操作方式也会有所不同。

（1）长期均线上的高位死亡交叉。

股价经过一段时间的上涨后，出现筑顶迹象，带动短期均线（如5日均线）向下穿越中期均线（如10日均线）形成死亡交叉，若交叉点位于长期均线（如30日均线）上方，且长期均线仍向右上方倾斜，则长期均线（如30日均线）位置可能成为股价的支撑位，一旦股价跌破长期均线，将会引发一波较大的下跌行情。

下面来看一下欧普照明的案例，如图 2-15 所示。

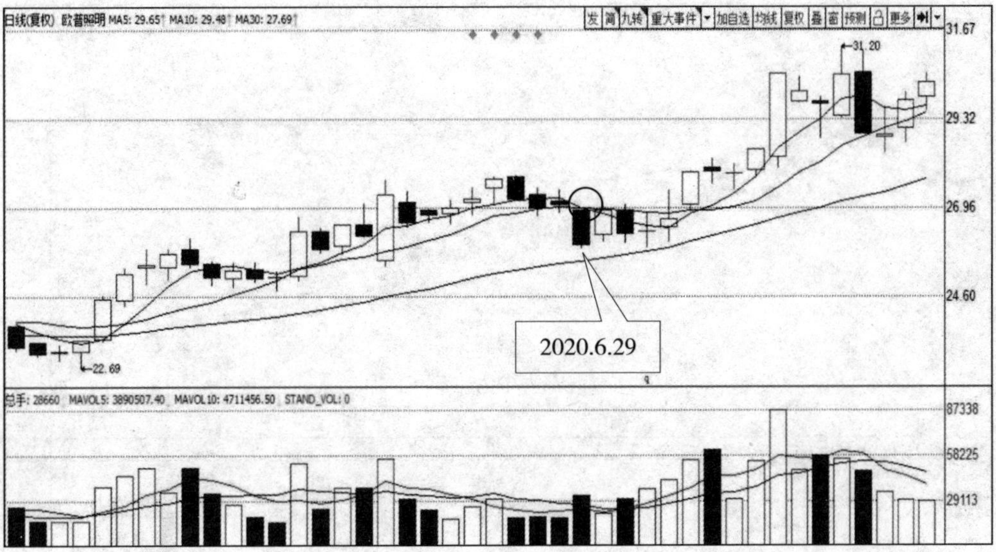

图 2-15 欧普照明（603515）日 K 线走势图

如图 2-15 所示，2020 年 6 月中旬，处于上涨行情的欧普照明出现疲软迹象。6 月 29 日，该股收出一根大阴线，且 5 日均线同步向下跌破 10 日均线，形成了死亡交叉，这是较为明显的卖出信号。

观察 30 日均线可知：此时 30 日均线仍向右上方倾斜，说明中长线趋势仍是向上的，30 日均线位置可能成为股价下跌的支撑位。保守型投资者可在死亡交叉出现时卖出部分股票，激进型投资者可将 30 日均线位置当成最后的防线，即股价跌破 30 日均线再卖出股票。

其后，该股下跌至 30 日均线位置因受均线支撑而重新上涨，这说明该股中长线走势仍处于上行通道，投资者可继续持股或加仓。

（2）长期均线下的高位死亡交叉。

股价进入顶部区域后，出现一系列的振荡走势。某一交易日股价大幅下跌，短期均线（如 5 日均线）向下跌破中期均线（如 10 日均线），且交叉点位于长期均线（如 30 日均线）下方，则意味着股价将启动快速下跌走势，投资者宜卖出手中的股票。

下面来看一下中国中车的案例，如图 2-16 所示。

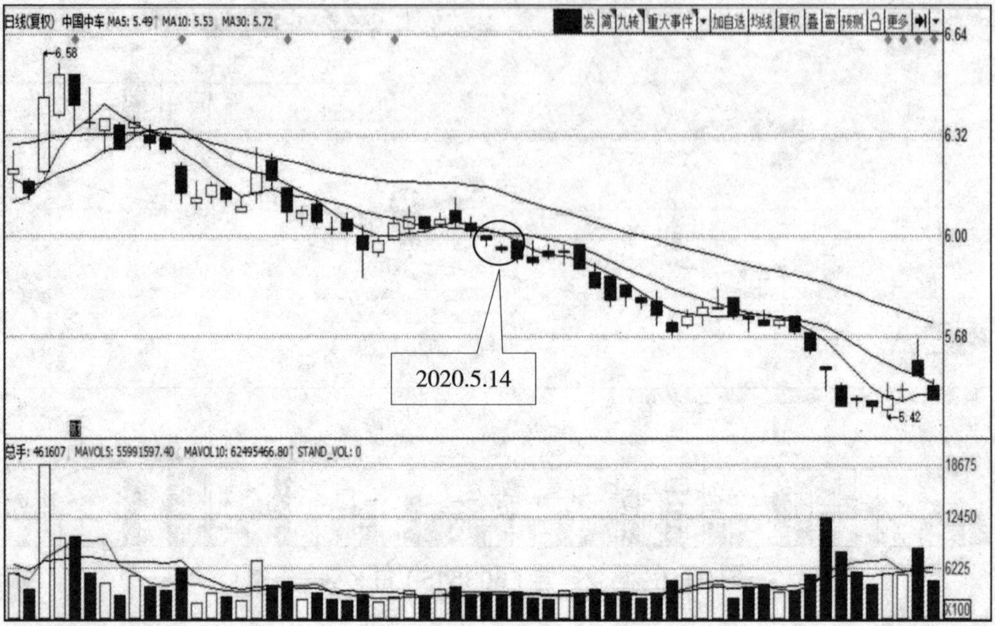

图 2-16　中国中车（601766）日 K 线走势图

如图 2-16 所示，从 2020 年 5 月初开始，处于下跌行情中的中国中车出现反弹迹象。不过，该股股价短暂反弹后，又重新开始下跌。5 月 14 日，该股收出一根大阴线，且 5 日均线同步向下跌破了 10 日均线，形成了死亡交叉，这是较为明显的卖出信号。观察 30 日均线可知：此交叉点位于 30 日均线下方，且 30 日均线向右下方倾斜，说明中长线趋势已经走坏，未来下跌的概率极大，投资者宜清空仓位。

第四节　缠绕：形态、时间与位置

最近几年，在证券投资领域，对均线缠绕的研究越来越多，可见均线缠绕确实越来越受到投资者的重视。均线缠绕形态包括了很多均线之间的形态，如交叉、黏合以及支撑、阻力等。

均线缠绕是指短期均线与中期均线、长期均线靠拢或出现连续的交叉形态。从均线缠绕最终的演化形态来看，无论何种均线缠绕，最终都会以多头发散或空头发散结束。不过，均线缠绕的形态、位置与时间不同，其交易含义也有所不同。

第一，按照均线缠绕的形态划分，可将均线缠绕分为深度缠绕和浅度缠绕。

第二，按照均线缠绕的位置划分，可将均线缠绕分为高位缠绕和低位缠绕。

第三，按照均线缠绕的时间划分，可将均线缠绕分为短期缠绕和长期缠绕。

一、缠绕形态：浅度缠绕与深度缠绕

在实战中，短期均线与中长期均线的缠绕程度并不相同，有的只是短期均线与中长期均线产生了某种接近的状态，有的则属于发生了连续的交叉。

1. 浅度缠绕

从严格的定义来看，所谓的浅度缠绕并非真正意义上的缠绕。该形态是指短期均线向中长期均线靠拢、接近后，并未出现突破，而是继续沿着先前的运行趋势运行。如图 2–17 所示。

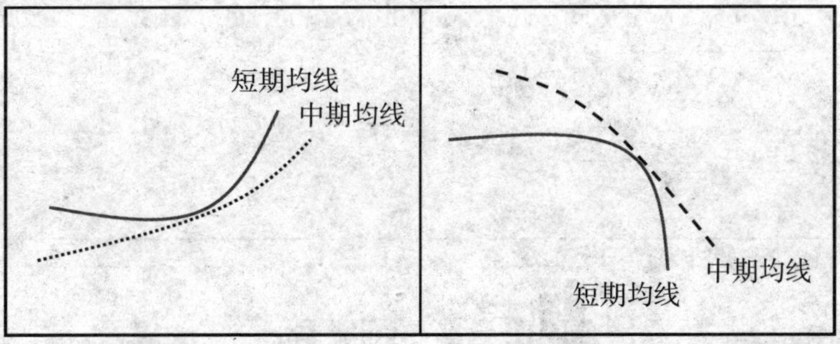

图 2–17 浅度缠绕

从图 2–17 中可以看出，短期均线均未突破中期均线，只是在靠近中期均线后，因受中期均线的支撑或阻力作用而恢复之前的运行趋势。从本质上来说，该形态的出现就是对股价先前运行趋势的一种强化，即股价还将按照先前的趋势运行。

其基本操作要点如下。

第一，股价处于上升趋势时，随着股价的调整，短期均线向中长期均线靠拢，中长期均线向右上方倾斜，短期均线因受中长期均线的支撑而重新上行，这属于典型的看涨信号。

第二，股价处于上升趋势中，股价与短期均线同步回调时，成交量出现萎缩迹象。当短期均线重新上升时，若成交量同步放大，则可增强股价未来上升的概率。

第三，股价处于下降趋势时，随着股价的反弹，短期均线向中长期均线靠拢，中长期均线向右下方倾斜，短期均线因受中长期均线的阻力而重新下降，这属于典型的看跌信号。

下面来看一下掌阅科技的案例，如图 2-18 所示。

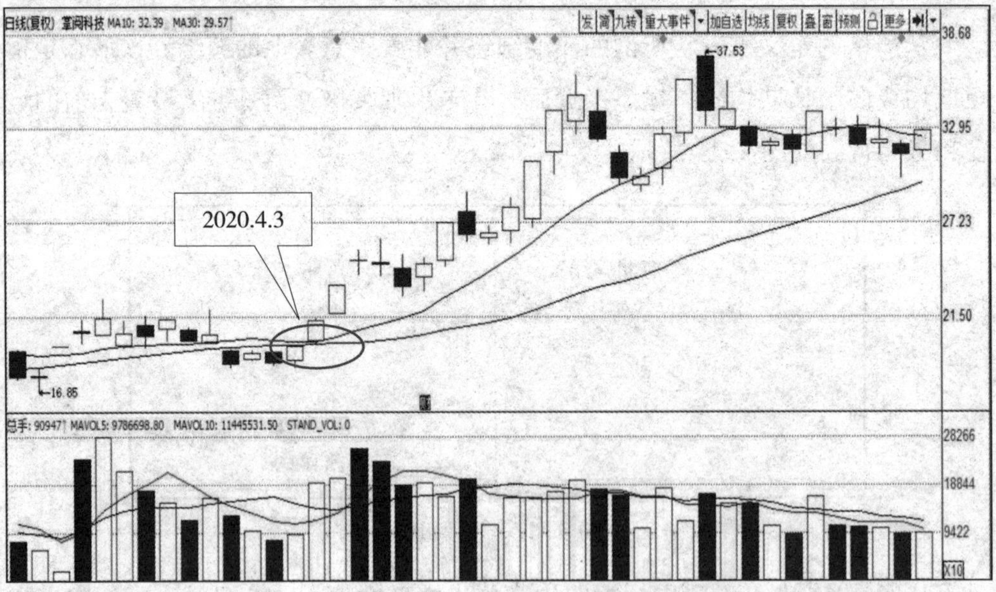

图 2-18　掌阅科技（603533）日 K 线走势图

如图 2-18 所示，从 2020 年 2 月初开始，掌阅科技的股价开启了一波振荡上升走势。股价上升过程中，各条均线呈现多头排列迹象。3 月底，随着股价的调整，掌阅科技的10日均线同步出现回调走势。当其回调至30日均线附近时，因受30日均线支撑而反向上行，即10日均线与30日均线出现了浅度缠绕状态，这意味着股价将重归上升通道，投资者可积极入场加仓。

随后，该股股价出现了一波大幅上升走势。

下面再来看一下中远海特的案例，如图2-19所示。

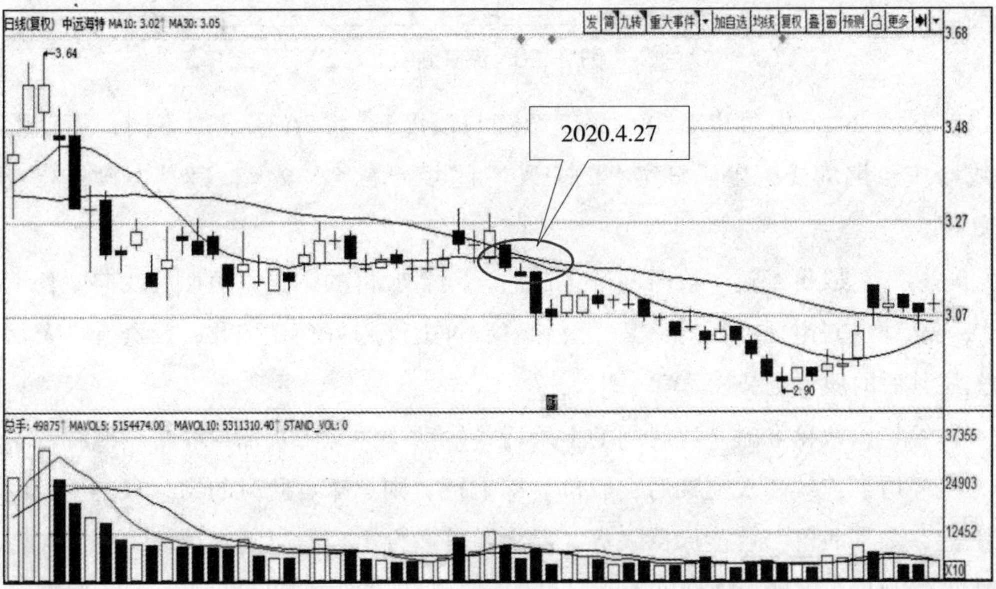

图2-19　中远海特（600428）日K线走势图

如图2-19所示，从2020年2月中旬开始，中远海特的股价开启了一波振荡下跌走势。股价下跌过程中，各条均线呈现空头排列。4月下旬，随着股价的反弹，中远海特的10日均线同步出现反弹，当其反弹至30日均线附近时，因受30日均线的阻力而反向下行，即10日均线与30日均线出现了浅度缠绕状态。这意味着股价将重归下降通道，投资者宜继续保持观望。

随后，该股股价出现了一波大幅下跌走势。

2. 深度缠绕

深度缠绕是与浅度缠绕相对的概念，是指短期均线向中长期均线靠拢后出现了交叉，甚至是多次的、长时间的交叉现象。如图2-20所示。

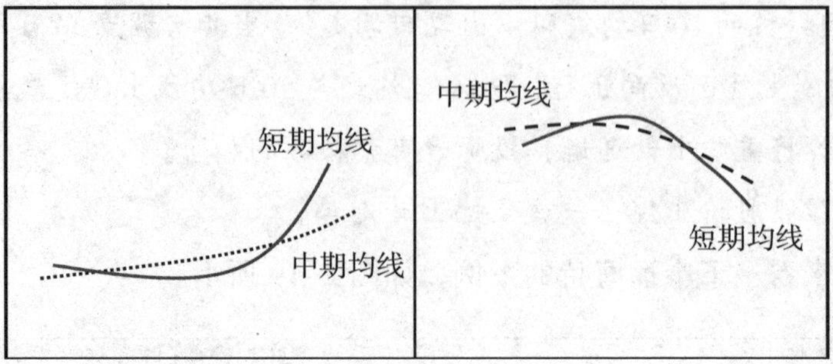

图 2-20 深度缠绕

从图 2-20 中可以看出，深度缠绕与浅度缠绕存在明显的不同，短期均线与中长期均线产生了事实上的交叉，且可能是多次交叉。其基本操作要点如下。

第一，股价经过一段时间的上涨后，随着股价的调整，短期均线向中长期均线靠拢，并出现反复的交叉，意味着股价上涨趋势存在变数，投资者需密切关注其后的股价走势。

第二，股价经过一段时间的上涨后，短期均线与中长期均线出现缠绕，若只是经历了连续两次交叉后，股价立即上行，则意味着此时的缠绕只是主力的洗盘，未来股价仍可能保持强势；反之，若股价出现长时间的缠绕，则意味着股价运行趋势可能会改变。

第三，股价经过一段时间的下跌后，随着股价的反弹，短期均线向中长期均线靠拢，并出现反复的交叉，则意味着股价下行趋势存在变数，投资者需密切关注以后的走势。

第四，股价经过一段时间的下跌后，短期均线与中长期均线出现缠绕。若经历了连续两次交叉后股价立即下行，则意味着此时的缠绕只是短暂的反弹，未来股价仍可能保持弱势；反之，若股价出现长时间的缠绕，则意味着股价运行趋势可能会改变。

下面先来看一下恒立液压的案例。

如图 2-21 所示，从 2019 年 8 月中旬开始，恒立液压的股价开启了一波振荡上涨走势。在股价上涨过程中，各条均线呈现多头排列。2020 年 8 月中旬，随着股价的回调，恒立液压的10日均线同步出现回落。8月20日，随着股价走低，10日均线向下跌破20日均线，形成死叉，但很快股价又反向上攻。8月28日，股价大幅上涨，10日均线重新向上突破20日均线。至此，10日均线与20日均线出现了深度缠绕状态。鉴于股价与均线的关系，意味着股价将重归上涨通道，投资者可考虑追涨买入。

随后，该股股价出现了一波大幅上升走势。

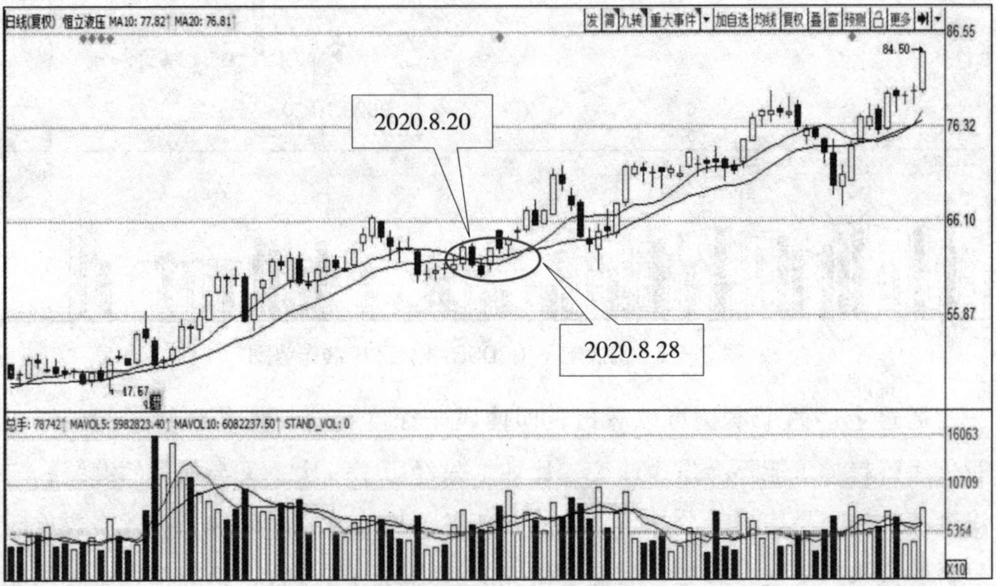

图2-21 恒立液压（601100）日K线走势图

下面再来看一下富满电子的案例。

如图2-22所示，从2020年9月初开始，富满电子的股价开启了一波振荡下跌走势。在股价下跌过程中，各条均线呈现空头排列。2020年10月中旬，随着股价的反弹，富满电子的10日均线同步出现上行。10月13日，随着股价走高，10日均线向上突破20日均线，形成金叉，但很快股价又反向下跌。10月20日，股价大幅下跌，10日均线重新向下跌破20日均线。至此，10日均线与20日均线出现了深度缠绕状态。鉴于股价与均线的关系，意味着股价将重归下跌通道，投资者宜继续保持观望。

随后，该股股价出现了一波大幅下跌走势。

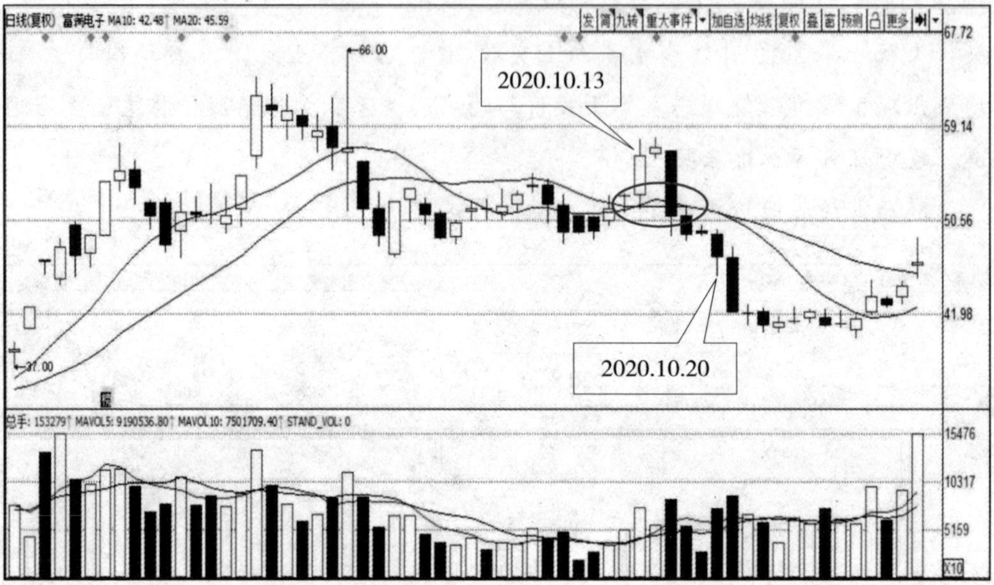

图 2-22 富满电子（300671）日 K 线走势图

通过上述两个案例可以看出，即使属于深度缠绕，但若缠绕时间较短，股价运行趋势可能不会发生改变。比如，只经历了一次金叉与死叉的缠绕，与浅度缠绕的交易信号十分相近。当然，若各条均线缠绕时间较长，就需要重新分析股价未来的运行趋势。后面所研究的缠绕时间与位置，指的都是这种深度缠绕。

二、缠绕时间：短期缠绕与长期缠绕

通常情况下，短期缠绕很难改变股价的运行趋势，而长期缠绕则意味着多空力量的某种均衡，未来股价运行方向充满了不确定性。

均线缠绕时间的分析要点如下。

第一，均线缠绕时间越长，说明多空双方争斗越激烈，未来股价走势的不确定性越大。

第二，长时间的均线缠绕就是一种均线黏合，未来股价可能会出现典型的多头发散（即上升行情）或典型的空头发散（即下跌行情）。

第三，按照均线缠绕理论或均线黏合理论，均线缠绕时间越长，未来缠绕结束后，股价上涨或下跌的幅度也就越大，也就是大家经常所说的“横有多长，竖有多高”。

第四，均线长期缠绕是投资者需要重点观察的对象，一旦均线结束缠绕，股价很可能会出现单边上升或下跌走势。

前面图 2-21 和图 2-22 提及的案例，均属于均线缠绕中的短期缠绕，下面所举的均线缠绕案例为长期缠绕。

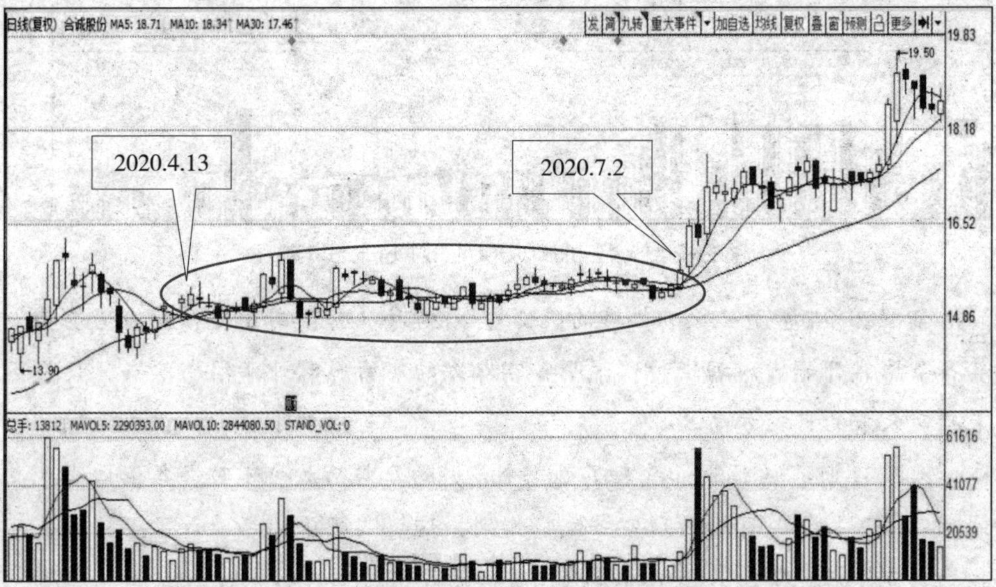

图 2-23 合诚股份（603909）日 K 线走势图

如图 2-23 所示，合诚股份的股价自 2020 年 4 月中旬开始进入横向振荡走势，其各条均线出现缠绕状态，这说明多空双方的实力暂时处于均衡状态，股价还未确定未来的突破方向。

7 月 2 日，该股股价结束了将近三个月的盘整后放量上升，各条均线也在此时结束了缠绕，开始出现多头发散排列，这说明股价已经进入了上升通道，投资者可积极入场做多。

下面再来看一下徐工机械的案例，如图 2-24 所示。

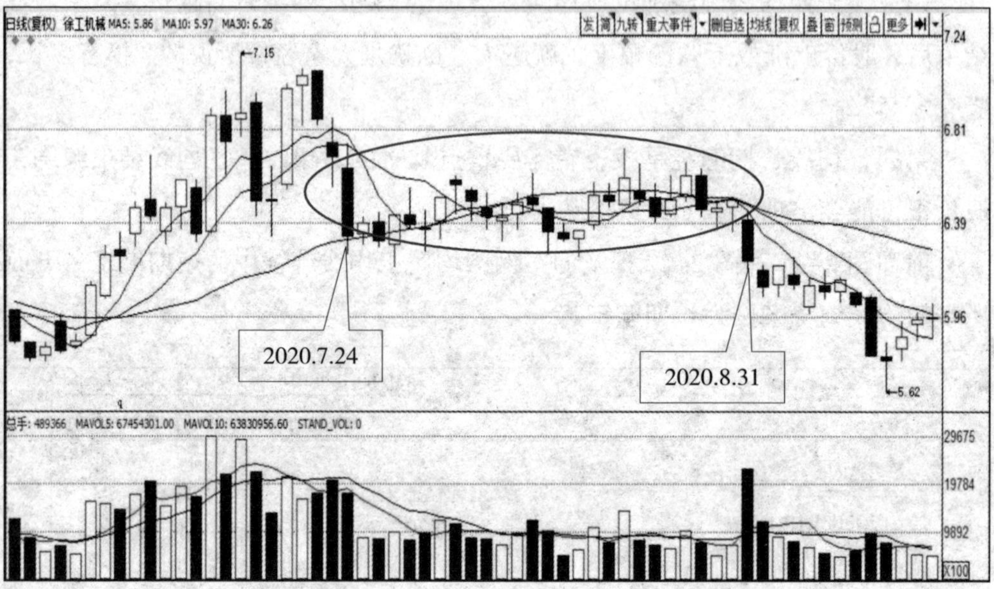

图 2-24 徐工机械（000425）日 K 线走势图

如图 2-24 所示，徐工机械的股价自 2020 年 7 月下旬出现横向振荡走势，其各条均线开始出现缠绕，这说明多空双方的实力暂时处于均衡状态，股价还未确定未来的突破方向。

8 月 31 日，该股股价结束了近一个多月的盘整后放量下跌，各条均线也在此时结束了缠绕，开始出现空头发散排列，这说明股价已经进入了下跌通道，投资者宜保持观望，若手中持有徐工股份的股票，则需第一时间清仓。

三、缠绕位置：低位缠绕与高位缠绕

从某种意义上来说，均线缠绕出现的位置，对股价未来走势的影响非常大。也就是说，同样的均线缠绕，发生的位置不同，股价未来突破的方向可能明显不同。

其具体的分析要点如下。

第一，股价经过一段时间的上涨后到达顶部区域，此时各条均线若发生长时间的缠绕现象，则未来股价下跌的概率极高。

第二，股价进入高位发生均线缠绕时，如成交量出现放大，可能属于主力出货的迹象，投资者宜做好离场准备。一旦股价向下突破，应立即撤出。

第三，股价经过一段时间的下跌后到达底部区域，此时各条均线若发生长时间的缠绕，则未来股价上涨的概率极高。

第四，股价在低位发生均线缠绕时，在均线缠绕的尾声，成交量如出现放大，可能属于主力入场建仓的迹象，投资者宜做好入场准备。一旦股价向上突破，应立即进场买入。

第五，股价经过一段时间的下跌后，若发生均线缠绕现象，也有可能仅属于股价下行途中的短暂修正，投资者不宜立即入场，因为未来也存在下跌的可能。

总之，均线发生缠绕之后，投资者要等到股价对缠绕区域完成突破后，才能判断股价的运行趋势，不宜过早做出预判并采取行动。

下面来看一下江苏阳光的案例。

如图 2-25 所示，江苏阳光的股价自 2020 年 4 月底启动了一波振荡上升走势。在股价不断上扬过程中，各条均线出现多头排列，这说明多方实力强劲，投资者可耐心持股待涨。

进入 8 月份之后，该股股价上升趋势有所减弱，成交量不断放大的同时，股价并未创出新高。该股 K 线自 8 月份有出现顶部形态的迹象，各条均线也同步出现缠绕状态，这说明股价正在选择突破方向。由于该股股价先前已经有了较大幅度的上涨，此时均线出现缠绕，未来下跌的概率极高，投资者可做好卖出准备。

9 月 24 日，该股股价向下跌破了缠绕区域，这说明股价即将进入下跌通道，投资者宜立即清空手中的仓位。

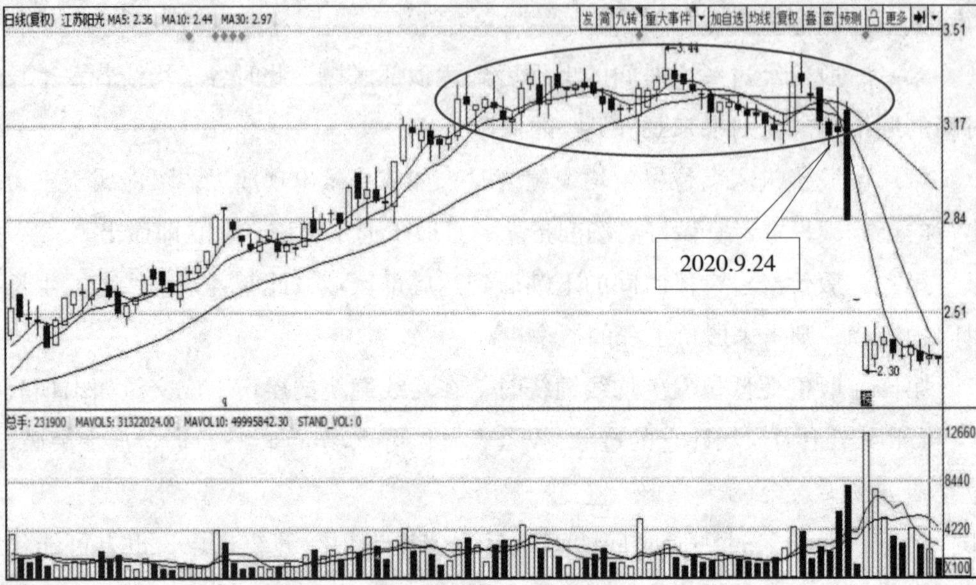

图 2-25　江苏阳光（600220）日 K 线走势图

下面再来看一下正泰电器的案例，如图 2-26 所示。

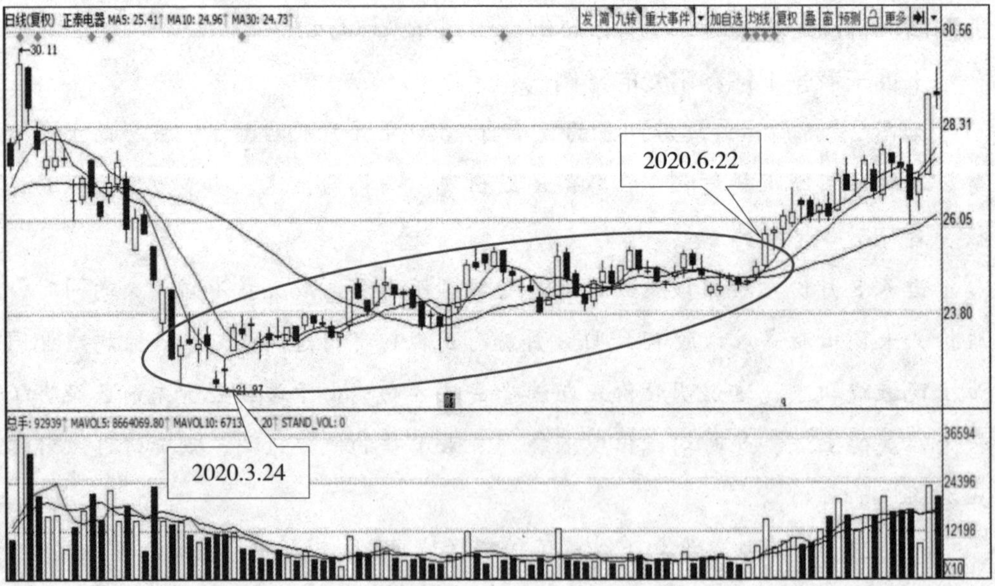

图 2-26　正泰电器（601877）日 K 线走势图

如图 2-26 所示，正泰电器的股价自 2020 年 2 月下旬启动了一波振荡下跌走势。在股价不断下跌过程中，各条均线出现空头排列，这说明空方实力强劲，投资者宜观望。

进入 3 月下旬之后，该股股价下降趋势有所减弱。随后，该股股价出现横盘振荡趋势，各条均线也同步出现缠绕状态，这说明股价正在选择突破的方向。由于该股股价先前已经有了较大幅度的下跌，且均线出现向右上方倾斜的态势，这说明均线缠绕结束后，未来股价上涨的概率极高，投资者可做好买入准备。

6 月 22 日，该股股价向上突破了缠绕区域，说明股价即将进入上升通道，投资者可考虑追涨买入股票。

第五节　黏合：低位黏合与高位黏合

缠绕与黏合并不是完全独立的两种形态，也可以说黏合属于均线缠绕的特殊形态，即多条均线相互缠绕在一个狭小的空间内，几乎呈直线形态。但均线黏合与缠绕还稍有不同。

第一，均线的数量不同。两条均线就可以形成缠绕形态，但黏合至少是三条以上的均线才能形成的形态。

第二，纠缠的时间不同。两条均线碰到或者即将相遇但立即分开，也可以看成是一种缠绕，而黏合则需要均线纠缠在一起一段时间。

第三，形态不同。只要有均线纠缠，无论呈现何种形态，都可以认定缠绕形态成立，而黏合则需要各条均线黏合在一处，且呈直线形态。

一般来说，当均线出现黏合形态，都是在股价经过一段时间的横向盘整之后，也就意味着股价试图通过盘整格局来消化之前的获利盘或套牢盘，为未来的下跌或上涨赢得空间。因此，在低位区域和高位区域出现的黏合形态需要投资者特别关注。当股价结束黏合时，会呈现上升或下跌的走势。由于各周期均线的反应速度不同，就会呈现多头发散排列或空头发散排列。

一、低位黏合

股价经过一波快速下跌之后，进入相对低位区间。此后，股价开始横向振荡，各条均线就会随着股价的横向盘整而逐渐黏合在一处，如图 2-27 所示。

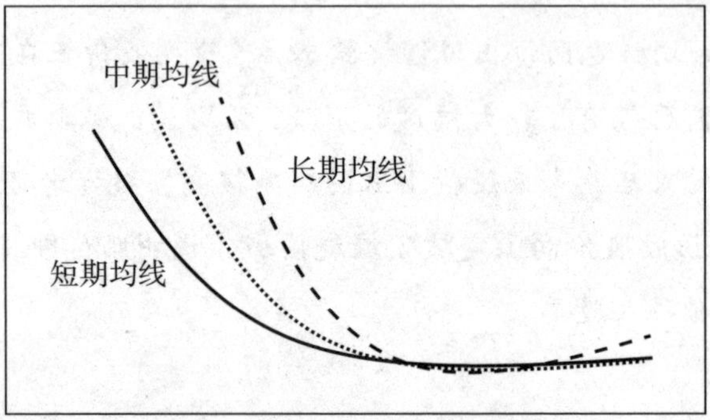

图 2-27 均线低位黏合

根据均线低位黏合进行操作时，应该注意以下几点。

第一，股价经过长时间下跌后，在企稳的前提下，均线才会出现黏合，这说明股价正在选择突破方向。

第二，一般来说，底部黏合的时间，对股价未来走势存在一定的影响。短时间的黏合，可能无法完全消化上方的套牢盘，因而股价未来下跌，均线呈现空头发散形态的概率较高；反之，若股价盘整的时间较长，均线经过了长时间的黏合，套牢盘已经被基本消化，那么未来股价上行，均线呈现多头发散排列形态的概率较高。

第三，股价黏合期间，成交量可能会出现持续的缩量形态。当均线即将从黏合状态转为发散状态时，成交量会出现温和放大，这也是股价即将启动的一个典型迹象。

第四，均线低位黏合后上涨的可能性较大，但并不意味着黏合之后股价一定会上涨，投资者还要防备主力的诱多或诱空等行为。

第五，通常情况下，均线黏合的时间越长，股价未来上涨或下跌的幅度越大。

下面来看一下长江证券的案例，如图 2-28 所示。

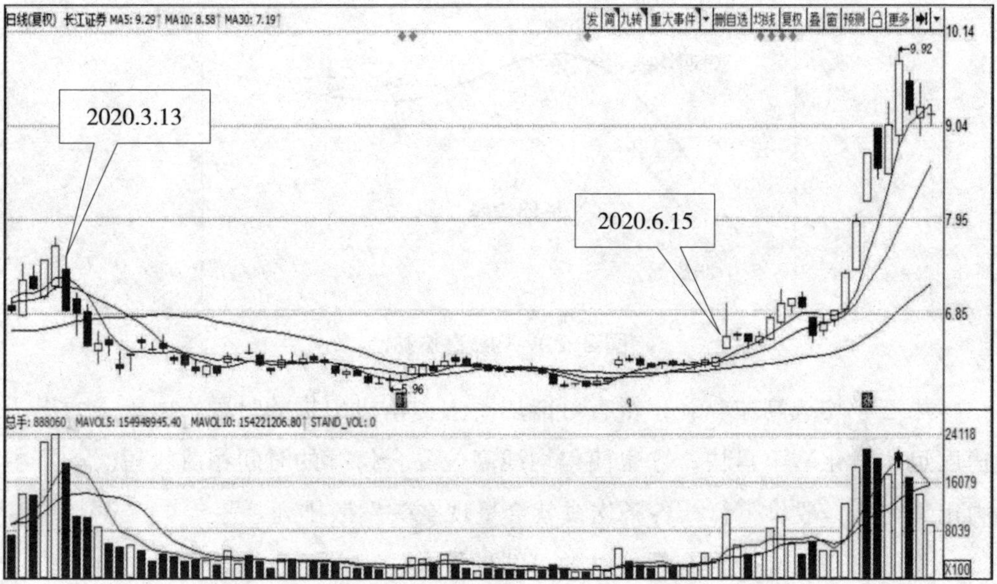

图 2-28 长江证券（000783）日 K 线走势图

如图 2-28 所示，长江证券的股价自 2020 年 3 月下旬启动了一波下跌走势，并很快进入底部盘整区域。在底部振荡盘整时，各条均线逐渐靠拢，形成了黏合状态。这说明股价正在选择突破方向，投资者宜密切关注该股其后的走势。

2020 年 6 月 15 日，该股股价向上突破整理区域，各条均线开始呈多头发散排列，这说明股价上涨空间已经打开，投资者宜追涨买入该股。

二、高位黏合

股价经过一波快速上涨后，进入相对高位区间。此后，股价开始横向振荡，各条均线就会随着股价的横向盘整逐渐黏合在一处，如图 2-29 所示。

根据均线高位黏合进行操作时，应该注意以下几点。

第一，股价经过长时间的上涨后，出现了滞涨迹象，此时均线才会出现黏合，这也说明股价正在选择突破方向。

第二，股价黏合期间，成交量可能会居高不下，或呈不规则的放量与缩量，这往往属于主力出货的形态，投资者务必提高警惕。

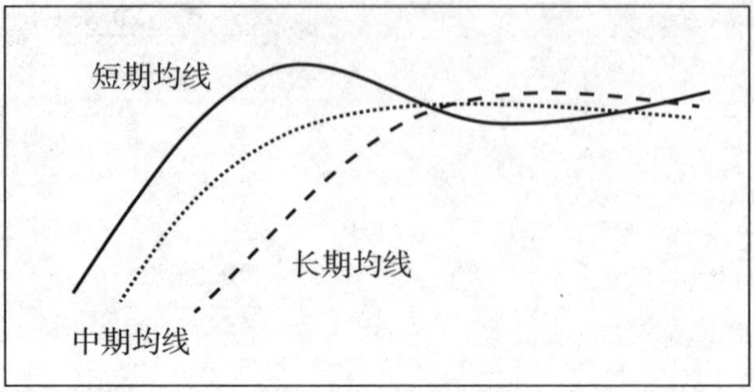

图 2-29 均线高位黏合

第三，均线高位黏合，很有可能属于主力借机出货的时段。由于主力出货速度远比消化套牢盘快，这也使得均线高位黏合持续的时间相对较短。一旦主力出货完毕，股价下行，各条均线就会呈现空头发散排列。

第四，均线高位黏合后下跌的可能性较大，但并不意味着黏合之后股价一定会下跌，投资者还要防备主力的诱多或诱空等行为。

第五，通常情况下，均线黏合的时间越长，股价未来上涨或下跌的幅度越大。

下面来看一下江淮汽车的案例，如图 2-30 所示。

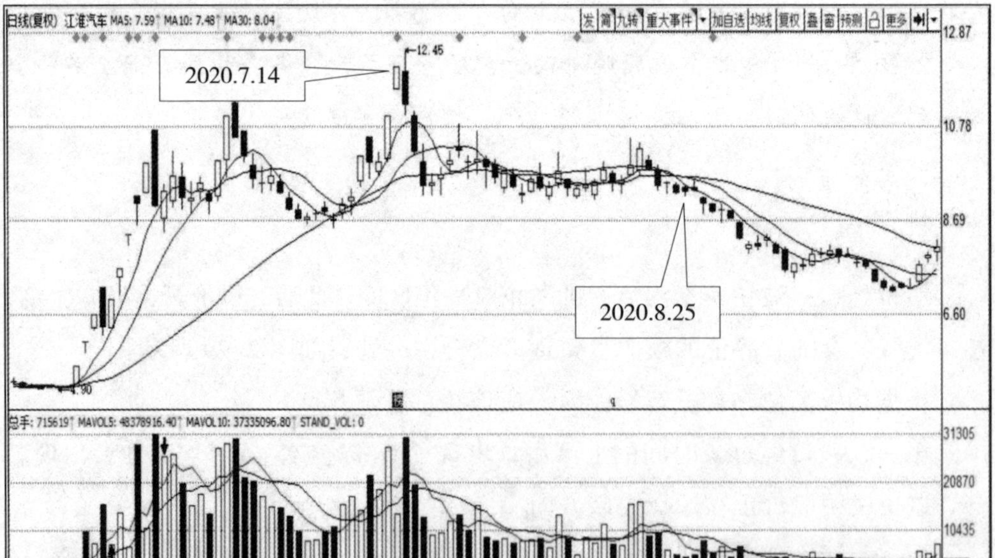

图 2-30 江淮汽车（600418）日 K 线走势图

如图 2-30 所示，江淮汽车的股价自 2020 年 7 月中旬触顶回落后，开始出现均线高位黏合的状况。

股价经过一段时间的盘整之后，5 日、10 日和 30 日均线逐渐黏合在一起。经过较长时间的蓄势之后（实质上是主力通过股价高位振荡完成出货任务），2020 年 8 月 25 日，空方已经聚集了足够的打压能量，纷纷卖出，带动股价下跌并跌破支撑线区域，均线系统也呈现明显的空头发散排列。这种均线黏合后向下发散的形态，极有可能导致股价在短期内暴跌，投资者宜远离这样的股票。

第六节　相逆：短多长空与短空长多

理论上来说，当股价处于上升趋势时，各条均线都会呈现出明显的多头特征；反之，当股价下行时，各条均线又会呈现出空头特征。不过，当短期均线与长期均线表现出的特征不匹配时，就说明均线之间存在相逆的状态，这时投资者需要特别注意，这意味着股价运行趋势可能会发生改变。

均线相逆形态分为两类：短多长空和短空长多。

一、短多长空

短多长空，即短期均线呈现多头状态，而长期均线却呈现与之相反的空头状态。一般情况下，两条均线会形成如图 2-31 所示的形态。

出现短多长空形态，一般是由于股价经过长时间的下跌后出现反弹走势形成的，但这种短期走势还未引起股价长期运行趋势的改变。

这种形态的操作要点如下。

第一，短期均线未来的动向是投资者需要关注的重点。随着股价的持续反弹，短期均线势必会触及长期均线，短期均线能否突破长期均线，决定了股价反弹行情能否延续。

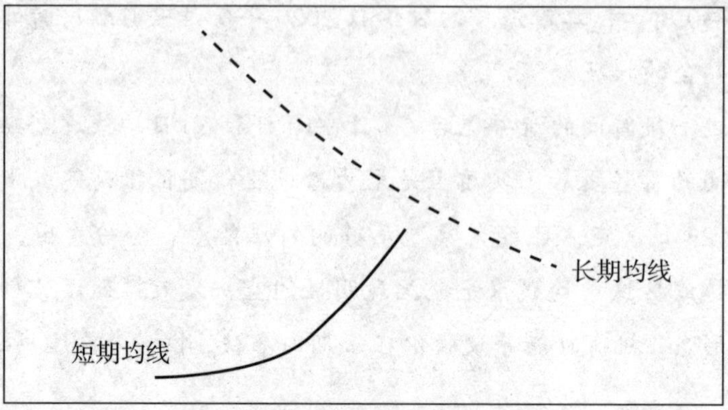

图 2-31　短多长空

第二，短期均线未来若能成功向上突破长期均线，则会演变为黄金交叉形态，长期均线也会同步放平，推动股价由下行趋势转为上升趋势。

第三，短期均线触及长期均线后，因受长期均线的阻力而重新下跌，则说明股价下行趋势还将延续，投资者不宜入场。

第四，当股价短线跌幅巨大，短期均线与长期均线之间产生较大的距离时，此时股价必然存在回归的需求，短期均线也会出现向长期均线靠拢的走势，此时就是抢反弹的良机。当然，当股价或短期均线反弹至长期均线附近时，这种反弹走势存在终结的可能。

总之，短多长空的相逆状态，本质上就是股价下行趋势中的一种反弹或反转，决定其性质的关键，在于股价和短期均线能否完成对长期均线的突破。

下面来看一下福日电子的案例。

如图 2-32 所示，福日电子的股价自 2020 年 7 月中旬启动了一波振荡下跌走势。该股的 10 日均线和 60 日均线同步下行，呈现空头排列形态。

9 月 17 日，该股股价触底后开始出现反弹走势。随后，10 日均线随着股价的回升而出现上升态势，而 60 日均线仍处于下行趋势，这说明 10 日均线与 60 日均线出现了相逆形态。这并不是一种常态，可能带来股价运行趋势的改变，投资者需要密切关注该股股价其后的走势。

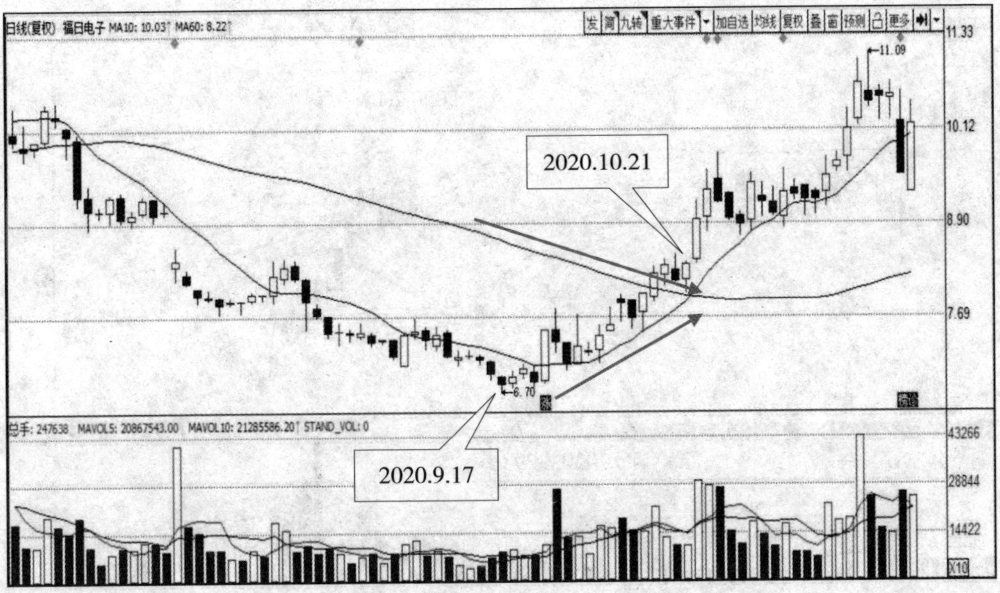

图 2-32　福日电子（600203）日 K 线走势图

10 月 21 日，随着该股股价的连续上扬，10 日均线完成了对 60 日均线突破，60 日均线开始逐渐放平。这说明该股股价运行趋势已经发生了改变，由空头趋势转为多头趋势，投资者可积极入场建仓该股。

实战中，短多长空形态的出现，有时并不会带来趋势的转变，可能仅为股价下行趋势中一次短暂的反弹。

下面来看一下佳沃股份的案例。

如图 2-33 所示，佳沃股份的股价自 2020 年 4 月初出现了加速下跌态势，该股的 10 日均线和 60 日均线同步下行，呈现空头排列形态。

6 月 29 日，该股股价阶段性触底后出现反弹走势。10 日均线也随着股价的回升而出现上升态势，60 日均线仍处于下行趋势。这说明 10 日均线与 60 日均线出现了相逆形态，投资者需要密切关注该股股价其后的走势。

7 月 15 日，该股股价越过 60 日均线后出现了大幅下跌，而此时 10 日均线已经反弹至 60 日均线附近位置，这说明 10 日均线受到了 60 日均线的强大阻力，未来股价很可能会重新进入下行趋势。

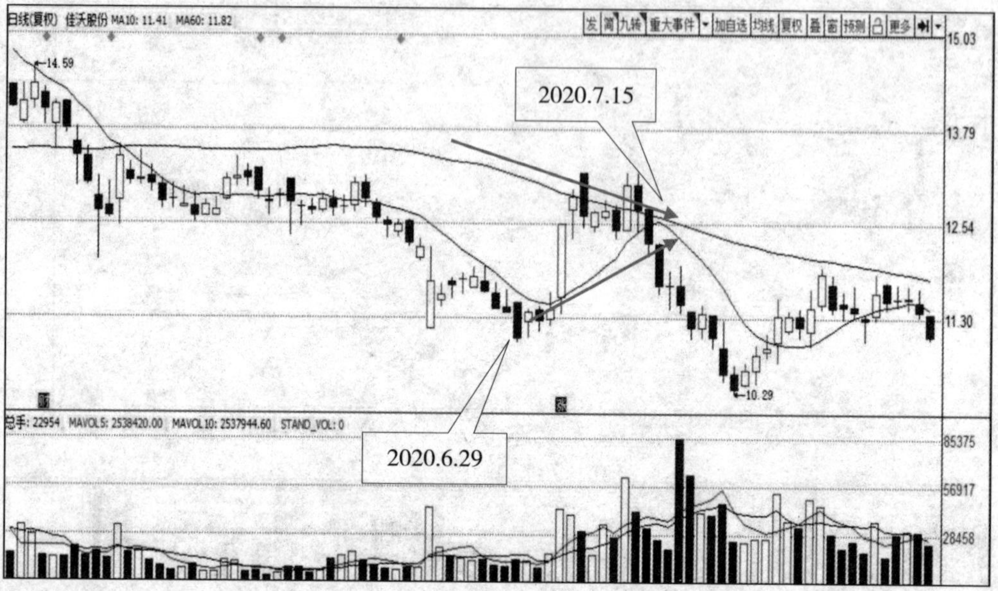

图 2-33 佳沃股份（300268）日 K 线走势图

二、短空长多

短空长多，是与短多长空相对的一种形态，即短期均线呈现空头状态，长期均线却呈现与之相反的多头状态。一般情况下，两条均线会形成如图 2-34 所示的形态。

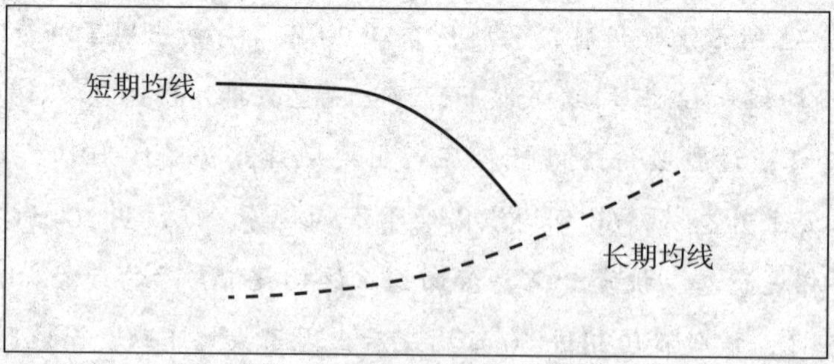

图 2-34 短空长多

出现短空长多形态，一般是由于股价经过长时间的上涨后出现回调走势形成的，但这种短期走势并未引起股价长期运行趋势的改变。

这种形态的操作要点如下。

第一，短期均线未来的动向，是投资者需要关注的重点。随着股价的持续调整，短期均线势必会触及长期均线，而短期均线能否跌破长期均线，决定了股价回调能否演变为下跌趋势。

第二，短期均线未来若能向下跌破长期均线，则会演变为死亡交叉形态，长期均线也会同步放平，就会推动股价由上行趋势转为下降趋势。

第三，短期均线未来触及长期均线后，若因受长期均线的支撑而重新上涨，则说明股价上行趋势还将持续，投资者可考虑加仓。

第四，当股价短期涨幅巨大，短期均线与长期均线之间产生较大的距离时，此时股价必然存在一定的回归需求，短期均线也会向长期均线靠拢，此时就是高抛的良机。当然，当股价或短期均线回调至长期均线附近时，如受到长期均线的支撑，股价可能会重新上涨。

总之，短空长多的相逆状态，本质上就是股价上涨趋势中的一种回调或反转，决定其性质的关键在于股价和短期均线能否实现对长期均线的突破。

下面来看一下合兴包装的案例。

如图 2-35 所示，合兴包装的股价自 2020 年 4 月初启动了一波振荡上涨走势，10 日均线和 60 日均线同步上行，呈现多头排列形态。

7 月 21 日，该股股价到达短期高点后开始出现回调走势。随后，10 日均线随着股价的调整出现下降态势，而 60 日均线仍处于上行趋势，这说明 10 日均线与 60 日均线出现了相逆形态。这并不是一种常态，可能带来股价运行趋势的改变，投资者需要密切关注该股其后的走势。

8 月 26 日，该股股价在 60 日均线位置获得足够的支撑后重新上攻，此后 10 日均线也因受到 60 日均线支撑转而上行。至此，均线相逆状态结束，各条均线重新进入多头排列形态，说明此次均线相逆形态尽管引发了股价的调整，但没有从根本上改变股价的运行趋势。

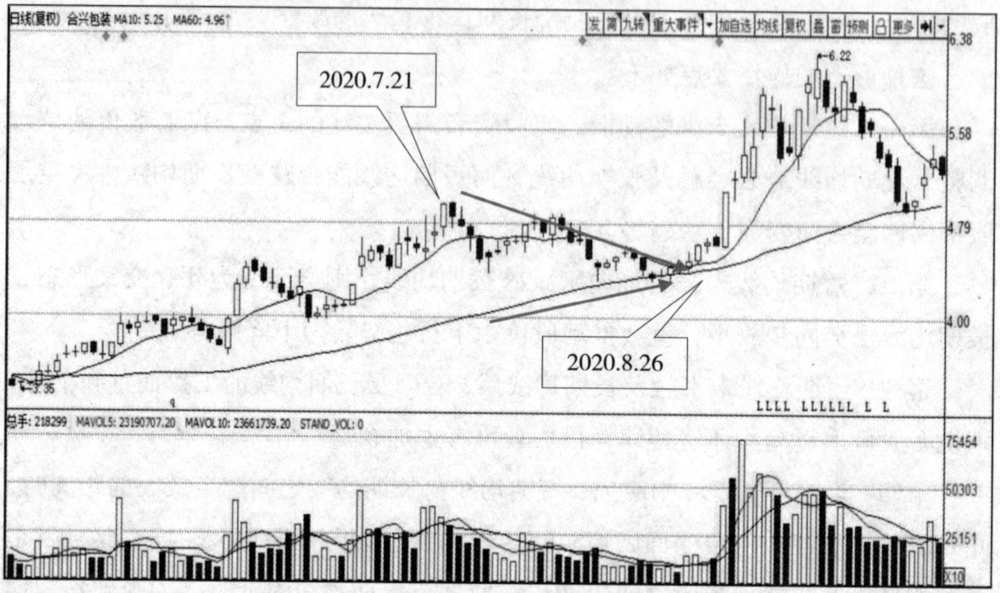

图 2-35 合兴包装（002228）日 K 线走势图

实战中，出现短空长多形态，并不总是受到长期均线的支撑而重新回归上升通道。若股价和短期均线成功跌破长期均线，则可能引发股价运行趋势的改变。

下面来看一下闽发铝业的案例。

如图 2-36 所示，闽发铝业的股价自 2020 年 2 月上旬启动了一波振荡上涨走势，10 日均线和 60 日均线同步上行，呈现多头排列形态。

8 月 3 日，该股股价触顶后出现回落走势。随后，10 日均线随着股价的调整而出现下降态势，60 日均线仍处于上行趋势，这说明 10 日均线与 60 日均线出现了相逆形态。这并不是一种常态，投资者需要密切关注该股其后的走势。

9 月 15 日，随着该股股价的连续下跌，10 日均线完成了对 60 日均线的突破。60 日均线开始逐渐放平，这说明该股股价运行趋势已经发生改变，由多头趋势转为空头趋势，投资者宜立即离场。

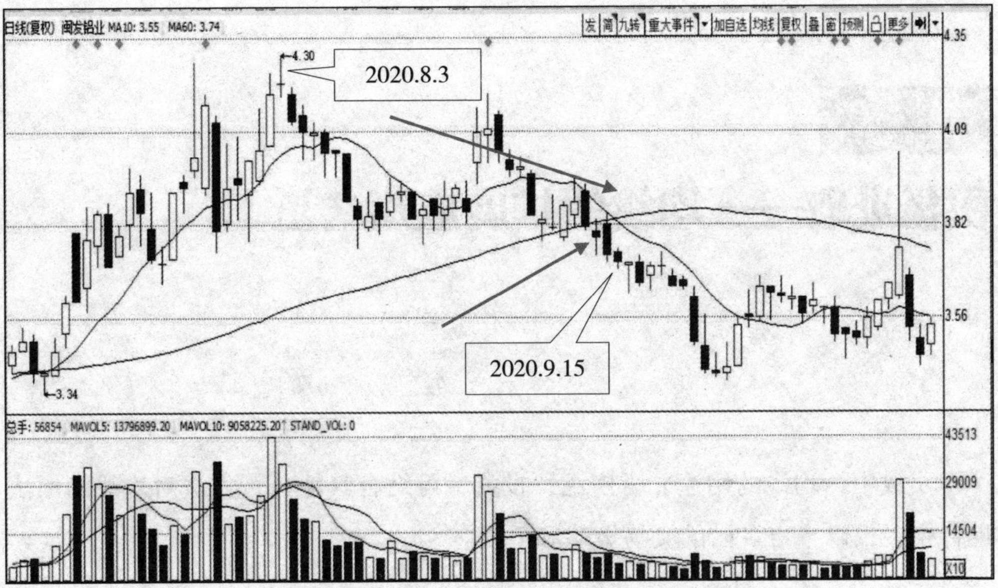

图 2-36　闽发铝业（002578）日 K 线走势图

第三章

积极进取——均线的扩展应用之道

实战中，均线的用途非常广泛，投资者可结合其他分析方法对均线的用法进行拓展，以丰富自己的交易策略和手段。

第一节　葛兰碧均线八项法则

在移动平均线的诸多分析方法中，以技术分析大师葛兰碧的均线操作八大买卖法则最为著名，它是单纯地以股价与移动平均线之间的关系作为研判的依据，来确定买入点和卖出点的。如图 3-1 所示。

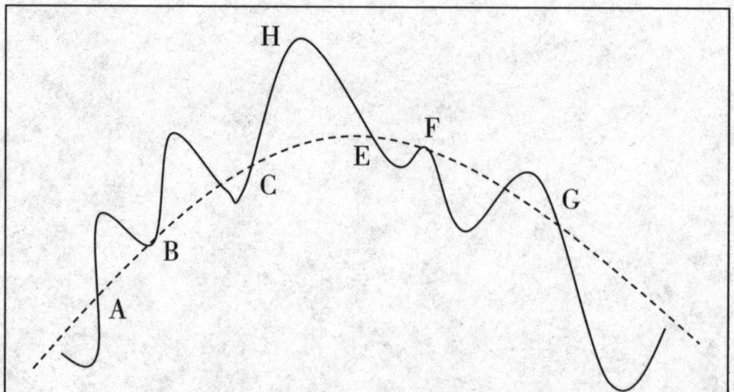

图 3-1　葛兰碧均线操作八大法则示意图

概括来说，葛兰碧的均线交易法则涵盖了四项买入法则和四项卖出法则。

一、买点1：突破买入

均线从下降逐渐走平且略有向上方抬头迹象，股价从均线的下方向上突破均线时，是买进信号（图3-1的A点）。

法则解析：从均线的构成来讲，其本质上是一条持仓成本线。当股价运行在均线下方时，市场上的大多数投资者都处于亏损状态，此时，股价要上行其实是很困难的。当股价触及均线位置时，很多底部入场者都会将其看成是较佳的获利或解套时机，于是纷纷卖出手中的股票。股价对均线的突破，往往需要成交量的放大相配合，正因如此，如股价完成了对均线的突破，就意味着有更多的资金入场，这些资金入场后，势必会拉动股价继续上行。这也是股价形成金叉后，成为最佳买入时机的原因所在。

该项法则的操作要点包括如下几点。

第一，均线放平或开始上倾，这是买入的前提条件。出现该信号，说明股价的下行趋势已经终结或即将终结。

第二，股价自下而上完成对均线的穿越，这是该法则最明显的特征，也是必要条件。

第三，股价完成对均线的穿越时，若成交量同步放大，则可增强买入信号的有效性。

下面来看一下智度股份的案例。

如图3-2所示，智度股份的股价在2019年9月下旬经历了一波下跌。股价下跌到5.78元后，10日均线开始呈现放平态势。10月10日，该股股价突破10日均线，与此同时，10日均线掉头向上，成交量也随之放大，这预示股价将出现一波中期上涨行情。

该形态完全符合葛兰碧的“突破买入”法则，投资者可积极入场做多。

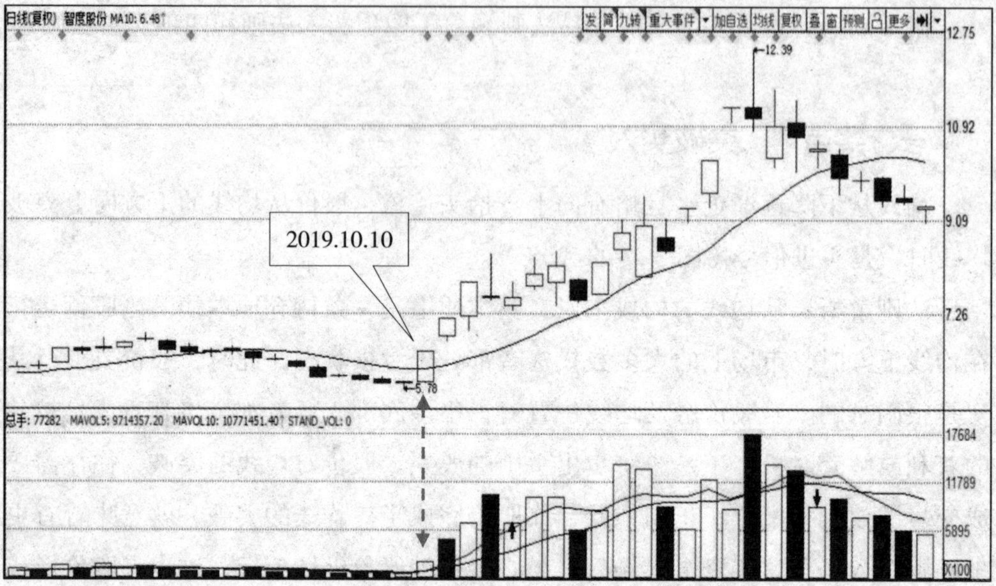

图 3-2 智度股份（000676）日 K 线走势图

二、买点 2：回调不破

均线处于上升之中，股价在均线之上运行，若股价下跌在均线位置获得支撑后再度上涨，是买进信号（图 3-1 的 B 点）。

法则解析：股价处于上升趋势时，市场上的大部分投资者都处于盈利状态，基于赚钱效应，很多场外资金都在等待更好的入场时机。与此同时，由于股价的上升，市场上有很多获利盘存在兑现盈利的倾向，这些浮动筹码对股价未来继续拉升非常不利。主力拉升一段时间后，有洗盘、清理浮动筹码的需求，也正基于此原因，股价会出现回落。此时，场外资金会将均线位置看成是较佳的入场时机，当股价回调至均线附近时，场外资金入场拉升股价，主力也会趁机重新展开拉升，此时往往是投资者加仓的好时机。

该项法则的操作要点包括如下几点。

第一，随着股价的回调，均线可能只是放缓上升的角度或稍稍放平，并不会出现拐头向下的态势，这是股价上行走势的基础。

第二，股价回调至均线位置，因受均线支撑而再度上升，这说明均线对股价具有较强的支撑作用，未来这种支撑作用还将一直存在。

第三，股价向均线回归时，成交量出现萎缩态势，当股价遇支撑重新上攻时，若成交量同步放大，则可增强股价上升的概率。

下面来看一下豫光金铅的案例，如图 3–3 所示。

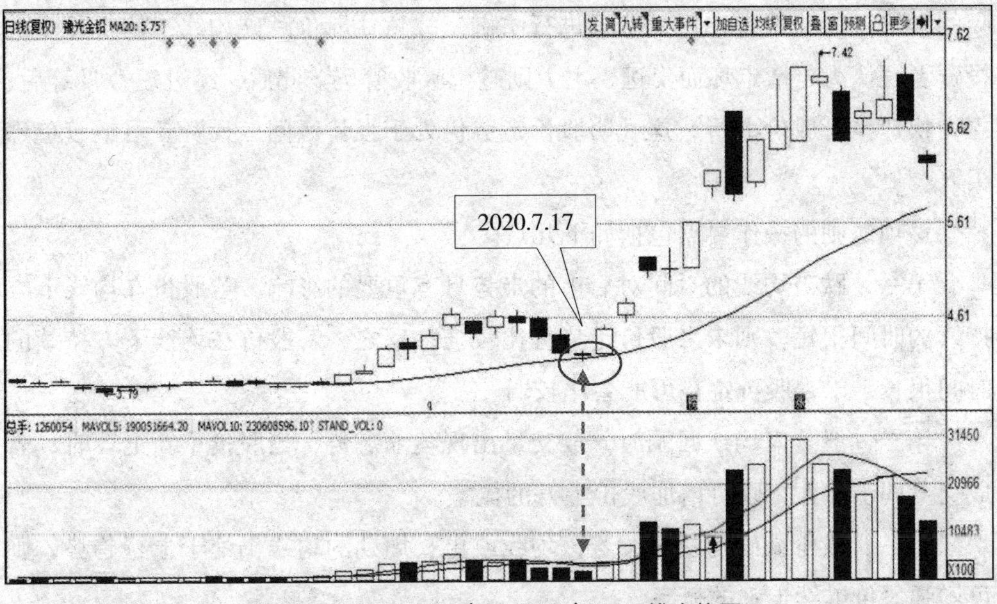

图 3–3　豫光金铅（600531）日 K 线走势图

如图 3–3 所示，豫光金铅的股价自 2020 年 7 月初启动了一波快速上升走势。进入 7 月中旬，该股股价出现回调。

7 月 17 日，股价回调至 20 日均线附近时，因受到 20 日均线的支撑而重新上攻，与此同时，20 日均线仍处于向右上方倾斜的态势。

观察该股的成交量可知，该股股价回调期间成交量同步萎缩，7 月 17 日之后股价重新上升时，成交量出现了明显放大。

基于以上分析，该股的走势基本符合葛兰碧买入法则中的“回调不破”原则，投资者可放心入场加仓。

三、买点 3：小幅跌破

均线处于上升之中，股价向下跌落至均线下方，但均线短期内依然保持上升势头，不久股价又重新回到均线之上时，为买进信号。但如果股价水平已经相当高，这一条只能作参考用（图 3-1 的 C 点）。

法则解析：在上涨或下跌过程中，股价都会具有一定的惯性，即当股价回调时，很多获利盘就会兑现利润，推动股价加快回调。有时候主力也有趁机低吸的动机，因此没有在均线位置进行防御，故意让股价跌破均线，使得更多的投资者误认为行情走坏而出逃，主力则趁机吸收筹码。此后，经过短暂吸筹后，主力快速拉升股价上行，这说明股价走势仍处于强势区间，投资者可继续追涨买入。

该项法则的操作要点包括如下几点。

第一，跌破均线的时间对后市的走势具有重要的影响。若股价在均线下方持续的时间很短，则未来股价走势会比较强；反之，若股价在均线下方持续的时间很长，未来股价走势可能会比较弱。

第二，股价向均线回调时，成交量出现萎缩态势，当股价重新上攻时，若成交量同步放大，则可增加股价上升的概率。

第三，股价跌破均线时，若该均线或更长周期的均线仍处于上行趋势，则可增强股价继续走强的概率。

下面来看一下兴业科技的案例。

如图 3-4 所示，兴业科技的股价自 2020 年 5 月中旬启动了一波快速上升走势。进入 7 月中旬，该股股价出现回调。

7 月 17 日，股价跌破了 20 日均线，但很快又重新拉升至 20 日均线上方，与此同时，20 日均线仍处于向右上方倾斜的态势。

观察该股的成交量可知，该股股价回调期间成交量同步萎缩，而在 7 月 17 日之后股价重新上升时，成交量出现了明显的放大。

基于以上分析，该股的走势基本符合葛兰碧买入法则中的“小幅跌破”原则，投资者可放心入场加仓。

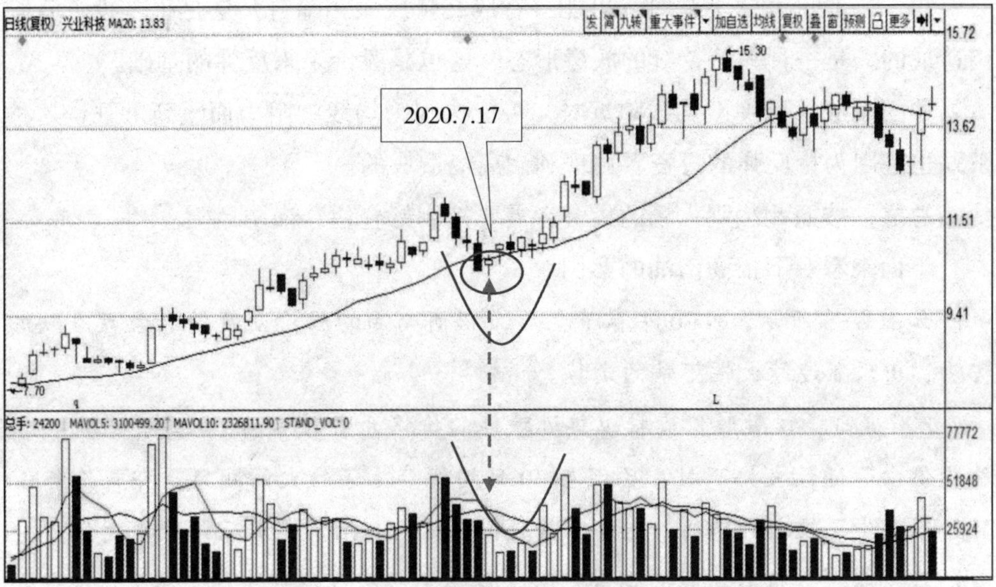

图 3–4　兴业科技（002674）日 K 线走势图

四、买点 4：乖离过大

股价在均线下方突然加速下跌，远离均线的位置，这属于超卖现象，之后股价自然有向均线靠拢的回升机会，此为买进信号（图 3–1 的 D 点）。

法则解析：物极必反，盛极而衰。股价不会一直上涨，也不会一直下跌。当股价连续大幅下跌，很多套牢者纷纷割肉离场，股价距离均线较远时，股价与均线会产生较大的乖离（后面会讲解乖离率指标），这时就会有很多场外资金将其看成是较佳的抄底时机或抢反弹机会，于是纷纷入场推动股价上行。当然，这一看涨信号的有效性和涨幅可能会弱于前面三个，毕竟反弹有可能只是昙花一现。

该项法则的操作要点包括如下几点。

第一，股价经过一系列较大幅度的下跌之后，股价 K 线与均线之间产生了较大的距离，这是股价反弹的必要条件。

第二，股价大幅下跌时，可能会有成交量放大相配合，这是很多投资者割肉造成的，是一种无法持续的放量形态，这也是股价未来反弹的基础。

第三，股价反弹至均线附近时，可能会因为均线的阻力而重新下跌，这种下跌也是因为抢反弹的投资者兑现利润离场造成的。

总之，按照此法则入场的投资者需要控制好仓位，谨防风险。

下面来看一下招商南油的案例。

如图 3-5 所示，2020 年春节之后，招商南油的股价受疫情和大盘暴跌的影响，出现了连续大幅下跌的走势。

2 月 4 日，该股股价直接以接近跌停的价格开盘并启动了反弹。此时，该股股价由于连续大幅下挫，已经与 30 日均线产生了较大的距离，即股价与 30 日均线产生了较大的乖离，这意味着股价很可能会启动一波反弹修复走势。

基于以上分析，该股的走势基本符合葛兰碧买入法则中的“乖离过大”原则，喜欢博反弹的投资者可以入场抢反弹，但要控制好仓位。

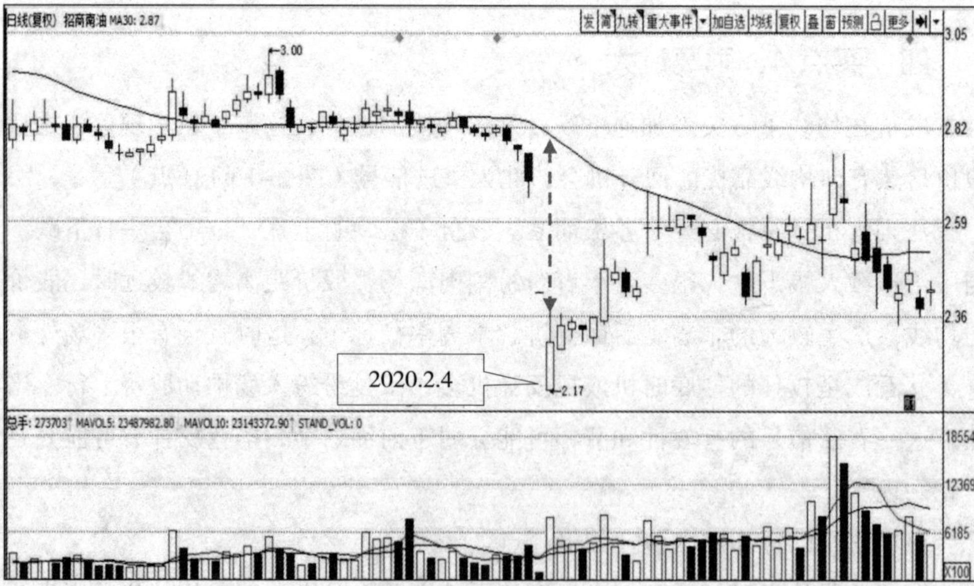

图 3-5 招商南油（601975）日 K 线走势图

五、卖点 1：跌破卖出

均线从上升逐渐转为水平，当股价自上而下跌破均线时，说明抛盘压力增大，为卖出信号（图 3–1 的 E 点）。

法则解析：股价自上而下跌破均线，意味着市场中的高位入场者开始出现亏损，即股价低于均线。由于市场上大部分投资者都处于亏损状态，场外资金就失去了入场的意愿，场内投资者由于股价下行，抛盘将会越来越多，股价继续走低也会变得非常容易。

该项法则的操作要点包括如下几点。

第一，均线放平或开始下倾，这是卖出的前提条件。出现该信号，说明股价的上行趋势已经终结或即将终结。

第二，股价自上而下完成对均线的穿越，这是该法则最明显的特征，也是必要条件。

第三，股价完成对均线的向下穿越时，并不需要成交量放大相配合，但若成交量出现放大态势，则可增强卖出信号的有效性。

下面来看一下卧龙地产的案例，如图 3–6 所示。

图 3–6　卧龙地产（600173）日 K 线走势图

如图 3-6 所示，卧龙地产的股价在 2020 年 5 月下旬经历了一波上涨。股价上涨到 6.10 元后，出现上涨乏力的现象。8 月 11 日，该股股价突破 30 日均线，30 日均线也出现放平的迹象，这预示股价将出现一波中期下跌行情。观察此时该股的成交量可知，8 月 11 日，该股股价跌破 30 日均线时，成交量出现了明显放大，这是对卖出信号的一种强化。

该形态完全符合葛兰碧卖出法则中的“跌破卖出”法则，投资者需立即离场。

六、卖点 2：反弹不过

均线处于下降趋势中，股价在均线下方运行，之后股价曾一度反弹至均线附近，但遇到阻力再度下跌，此为卖出信号。一般来说，在下跌行情中常会出现这种短暂的反弹现象（图 3-1 的 F 点）。

法则解析：股价处于下降趋势时，市场中的大部分投资者都处于亏损状态，很多投资者都在等待解套时机。由于股价反弹，市场上很多套牢的投资者看到解套机会后，会纷纷卖出股票。股价反弹没有向上突破均线，意味着没有新的资金或主力入场抢筹，随着卖盘的增多，股价势必会重回跌势。

该项法则的操作要点包括如下几点。

第一，随着股价的反弹，均线可能只是放缓下降的角度或稍稍放平，并不会出现拐头向上的态势，这是股价下行走势的基础。

第二，股价反弹至均线位置，因受均线阻力而再度下降，说明均线对股价具有较强的阻力作用，未来这种阻力作用还将一直存在。

第三，股价向均线反弹时，成交量若无法持续放大，则可增大反弹失败的概率。

下面来看一下耀皮玻璃的案例。

如图 3-7 所示，耀皮玻璃的股价自 2020 年 8 月上旬启动了一波快速下跌走势。进入 10 月后，该股股价出现了反弹。

10 月 9 日，该股股价反弹至 30 日均线附近时，因受 30 日均线的阻力而重新下跌，与此同时，30 日均线仍处于向右下方倾斜的态势。

基于以上分析，该股走势基本符合葛兰碧卖出法则中的“反弹不过”原则，投资者可继续保持观望，不可入场。

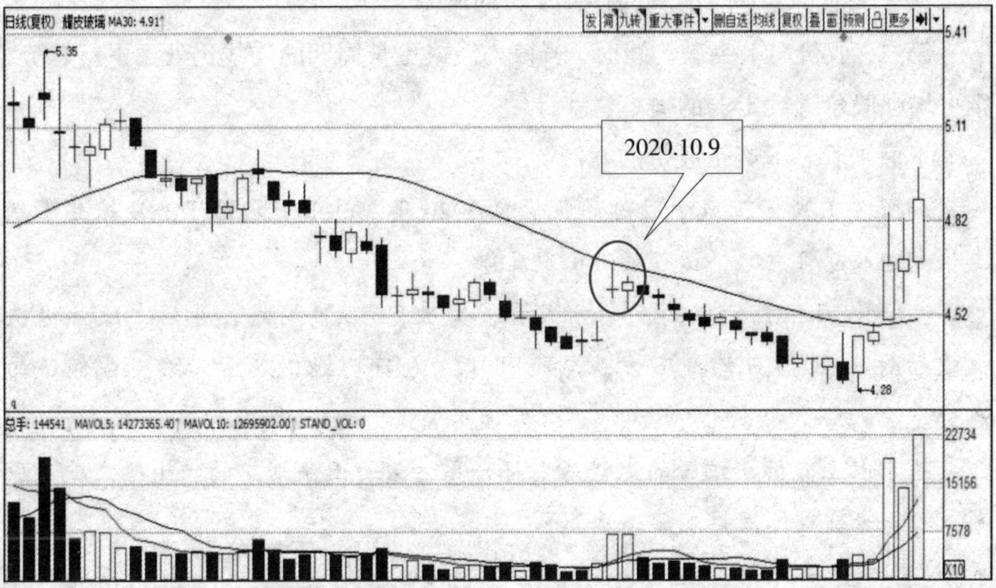

图 3–7 耀皮玻璃（600819）日 K 线走势图

七、卖点 3：小幅突破

均线缓慢下降，股价虽然一度上升至均线上方，但均线短期内仍保持下行势头，不久股价又重新回到均线之下时，为卖出信号（图 3–1 的 G 点）。

法则解析：下降趋势中，股价出现反弹时，股价越靠近均线，就会有越多的套牢盘止损撤出，从而增加了股价反弹的难度。若股价能够成功突破均线，很多场外资金就会将其看成是趋势反转的信号，纷纷入场买入。主力也会利用散户的这种心理，故意将股价拉升至均线上方，当追涨盘进入后，再反手向下打压股价，将这部分追涨的投资者套牢其中。接着，股价就会重新回到下跌通道。

该项法则的操作要点包括如下几点。

第一，突破均线的时间对后市走势具有重要影响。若股价在均线上方持续的时间很短，未来股价走势会比较弱；反之，若股价在均线上方持续的时间很长，未来股价走势可能真的存在反转的概率。

第二，股价向上突破均线时，若该均线或更长周期的均线仍处于下行趋势，则可增强股价继续走弱的概率。

下面来看一下威帝股份的案例。

如图 3-8 所示，威帝股份的股价自 2020 年 7 月中旬启动了一波振荡下跌走势。进入 9 月中旬，该股股价出现反弹。

9 月 16 日，股价以高开的方式直接突破了 30 日均线，此后，股价很快被重新打压至 30 日均线下方，与此同时，30 日均线仍处于向右下方倾斜的态势。

基于以上分析，该股的走势基本符合葛兰碧卖出法则中的“小幅突破”原则，投资者宜继续保持观望态势。

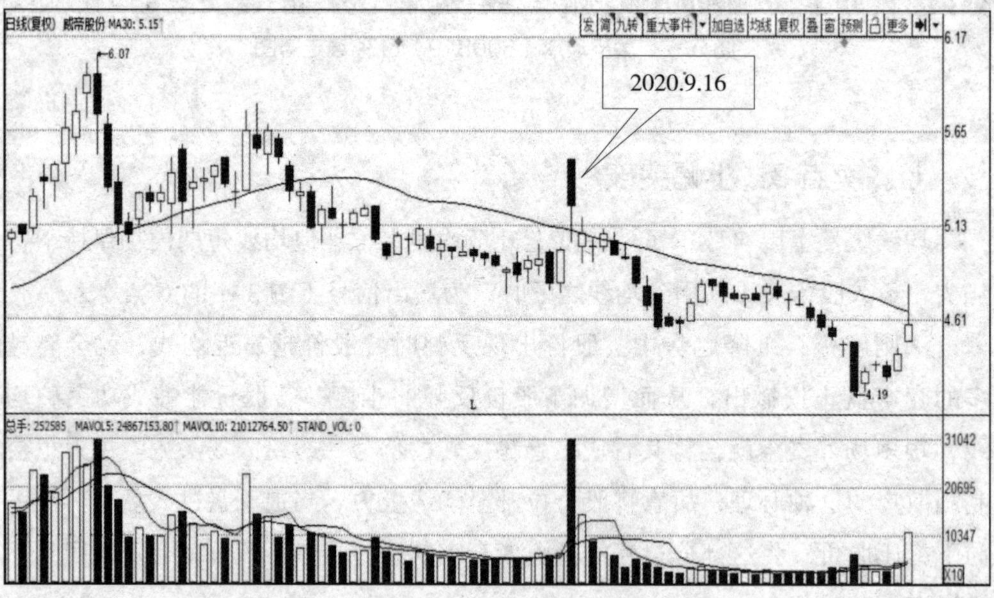

图 3-8　威帝股份（603023）日 K 线走势图

八、卖点 4：乖离过大

股价在均线上方运行时突然暴涨，离均线越来越远，表示近期买入的持股者皆有利可图，随时可能将获利回吐，股价不久会回档，此为卖出信号（图 3–1 的 H 点）。

法则解析：股价不会一直上涨，也不会一直下跌。当股价连续大幅上涨，距离均线较远时，说明股价与均线产生较大的乖离，很多获利者此时纷纷止盈离场，股价就会走低。当然，这一看跌信号的有效性和跌幅可能会弱于前面三个，毕竟这种走势本质上也是一种回调，也有可能会在均线处受到支撑而重新上涨。

该项法则的操作要点包括如下几点。

第一，股价经过一系列较大幅度的上涨之后，股价 K 线与均线之间产生了较大的距离，这是股价回调的必要条件。

第二，股价大幅上涨时，可能会有成交量放大相配合。当成交量无法持续放大时，股价就会回调。

第三，股价回调至均线附近时，可能会受到均线的支撑重新上涨，这种上涨是因为很多投资者将均线位置看成是较佳入场位而引发的。

下面来看一下中国神华的案例。

如图 3–9 所示，2020 年 7 月初，中国神华的股价出现了连续大幅上涨的走势。

7 月 7 日，该股股价在前一交易日涨停的基础上再度高开，之后出现了低走的态势。此时，该股股价由于连续大幅上涨，已经与 30 日均线产生了较大的距离，即股价与 30 日均线产生了较大的乖离，这意味着股价很可能会启动一波下行修复走势。

基于以上分析，该股的走势基本符合葛兰碧卖出法则中的“乖离过大”原则，持股的投资者宜暂时卖出避险。

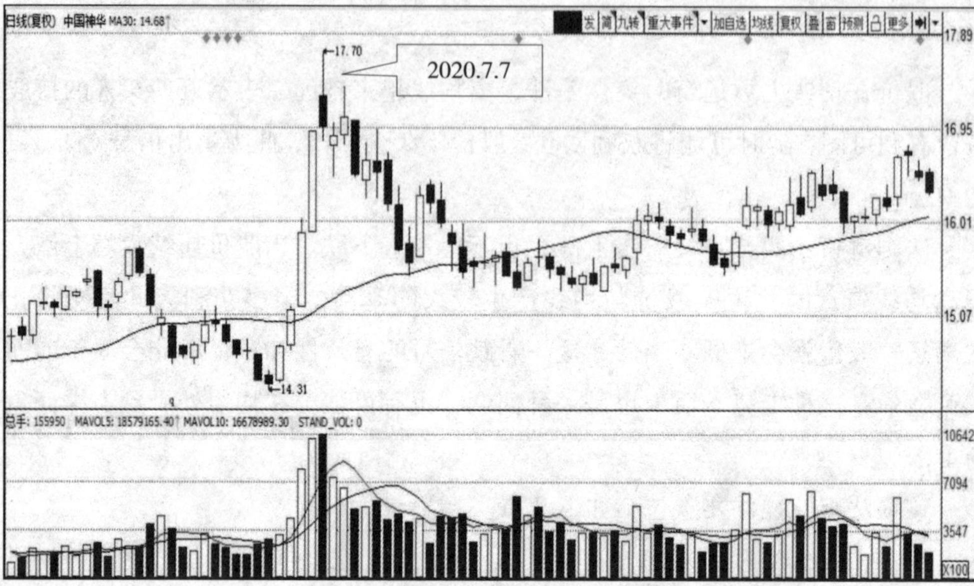

图 3-9 中国神华（601088）日 K 线走势图

第二节 均线与市场周期

对于投资者来说，准确识别市场运行的阶段是非常重要的。因此，很多股票研究者尝试提出了各类市场运行的理论与方法，威科夫的市场周期理论是其中非常有代表性的一种。而通过将均线与威科夫的市场周期理论结合，无疑可以更加准确地识别市场运行的各个阶段。

在威科夫的市场周期理论中，完整的股价运行周期既包括上升趋势，也包括下降趋势，如图 3-10 所示。

尽管威科夫的市场周期理论更多地是从量价的角度来分析股价运行趋势的，但在威科夫所描述的市场周期理论的四个阶段中，均线指标都会出现与股价 K 线系统相对应的典型特征。通过这些典型特征，投资者可以更容易识别出市场所处的阶段，并制定具有针对性的交易计划。

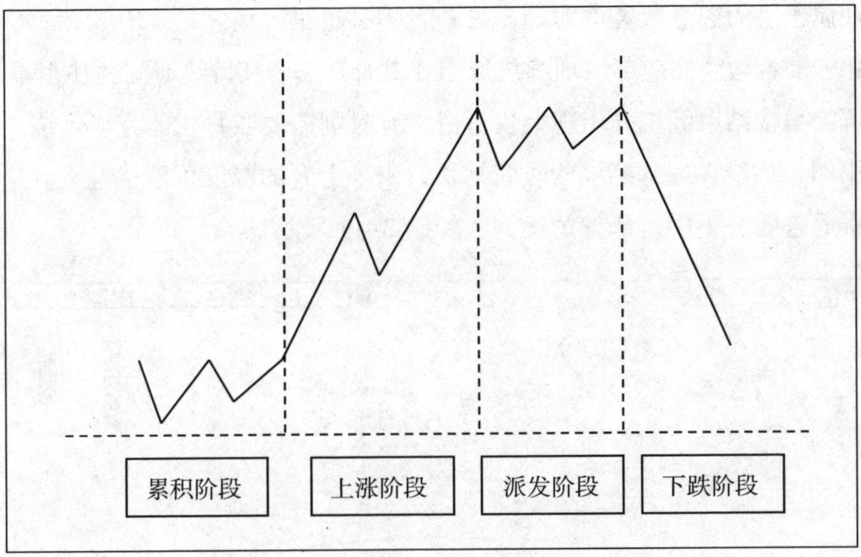

图 3-10　威科夫市场周期理论的四个典型阶段

一、累积阶段与均线底部缠绕

上涨过后就会迎来下跌，市场就在这种涨涨跌跌的波动中循环往复。经历了一轮下降趋势后，市场的恐慌气氛会得到一定的缓解，不过，由于主力资金手中的筹码还不够多，因而，股价总是会在底部横向振荡很长时间，然后才会重新开启上涨之路。这段底部横向振荡时间，在威科夫市场周期理论中就属于典型的累积阶段。

在累积阶段，K 线可能会呈现一些横盘形态或典型的底部形态，如 W 形底、三重底、头肩底等。与之相对应，均线指标也会显示出某些典型的特征。

第一，随着股价 K 线不再创新低，一些短期均线会率先结束下行走势，有些短期均线甚至会出现向上倾斜的态势。长期均线仍会处于下行趋势，但下跌的斜率会有所减缓。

第二，随着股价在底部振荡，各条均线的下倾角度会逐渐减少，短期均线也可能会向中长期均线靠拢，或者出现缠绕形态，甚至出现长时间的黏合状态，这往往属于主力建仓吸筹的时期，投资者不必过早入场。

第三，若均线在底部出现缠绕形态或黏合形态，其持续时间往往很难预测，有时可能很快结束缠绕并出现上攻行情，有时则需要数月才能完成缠绕。

第四，均线在底部缠绕的时间越长，未来上升的幅度可能也越大。

下面来看一下中远海发的案例，如图 3-11 所示。

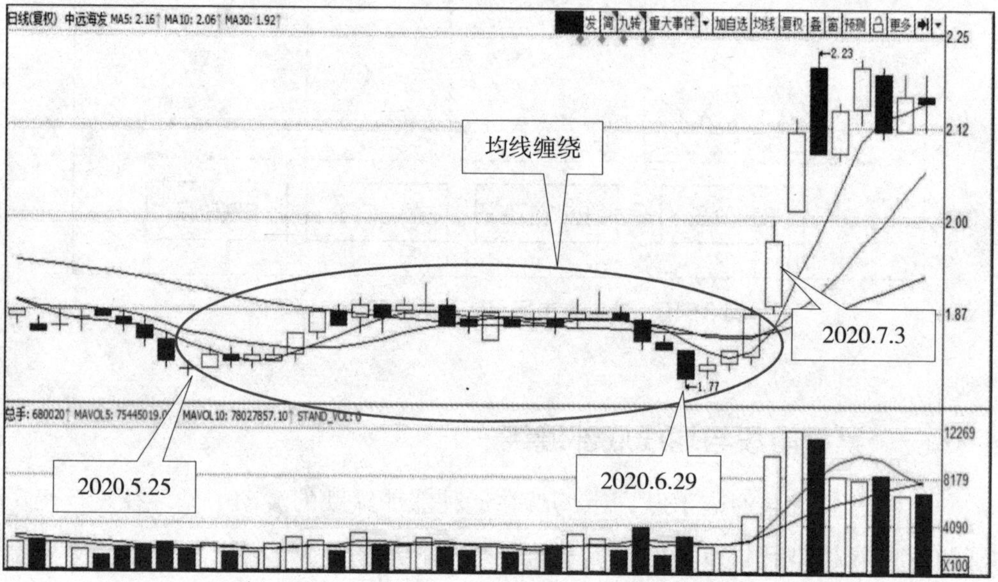

图 3-11 中远海发（601866）日 K 线走势图

如图 3-11 所示，中远海发的股价自 2019 年 4 月中旬启动了一波振荡下跌走势。2020 年 5 月下旬，该股股价下行趋势有所缓解，开始出现筑底迹象。

5 月 25 日，该股股价创出阶段低点后进入了横向振荡盘整行情。随着股价的振荡，各条短期均线开始拐头向上，不过，长期均线仍呈下行趋势，这说明该股股价仍处于长期下降趋势，投资者不宜入场。

随着股价不断横向振荡，长期均线也开始放平，各条均线呈现出缠绕状态，这说明股价正在选择突破方向。结合该股股价所处的区域和成交量形态，可以预判此时股价处于累积阶段的概率较高，投资者宜保持关注。

6 月 29 日，该股股价先是大幅下挫，此时投资者仍可继续观望，但很快股价就被快速向上拉升。7 月 3 日，该股股价向上突破均线缠绕区域，说明股价有结束盘整的可能，投资者可追涨买入该股。

二、上涨阶段与均线多头发散

上涨阶段是股价上升的主要推动阶段。在累积阶段，股票价格并不一定会出现上涨，但在上涨阶段，股价肯定会获得较大幅度的上升。量价齐升，是这一阶段的典型特征。从均线指标的角度来看，这一阶段还具有如下几个典型特征。

第一，随着股价的上行，短期均线率先完成了对中长期均线的穿越。其后，中期均线也完成了对长期均线的穿越，此后各条均线开始呈多头发散排列。

第二，股价在上升过程中可能会出现调整，短期均线也会出现向中期均线回调的走势，有时甚至会跌破中期均线，但长期均线仍保持向右上方倾斜的态势，这是股价上升趋势存在的基础。

第三，随着股价上升速度加快，各条均线向右上方倾斜的斜率会逐渐增加，在此阶段投资者可放心地持股待涨。

下面来看一下豫光金铅的案例。

如图 3-12 所示，豫光金铅的股价自 2020 年 7 月初结束盘整后，启动了一波振荡上涨走势。随着股价的振荡上行，成交量逐渐放大。

7 月 2 日，该股股价开始启动上升走势，各条均线呈现多头发散排列，且发散越来越明显，这说明股价上升势头越来越强。

7 月中旬，该股股价出现调整，尽管 5 日均线向下回调时跌破了 10 日均线，但 30 日均线的运行方向仍保持向右上方倾斜的态势，这说明股价上升趋势并未改变，此时的调整只是股价上升趋势中的一个插曲。

此后，该股股价重归上升趋势，各条均线重新开始呈现多头发散排列，均线向右上方倾斜的斜率越来越大，这是股价上升速度加快的表现。

在股价回调时，投资者可考虑加仓或入场。持股的投资者可耐心持股待涨。

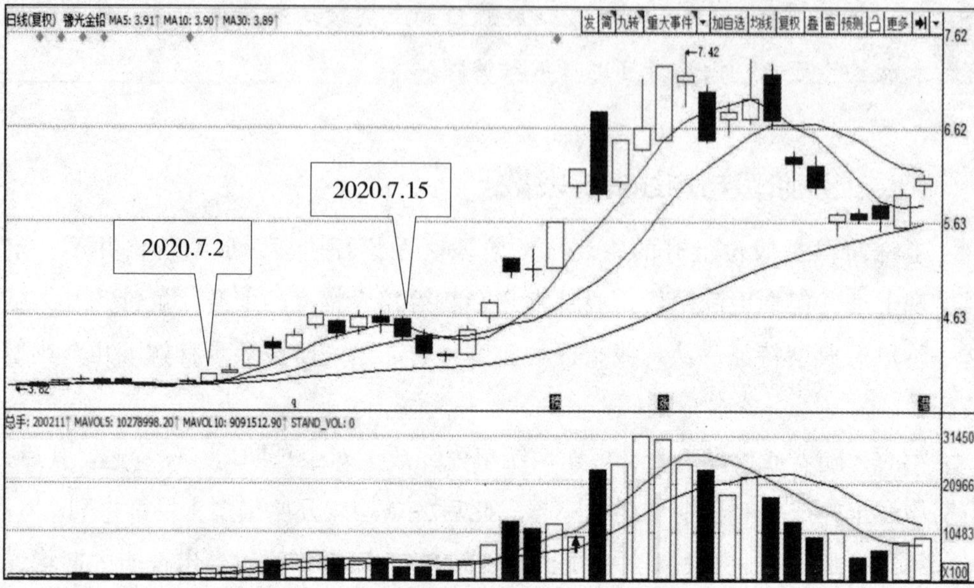

图 3-12　豫光金铅（600531）日 K 线走势图

三、派发阶段与均线顶部缠绕

派发阶段是一波上升趋势的终结。当股价上涨至较高的位置后，主力资金尽管已经开始撤退，但由于其资金量太大，无法在短时间内全部撤出，所以不得不让股价在高位维持一段时间，以便缓慢地将手中的股票卖出。当主力筹码派发完毕，往往是股价开启下跌阶段的时候。

相对而言，识别派发阶段要比累积阶段更为容易。股价进入派发阶段后，成交量往往居高不下（因为主力需要将筹码派发出去），而股价却不会出现明显的上涨，有时甚至会下跌，也就是通常所说的放量滞涨形态。在派发阶段，均线指标会表现出以下几个典型特征。

第一，随着股价上涨动能减弱，中短期均线由向右上方倾斜转为逐渐放平，这是趋势转换的一个信号。

第二，随着股价在顶部不断的振荡，短期均线率先回落，甚至会与中期均线、长期均线出现缠绕形态。

第三，随着均线缠绕时间的增加，长期均线逐渐放平，意味着股价运行趋势即将反转。

第四，若某个交易日股价向下跌破均线缠绕区域，则意味着股价反转来临。

下面来看一下斯达半导的案例，如图 3–13 所示。

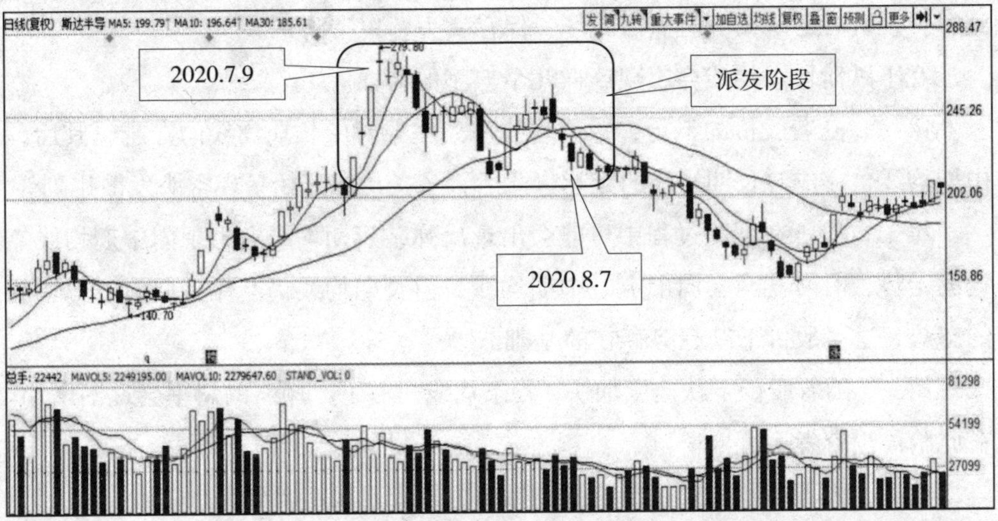

图 3–13　斯达半导（603290）日 K 线走势图

如图 3–13 所示，斯达半导的股价经过一段时间的上涨之后，自 2020 年 7 月开始进入顶部区域。该股股价在顶部振荡过程中，成交量居高不下，而股价并未明显上涨。

观察该股此阶段的均线走势可知：5 日均线率先自高位回落，与 10 日均线缠绕，不过，30 日均线仍处于向右上方倾斜态势，这说明股价运行趋势并未改变。

此后，该股股价经过一段时间的振荡，30 日均线逐渐放平，5 日均线与 10 日均线振荡走低。8 月 7 日，该股股价放量跌破均线缠绕区域，各条均线开始出现死叉，这属于典型的看跌信号，也说明主力派发接近完成，股价即将大幅走低，投资者宜立即离场。

四、下跌阶段与均线空头发散

下跌阶段，从某种意义上来看，就是上涨阶段的反方向发展，股价筑顶的派发阶段可看成是股价的高位盘整。当然，在有做空机制的市场中，股价的派发阶段同样也可看成是空头蓄势阶段，此时的下跌阶段则正是空头的获利阶段。

不过，在A股市场上，绝大多数投资者要靠做多盈利，因而，下跌阶段来到时，投资者还是要及时撤出战场，保存实力，以待将来。

在下跌阶段，均线会出现这样几个典型的特征。

第一，随着股价的下行，短期均线率先完成对中长期均线的穿越，其后，中期均线也完成对长期均线的穿越，此后，各条均线开始呈现空头发散排列。

第二，股价在下跌过程中可能会出现反弹，短期均线会出现向中期均线靠拢的走势，有时甚至会向上突破中期均线，但长期均线仍会保持向右下方倾斜的态势，这是股价下跌趋势存在的基础。

第三，随着股价下跌速度加快，各条均线向右下方倾斜的斜率会逐渐增加。在此阶段投资者不可入场。

此后，随着各条均线重新走平，标志着累积阶段将要到来。

下面来看一下建设机械的案例，如图3-14所示。

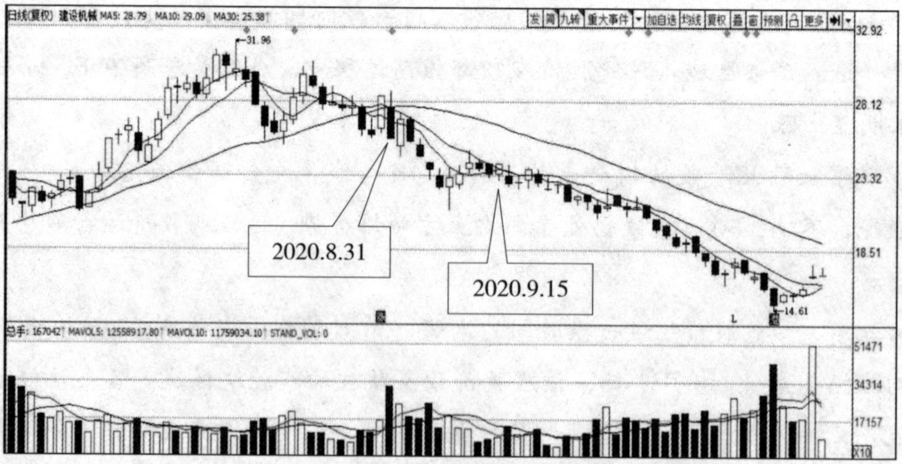

图3-14　建设机械（600984）日K线走势图

如图 3-14 所示，建设机械的股价自 2020 年 8 月底结束盘整后，启动了一波振荡下跌走势。

8 月 31 日，该股股价跌破均线缠绕区域，标志着下跌行情开启。此后各条均线呈现空头发散排列，且各条均线越来越发散，这说明股价下跌势头越来越强。

9 月中旬，该股股价出现反弹，尽管 5 日均线向上反弹时十分接近 10 日均线，但 30 日均线仍处于向右下方倾斜态势，这说明股价的下跌趋势并未改变，此时的反弹只是股价下跌趋势中的一个插曲。

此后，该股股价重归下跌趋势，各条均线重新开始呈现空头发散排列，均线向右下方倾斜的斜率越来越大，这是股价下跌速度加快的表现。

第三节 均线与股价趋势运动

关于趋势，查尔斯·道（Charles Dow）曾经给出过这样一个定义，“只要平均指数的高点突破了距它最近的一个高点，随后回调的低点位于前一个低点的上方，它就处于牛市期间；当最低点跌破前一个低点，随后反弹的高点位于前一个高点的下方，它就处于熊市期间。通常很难判断前进的过程是否已经结束，因为只有基本趋势发生变化时，价格运动才会随之出现。当然，这种变化也可能只是一次毫不起眼的折返运动所引发的。”

通过均线的运行态势，投资者可以清晰地识别出股价的运行趋势：其一为上升趋势；其二为下降趋势。

一、均线与上升趋势

按照查尔斯·道的理论，所谓上升趋势，并不是说股价会一直上涨而没有下跌，而是其下跌的低点和上涨的高点逐渐抬升，从整体上呈现出明显的上升态势。股价的这种上升趋势在均线指标上会有所表现，一般来说，处于上升趋势的均线，具有如下几个典型特征。

第一，股价处于上升趋势时，各条均线在大部分时间里会呈现多头发散排列，且上升势头越猛，均线的斜率越大。

第二，随着股价的振荡上行，短期均线回调后拐头向上所形成的低点也会越来越高，这也是股价处于上升趋势的典型特征。

第三，若股价在上升过程中出现调整，短期均线也会随之回调并向中期、长期均线靠拢，有时会跌破中期均线甚至跌破长期均线，但长期均线仍旧保持向右上方倾斜的态势。

第四，从更长周期的均线指标来看，只要股价仍处于上升趋势，那么长周期均线一定会处于上行趋势中。

下面来看一下富满电子的案例，如图 3-15 所示。

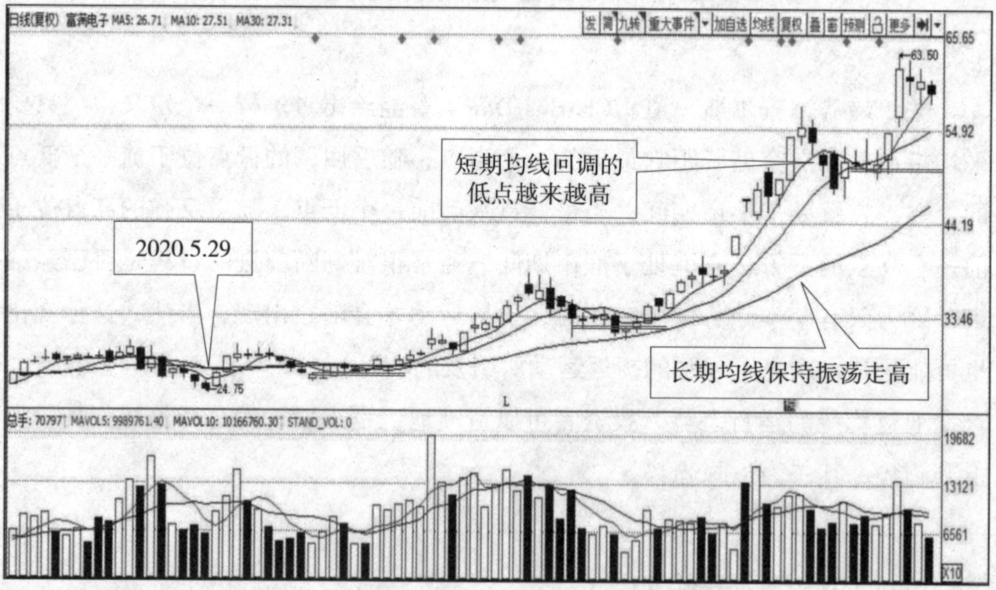

图 3-15 富满电子（300671）日 K 线走势图

如图 3-15 所示，富满电子的股价自 2020 年 5 月底结束盘整后，启动了一波振荡上涨走势。该股股价在振荡上升过程中，曾多次出现回调整理行情。

随着股价的回调，5日均线也会随之调整，甚至跌破10日均线，10日均线也曾出现短暂的向下拐头，但30日均线一直呈向右上方倾斜态势。这说明股价的上升趋势并未改变，投资者仍可耐心持股。

与此同时，5日均线回调形成的低点越来越高，这也是股价处于上升趋势的典型特征。基于以上分析，投资者可耐心持股。

二、均线与下降趋势

与上升趋势相反，所谓下降趋势，并不是说股价会一直下跌而没有上涨，而是其反弹的高点和下跌的低点会逐渐降低，从整体上看呈现出明显的下降态势。

股价的这种下降趋势在均线指标上也会有所表现，一般来说，处于下降趋势的均线，具有如下几个典型特征。

第一，股价处于下降趋势时，各条均线大部分时间里可能会呈现空头发散排列，且下降势头越猛，均线的斜率越大。

第二，随着股价振荡下行，短期均线反弹后拐头向下形成的高点也会越来越低，这也是股价处于下降趋势的典型特征。

第三，若股价在下降过程中出现反弹，短期均线也会随之反弹并向中期、长期均线靠拢，有时会向上突破中期均线，甚至突破长期均线，但长期均线仍保持向右下方倾斜的态势。

第四，从更长周期的均线指标来看，只要股价仍处于下降趋势，那么长周期均线一定会处于下行趋势中。

下面来看一下沪硅产业的案例。

如图3-16所示，沪硅产业的股价自2020年8月初二次冲击前期高点未果后开始下跌。在振荡下跌过程中，该股股价曾多次出现了反弹行情。

随着股价的反弹，5日均线也会随之反弹，甚至向上突破10日均线，但30日均线一直呈向右下方倾斜态势。这说明股价下跌趋势并未改变，投资者只需保持观望，不宜入场交易。

与此同时，5日均线反弹形成的高点越来越低，这也是股价处于下跌趋势的典型特征。基于以上分析，投资者不宜入场。

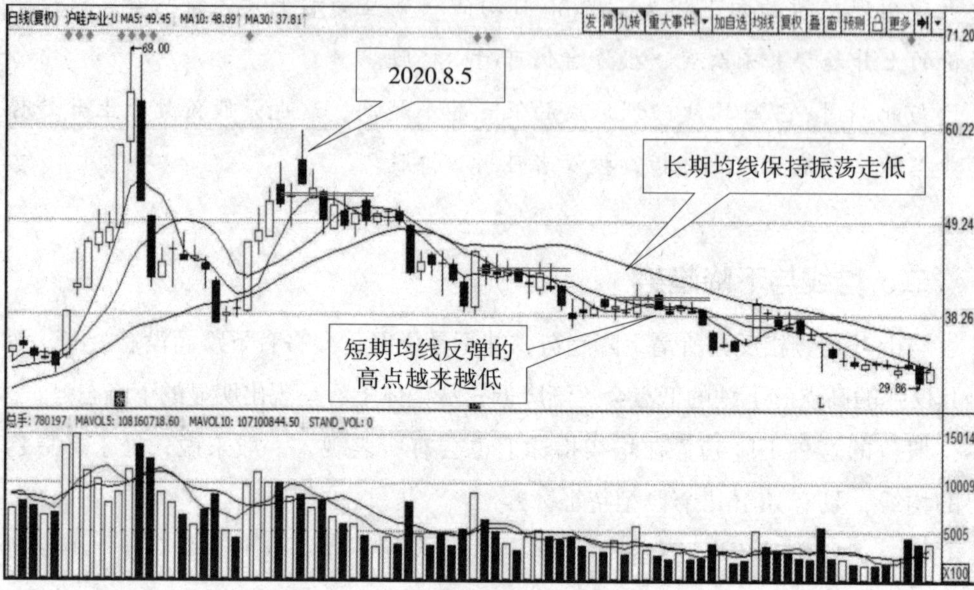

图 3-16　沪硅产业（688126）日 K 线走势图

第四节　均线与斐波那契数列

在均线周期的设置方面，系统默认的指标参数以 5 日均线、10 日均线、20 日均线、30 日均线为主。投资者在实战操作过程中，也可以结合自身实际情况进行设置，比如，有的投资者就喜欢使用斐波那契数列来设置自己的均线系统。

一、斐波那契数列

斐波那契数列由一串神奇的数字构成：1，2，3，5，8，13，21，34，55，89，144，233，377，610，987，1597…直至无限。构成斐波那契神奇数字系列的基础非常简单，由 1，2，3 开始，产生无限数字，而 3 实际上为 1 与 2 之和，以后出现的一系列数字，全部依照上述简单的原则，即两个连续出现的相邻数字相加，等于后面的一个数字。

很多投资者相信，斐波那契数列是一串神奇的数字，其中也蕴含了股市涨跌变化的规律。即当股价运行至斐波那契数列中某一个数字所代表的时间点时，可能会发生反转或加速。在很多炒股软件中，也有根据斐波那契数列开发的画线工具，即“斐波那契周期线”，如图 3-17 所示。

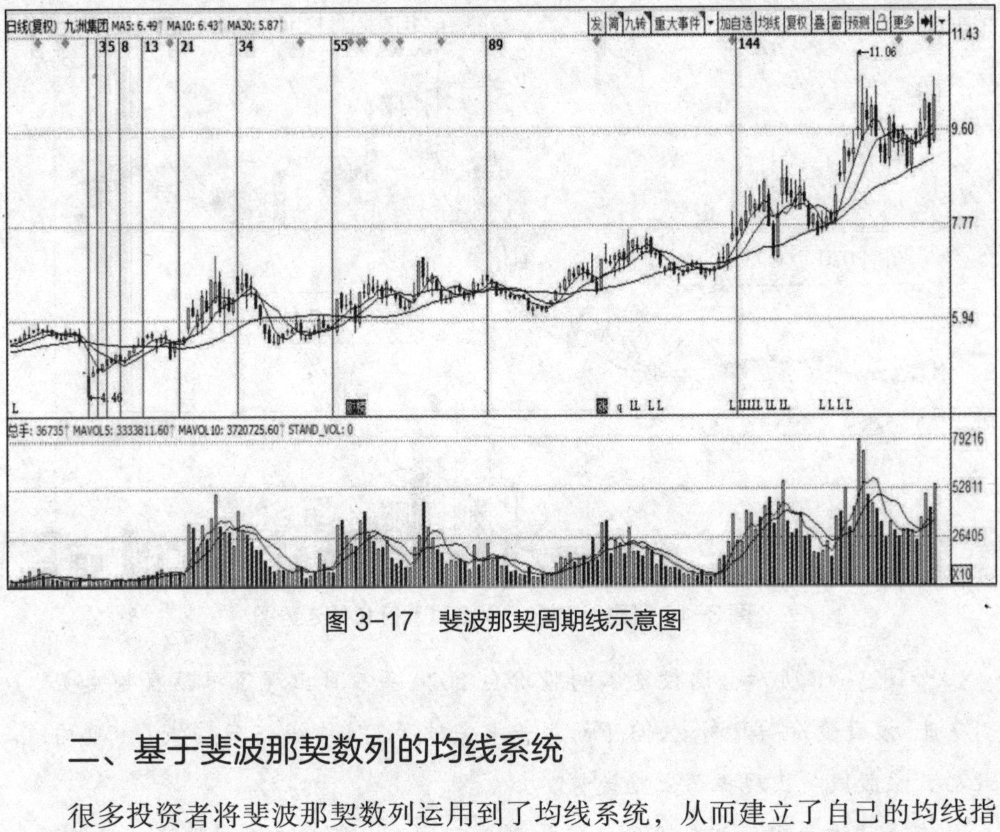

图 3-17　斐波那契周期线示意图

二、基于斐波那契数列的均线系统

很多投资者将斐波那契数列运用到了均线系统，从而建立了自己的均线指标体系。一般情况下，大家习惯于建立基于三条均线的指标体系，如（3,5,8）、（5,8,13）等，同时，因操作手法不同，选择的均线分析周期也有所不同。

1. 短线交易者的均线系统

短线交易者，特别是超短线交易者，在设置均线系统时，有时会将 K 线图的分析周期由日线级别调整为 30 分钟级别，相应的均线系统也会随之进行调整。我们这里还是以日线级别的 K 线图为例进行讲解。

一些超短线交易者为了及时寻找最佳的交易时间点，会压缩均线的分析周期，因此，(3,5,8）这种超短的分析周期也可能用于超短线交易。不过，更多的投资者还是习惯于应用（5,13,21）作为短期均线的分析周期。

如图 3–18 所示，为一组参数为（3,5,8）的均线系统案例。

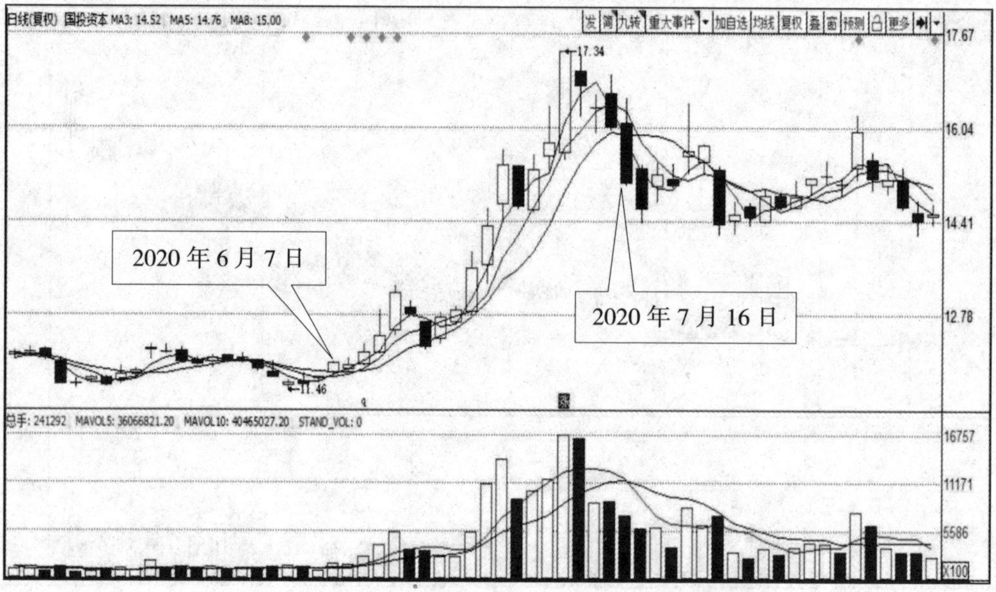

图 3–18　国投资本（600061）日 K 线走势图

如图 3–18 所示，国投资本的股价自 2020 年 5 月出现了振荡盘整走势。6 月 7 日，该股股价高开高走，自下而上一举突破了 3 日均线、5 日均线和 8 日均线。此后，该股股价出现振荡上扬走势。

在上涨过程中，该股股价经常脚踩 3 日均线上行，这说明股价走势极强。期间曾出现了回调走势，不过，当股价回调至 8 日均线位置时，都会受到均线的支撑而重新上攻。

7 月 16 日，该股股价在前几个交易日下跌的基础上再度下行，并跌破了 8 日均线，这说明该股股价短线存在走弱的可能，短线交易者宜执行卖出操作。

从上述案例可以看出，对于短线强势股来说，（3,5,8）均线组合基本上可以满足研判股价买卖点的需要。若将均线的分析周期设置过长，可能会导致卖出信号过于滞后，造成利润白白流失。

2. 波段交易者的均线系统

波段交易者的均线系统设置相对更为灵活，他们可能只是对短线交易系统的均线参数稍作调整，如（8,21,55）、（13,21,55）或（13,34,89）等。

如图 3-19 所示，这是一组参数为（8,21,55）的均线系统案例。

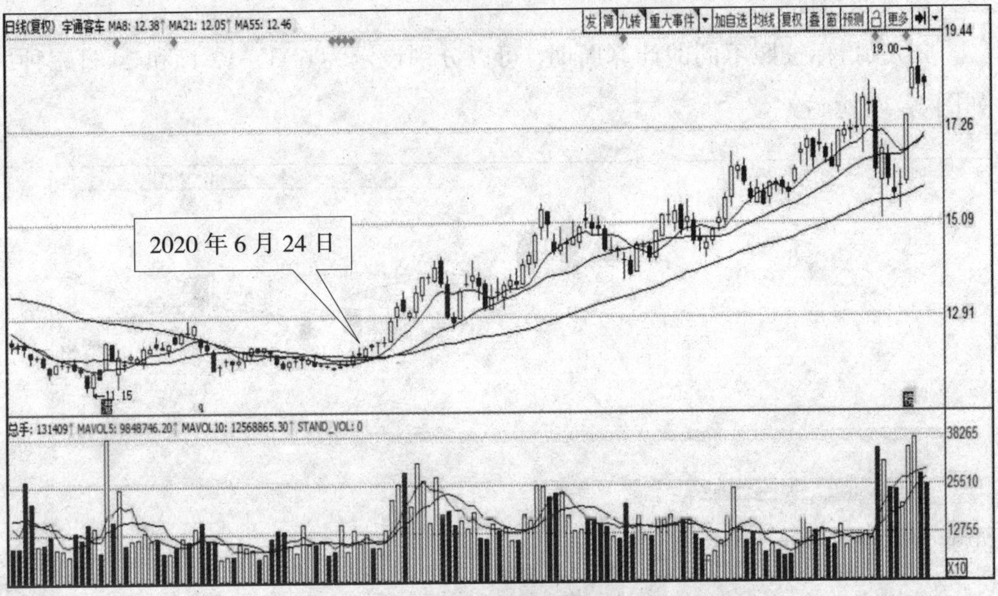

图 3-19　宇通客车（600066）日 K 线走势图

如图 3-19 所示，宇通客车的股价自 2020 年 5 月出现了振荡盘整走势。6 月 24 日，该股股价低开高走，自下而上一举突破了 8 日均线、21 日均线和 55 日均线。此后，该股股价出现振荡上扬走势。

在上涨过程中，该股股价经常脚踩 8 日均线上行，这说明股价走势较强。期间曾出现了回调走势，股价甚至跌破了 21 日均线，不过，股价还是在 55 日均线位置获得了足够的支撑。

也就是说，对于波段交易者来说，55 日均线可以作为一道重要的波段交易防守线，一旦股价有效跌破该线，则可执行清仓操作。

第五节　均线辅助指标：BIAS 指标

BIAS 指标又称乖离率指标，是在移动平均线基础上衍生出来的一种技术分析指标，用以衡量股价偏离移动平均线的程度。在之前介绍葛兰碧法则时，也曾提及该指标。

BIAS 指标按照不同的计算周期，可以分别设定为 6 日、12 日和 24 日三种，如图 3-20 所示。

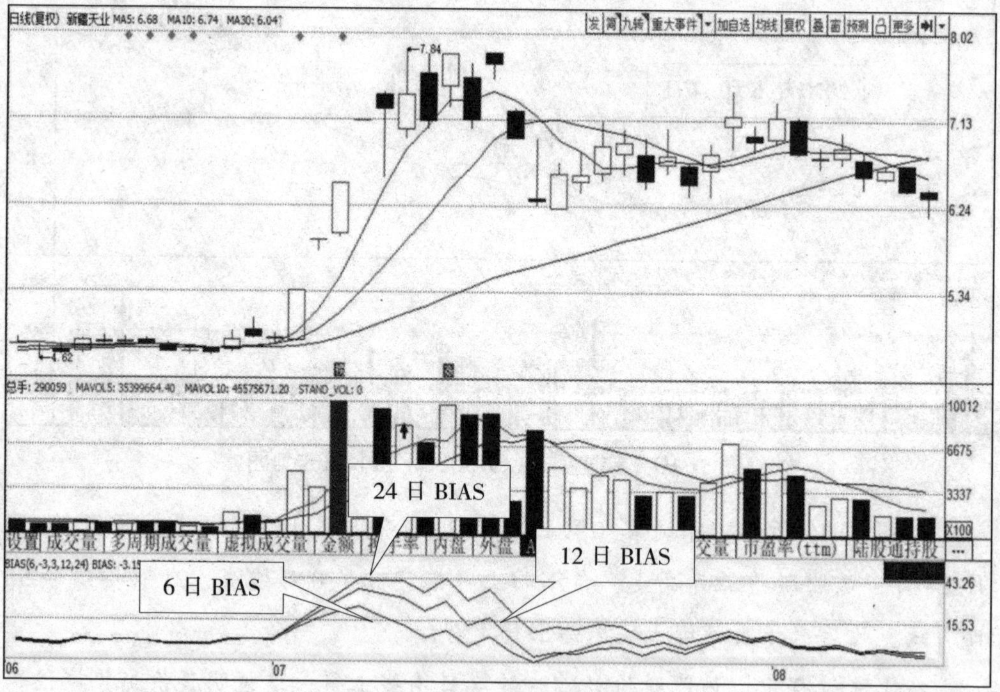

图 3-20　BIAS 指标示意图

BIAS 指标具有如下几项特征。

第一，当股价运行在移动平均线之上时，BIAS 指标数值为正，此时数值越大，说明股价偏离移动平均线越远，下跌的可能性就越大。

第二，当股价运行在移动平均线之下时，BIAS 指标数值为负，此时数值越小，表示股价偏离移动平均线越远，上涨的可能性就越大。

第三，6 日 BIAS 指标是一个短线技术指标，适合分析较短周期内股价的走势。如果要分析较长周期的股价走势，投资者可以参考 12 日 BIAS 线和 24 日 BIAS 线。

第四，BIAS 指标主要通过超买超卖来预测股价可能出现的波动。

一、BIAS 指标线穿越 0 轴

当 BIAS 指标线从下向上穿越 0 轴时，股价也上穿均线，此时为买入信号；当 BIAS 指标线从上向下穿越 0 轴时，股价也下穿均线，此时为卖出信号。由于 6 日 BIAS 指标线经常在 0 轴附近运行，所以投资者应以 12 日 BIAS 指标线或 24 日 BIAS 指标线作为参考。

下面来看一下宋都股份的案例，如图 3–21 所示。

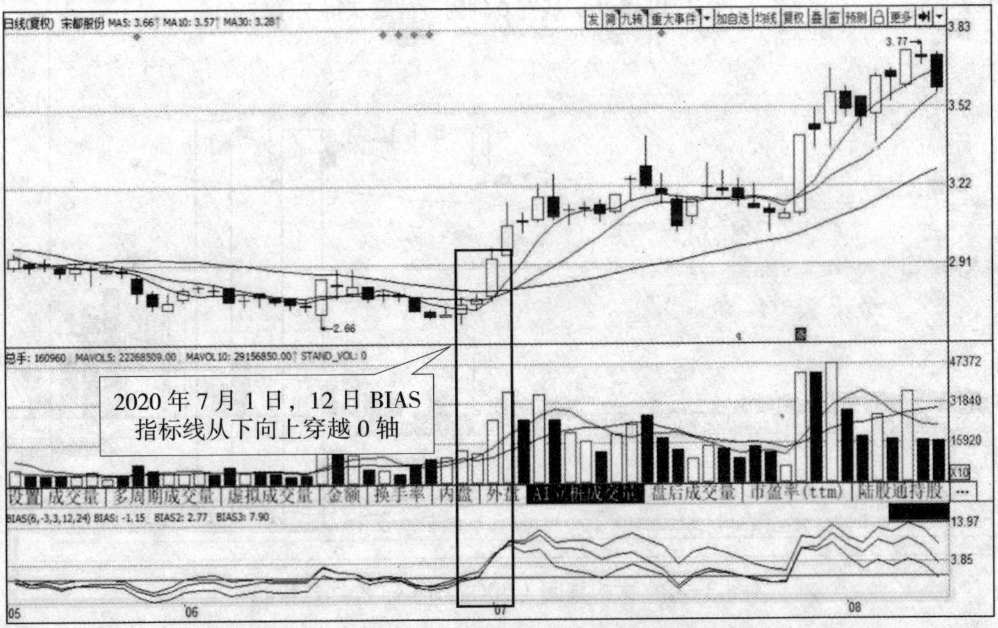

图 3–21　宋都股份（600077）日 K 线走势图

如图 3-21 所示，2020 年 6 月，宋都股份的股价一直在 10 日均线下方运行，此时 12 日 BIAS 指标值为负。2020 年 7 月 1 日，多方突然发力，该股股价成功上穿了 10 日均线，同时，12 日 BIAS 指标线从下向上穿越 0 轴，这时短线投资者可以适量买入。

二、BIAS 指标线在 0 轴处获得支撑（阻力）

BIAS 指标为正值，股价从均线上方回落到均线附近获得支撑重新上涨，BIAS 指标线也在接近 0 轴位置反弹向上，是买入信号；BIAS 指标为负值，股价从均线下方反弹到均线附近遇到阻力重新下跌，BIAS 指标线也在接近 0 轴位置时向下回落，则是卖出信号。

先来看一下太极集团的案例，如图 3-22 所示。

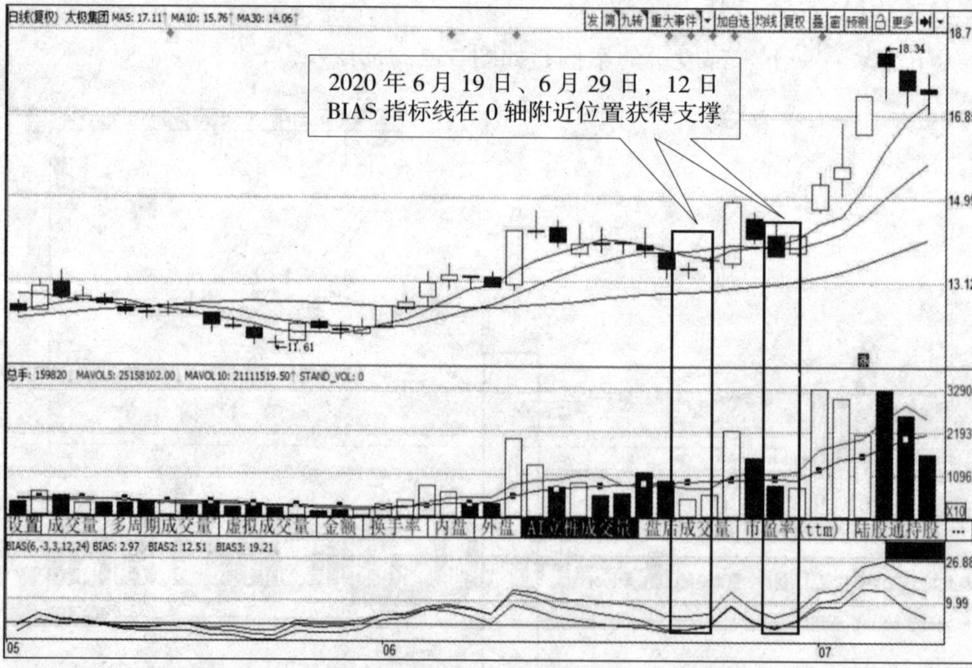

图 3-22　太极集团（600129）日 K 线走势图

如图 3-22 所示，2020 年 5 月底，太极集团的股价沿 10 日均线向上运行。

进入6月下旬，该股股价出现回调，12日BIAS指标线逐渐回落。6月19日和6月29日，股价两次回落到10日均线附近位置受到支撑，12日BIAS指标线在0轴附近位置受到支撑而反弹向上。这是对10日均线支撑的确认，投资者可果断买入，此后，股价进入到上升期。

下面再来看一下华资实业的案例，如图3-23所示。

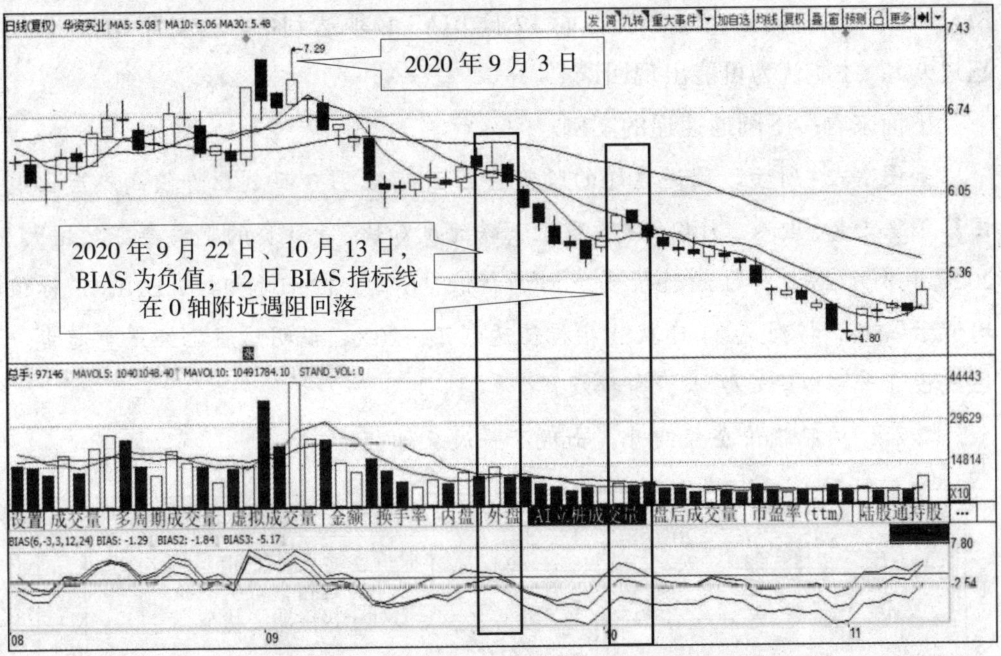

图3-23　华资实业（600191）日K线走势图

如图3-23所示，2020年9月3日，华资实业的股价在创下阶段高点后回落，并一路跌破10日均线，12日BIAS指标线由正值转为负值。之后不久，12日BIAS指标线出现反弹，但未能成功突破0轴。2020年9月22日、10月13日，12日BIAS指标线两度在接近0轴位置后向下回落，此时，仍然持股的投资者应该考虑卖出止损。

三、BIAS 指标超买超卖

当股价在均线下方运行时，股价突然暴跌并远离均线，此时负的乖离率突然增大，当其降至某一百分比时，表现为短期超卖，为买进时机。当股价在均线上方运行时，股价连续数日大涨并远离均线，此时正的乖离率不断增大，当其涨至某一百分比时，表现为短期超买，为卖出时机。通常情况下，当 6 日 BIAS 到了 5%，就会出现回调；而 12 日 BIAS 必须达到 7%、24 日 BIAS 必须超过 9%，才能认为可能出现回调。

下面来看一下圆通速递的案例。

如图 3-24 所示，圆通速递的股价自 2020 年 2 月 7 日创出阶段高点后出现振荡下跌走势。进入 3 月份，该股股价下跌速度加快，导致负的乖离率突然增大。2020 年 3 月 23 日，该股股价创下回调新低，6 日、12 日和 24 日 BIAS 指标值均低于 -5%，特别是 24 日 RSI 指标值达到了 -20%，说明该股已经严重超卖。短线投资者可以尝试买入，争抢反弹。

其后，该股股价企稳回升，出现了一波反弹行情。

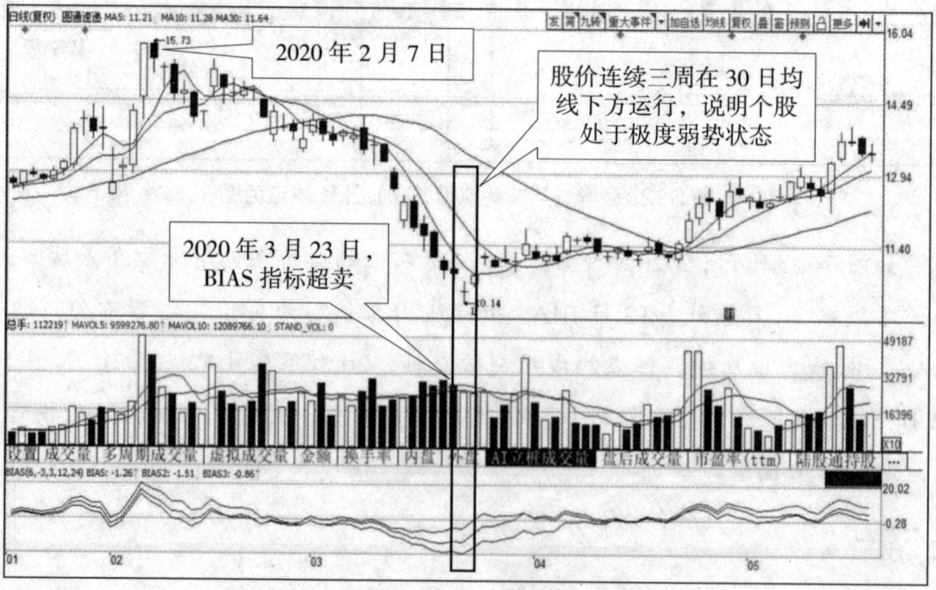

图 3-24 圆通速递（600233）日 K 线走势图

下面来看一下冠农股份的案例。

如图 3-25 所示，2020 年 8 月 19 日，处于上涨途中的冠农股份连续大幅上涨后收出一根放量小阴线，当天，6 日、12 日和 24 日 BIAS 指标值都超过了 10%，特别是 24 日 BIAS 指标超过了 23%，显示市场出现超买，表明股价有回调的可能，投资者应警惕可能到来的调整。

次日，该股收出一根假阳线，表示股价已经见顶，投资者应该清空仓位，及时离场。需要说明的是，当股价处于高位时，只要 BIAS 指标出现超买现象，投资者就应该果断减持，不论后市是否会出现下跌。

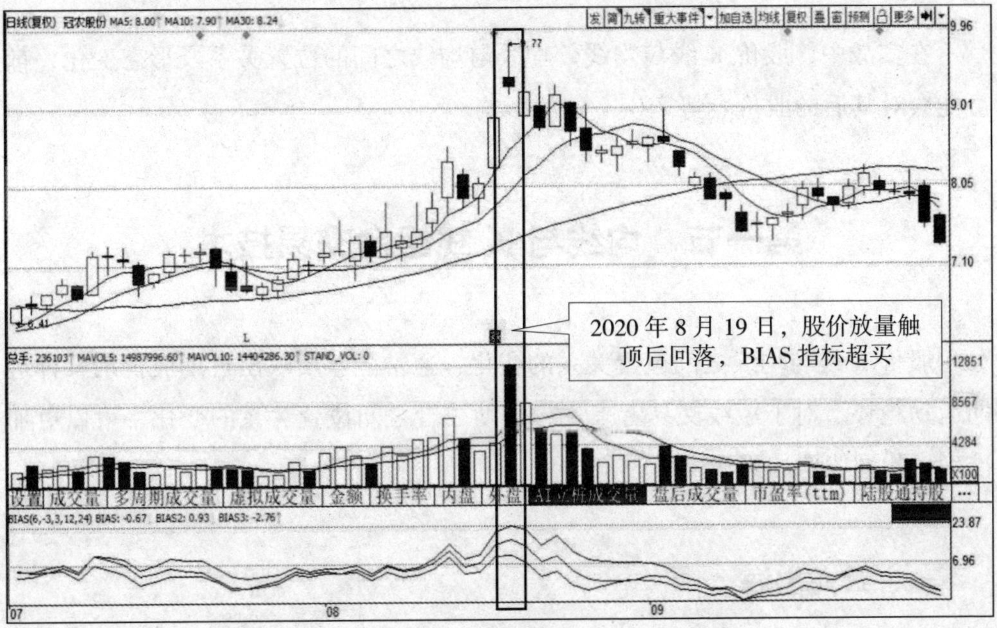

图 3-25　冠农股份（600251）日 K 线走势图

第四章

强势出击——均线经典实战技术

在实战中，股价 K 线与均线、均线与均线之间的位置关系及形态变化，都可能会对其后的股价走势产生一定的影响。

第一节　均线与 K 线组合交易技术

股价 K 线与均线之间位置关系的变化，通常能够反映出近期股价的某种短期运动趋势。对于短线交易者来说，借助二者之间位置关系的变化，可以更加准确地找到股票的买卖交易时机。

一、蛟龙出海

蛟龙出海，又称一阳破多线，是指一根拔地而起的大阳线向上连续突破短期、中期和长期均线，收盘价位于这些均线之上，如图 4-1 所示。蛟龙出海是一种明显的上攻信号，暗喻股价像一条久卧海中的蛟龙，突然腾空而起，一飞冲天。

投资者根据蛟龙出海形态进行操作时，应该注意以下几点。

第一，蛟龙出海形态一般出现在下跌末期或低价位区间，前期股价走势为横盘整理或小幅振荡。

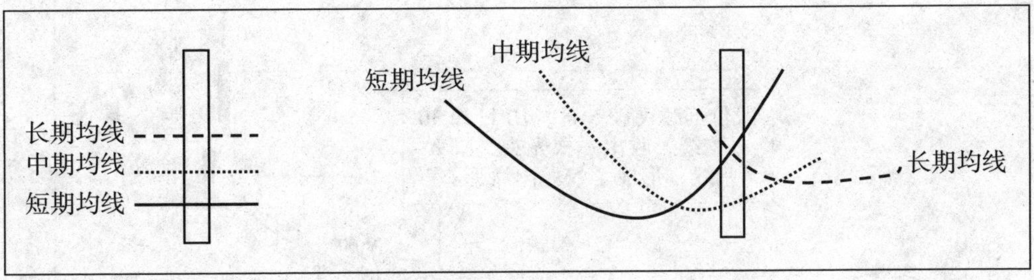

图 4-1　蛟龙出海

第二，蛟龙出海形态表示多方突然发力上攻，是强烈的看涨信号，投资者不宜继续看空。

第三，蛟龙出海形态出现后，激进的投资者可以大胆跟进，稳健的投资者可以再观察几日，等到股价站稳均线时再买进不迟。

第四，大阳线的实体越长，收盘价距离均线的位置越远，看涨信号越强烈。

第五，形成蛟龙出海形态时，应该有成交量的放量配合，如果成交量没有同步放大，则信号的可信度会差一些。

第六，形成蛟龙出海形态时，均线可能是多头排列，也可能是空头排列，亦有可能形成金叉。

第七，在周 K 线或月 K 线图上出现蛟龙出海技术形态，看涨信号更为强烈，投资者可重仓买入。

下面来看一下金科文化的案例。

如图 4-2 所示，自 2020 年 7 月下旬开始，金科文化的股价处于阶段性底部盘整阶段。2020 年 8 月 21 日，该股放量上涨，股价连续突破 5 日、10 日和 30 日均线，收出一根光头光脚大阳线。看到这种情况，激进的投资者可以适量买入，稳健的投资者可以再观察几日，待股价站稳均线后再介入。

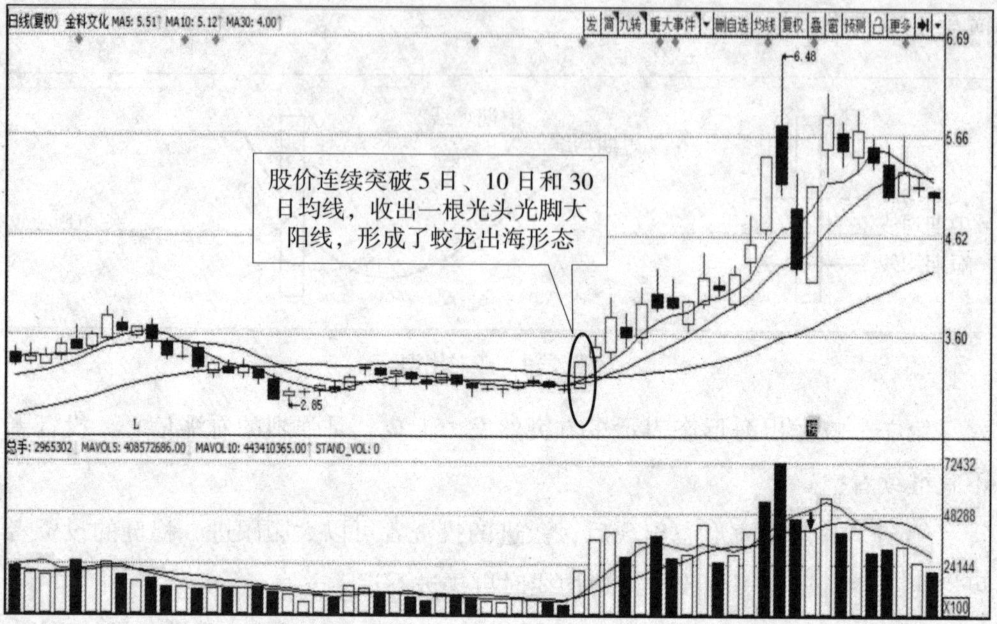

图 4-2　蛟龙出海：金科文化（300459）日 K 线走势图

二、断头铡刀

断头铡刀，又称一阴破多线，是指一根大幅下跌的大阴线向下连续突破短期、中期和长期均线，收盘价位于这些均线之下，如图 4-3 所示。断头铡刀是一种明显的看跌信号，暗喻股价上涨势头已经到顶，头部将被铡断，下跌之势无法阻挡。

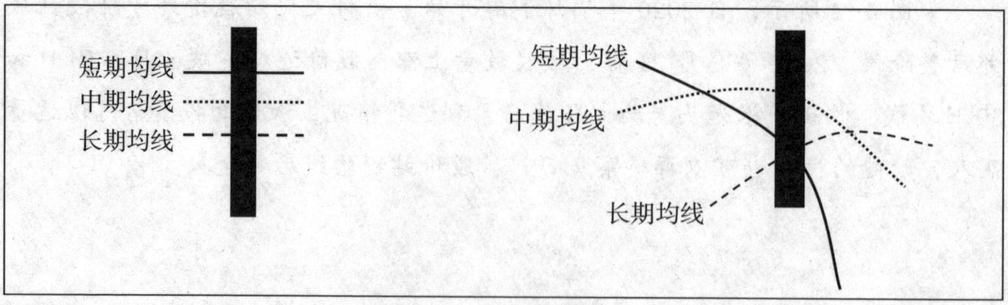

图 4-3　断头铡刀

根据断头铡刀形态进行操作时，应该注意以下几点。

第一，断头铡刀形态一般出现在上涨末期或高价位区域，均线系统一般呈收敛状态。

第二，断头铡刀形态表示空方突然抛盘打压股价，是强烈的卖出信号。无论是激进的投资者还是稳健的投资者，遇到这种走势时千万不能继续做多，应该果断减仓或是清仓。

第三，某个交易日，如果发现一根阴线连续吃掉多条均线，就表示断头铡刀形态正在形成。

第四，大阴线的实体越长，收盘价距离均线的位置越低，看跌信号越强烈。

第五，股价下跌的同时，如果成交量显著放大，则股价日后下跌的空间也相应较大。

第六，形成断头铡刀形态时，均线可能是空头排列，也可能是多头排列，亦有可能形成死叉。

第七，在周 K 线或月 K 线图上出现断头铡刀这种技术形态，看空信号更为强烈，投资者应清仓离场。

下面来看一下安道麦 A 的案例，如图 4–4 所示。

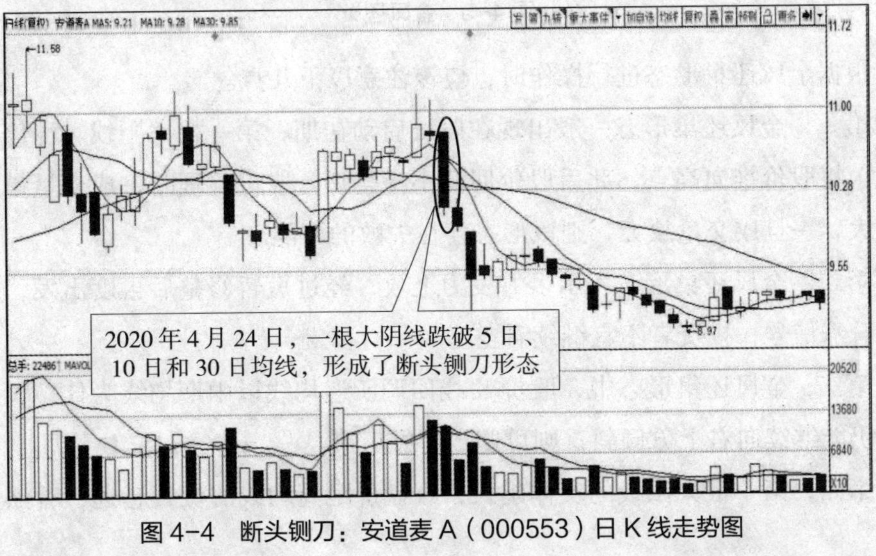

图 4–4　断头铡刀：安道麦 A（000553）日 K 线走势图

如图 4-4 所示，2020 年 4 月 24 日，正在高位反复振荡的安道麦 A 大幅下跌，股价连续跌破 5 日、10 日和 30 日均线，形成了断头铡刀形态。这是强烈的看空信号，投资者应该在当天果断实施减仓或平仓操作，不能有丝毫犹豫。在如此疲软的走势中，越早卖出，损失就越小。

三、金凤还巢

金凤还巢是指在一根拔地而起的大阳线之后，股价出现回调，在其回调至均线位置时，因受到均线支撑而重新上攻的一种形态，如图 4-5 所示。金凤还巢是一种明显的上攻信号，暗喻股价在大幅上攻稍作停顿后再度腾飞。

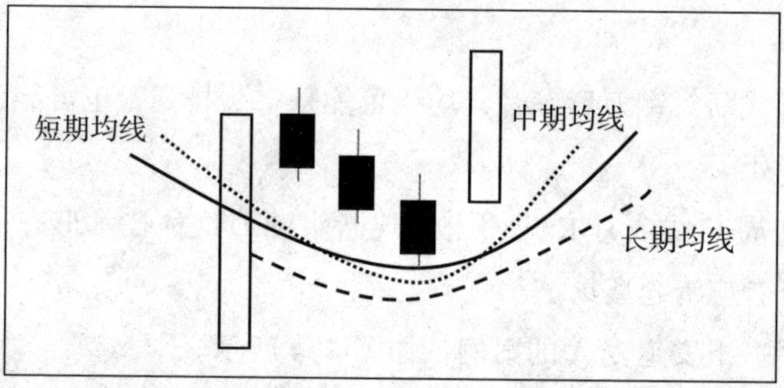

图 4-5　金凤还巢

根据金凤还巢形态进行操作时，应该注意以下几点。

第一，金凤还巢形态一般出现在股价启动初期，第一根大阳线（涨停阳线最佳）将股价推向高点，此后股价回调小幅整理。股价整理时，成交量最好没有放大。一旦成交量放大，则该形态存在失败的可能。

第二，金凤还巢形态表示多方发力上攻，经过短暂修整后再度出发，是强烈的看涨信号，投资者不宜继续看空。

第三，金凤还巢形态中，股价 K 线回调所遇均线以中期均线为佳，长期均线若仍能继续向右上方倾斜，则可坚定看好后市。

第四，第一根大阳线的实体越长，收盘价距离均线的位置越远，看涨信号越强烈。

第五，股价回调时，调整的幅度越小（不超过大阳线二分之一位为佳），未来股价继续上涨的动能越足。

下面来看一下科斯伍德的案例，如图 4-6 所示。

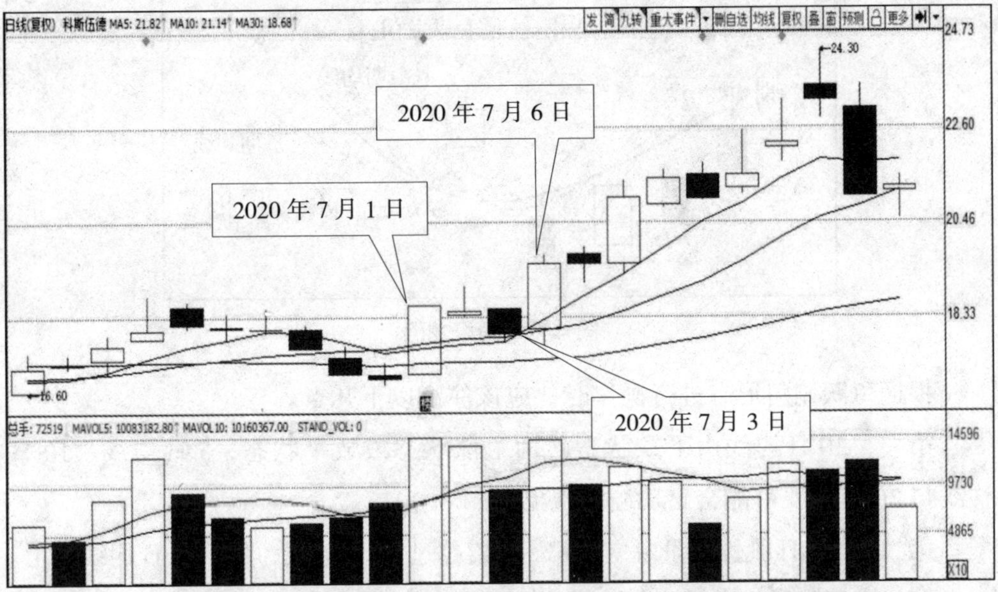

图 4-6 金凤还巢：科斯伍德（300192）日 K 线走势图

如图 4-6 所示，2020 年 7 月 1 日，正在低位反复振荡的科斯伍德的股价大幅拉升，最终以涨停报收。此后，该股股价连续两个交易日出现缩量调整走势。当股价 K 线调整至 10 日均线位置时，因受 10 日均线支撑而重新启动。观察此时 K 线的位置可知，股价调整的幅度未达到 7 月 1 日阳线的二分之一，与此同时，当股价回调时，30 日均线仍处于向右上方倾斜态势，这说明该股股价仍处于强势上行趋势。

7 月 6 日，该股股价重新放量上升。至此，金凤还巢形态正式成立，投资者可积极入场，追涨买入该股。

四、鱼跃龙门

鱼跃龙门形态也是股价启动上涨的一个信号，该信号与均线金叉组合，将大大加强上涨信号的准确性，如图 4-7 所示。

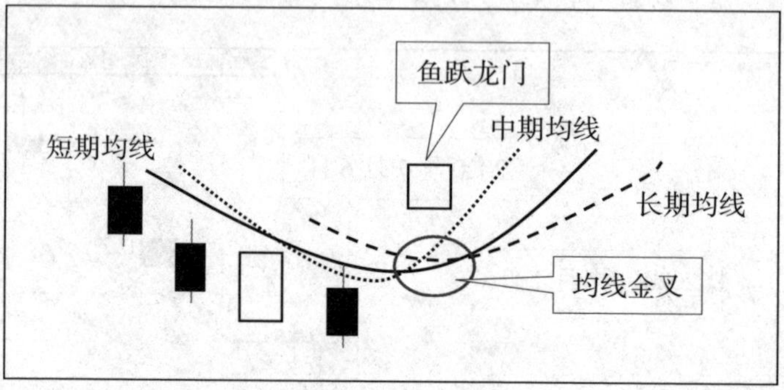

图 4-7 鱼跃龙门

根据鱼跃龙门形态进行操作时，应该注意以下几点。

第一，30 日均线由下跌状态转为上涨状态或放平状态，5 日均线、10 日均线与 30 日均线可能会出现缠绕现象。

第二，某一日股价放量跳空上涨，直接越过 30 日均线，收于 30 日均线之上。

第三，股价跳空上涨当日，成交量放大数倍。

第四，股价跳空上涨时，短期均线上穿中期均线形成黄金交叉形态。

第五，当股价跳空上涨并收于 30 日均线之上时，是该股的第一个买点。当股价突破重要阻力位时，是该股加仓的好时机。

下面来看一下伟星新材的案例。

如图 4-8 所示，伟星新材的股价经过一波下跌与振荡调整后，于 2020 年 9 月下旬走出了鱼跃龙门形态，预示股价将企稳上涨。

2020 年 9 月初，伟星新材的股价一直在 30 日均线下方运行，30 日均线由下跌状态逐渐转变为放平状态，这说明股价走势将要企稳。

9 月 23 日，伟星新材的股价越过 30 日均线跳空高开，并收出一根高位阳线，在 K 线走势图上留下了一个缺口，这说明鱼跃龙门形态形成，投资者可买入该股。观察此时的均线指标可知：此时 5 日均线上穿 10 日均线和 30 日均线形成黄金交叉形态，这也预示股价将出现一波上涨行情。

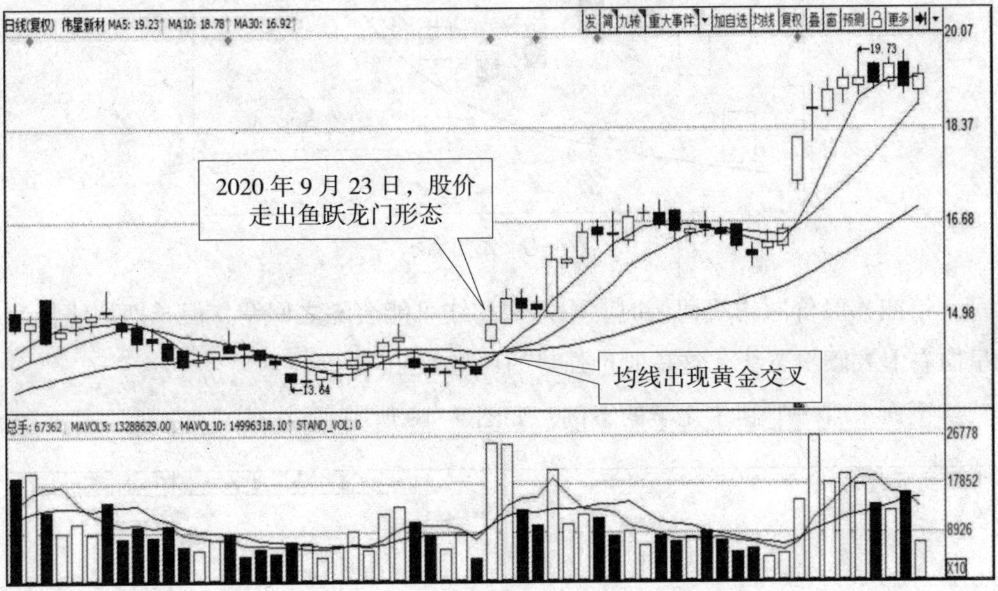

图 4-8　伟星新材（002372）日 K 线走势图

五、蜻蜓点水

蜻蜓点水形态是指股价经过一段时间的拉升后出现调整走势，当股价 K 线的下影线触及某条中短期均线后被迅速拉起，这是一种强势上升趋势中的股价回调整理形态，如图 4-9 所示。

根据蜻蜓点水形态进行操作时，应该注意以下几点。

第一，股价经过一段大幅上攻后出现回调走势时，成交量应该同步呈现萎缩状态，这是主力洗盘的典型特征。

第二，股价 K 线向均线靠拢时，最好是 K 线的下影线触及均线，这说明股价在触及均线后被拉升而起。

第三，股价受到支撑而拉升后，成交量也会同步呈现放大状态。

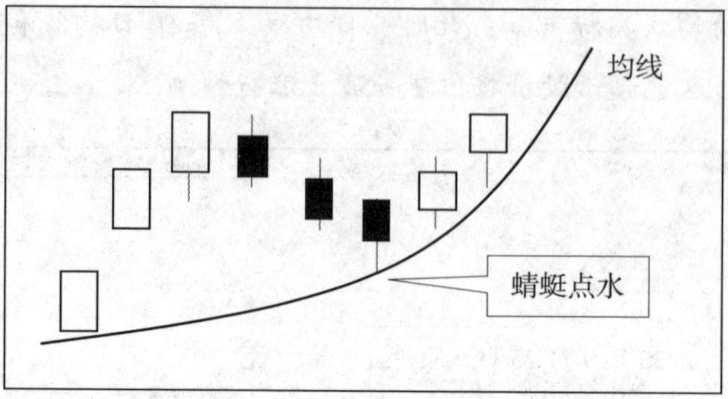

图 4-9　蜻蜓点水

第四，股价向均线回调时，中短期均线可能会随之回调，但长期均线仍会呈向右上方倾斜态势，这是股价强势的典型特征。

下面来看一下利尔化学的案例，如图 4-10 所示。

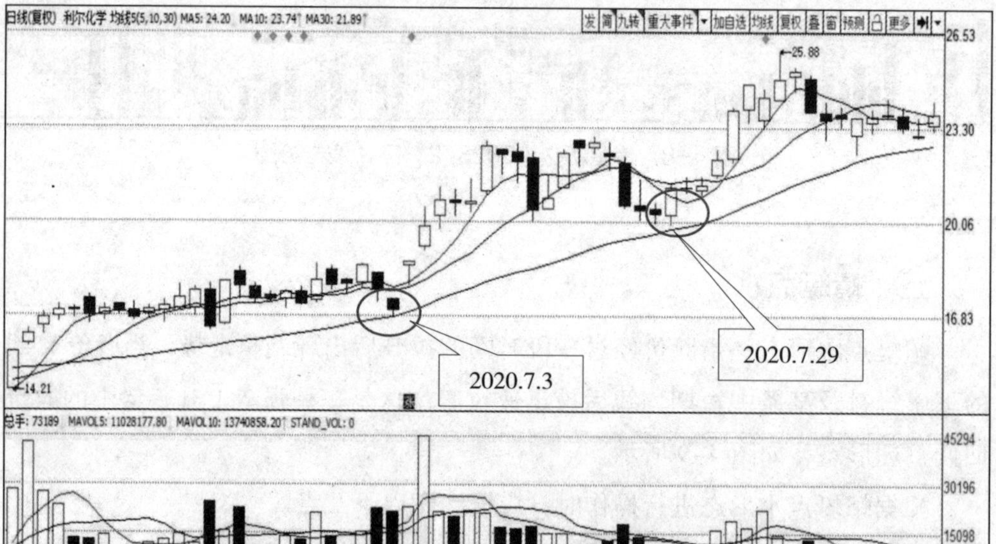

图 4-10　利尔化学（002258）日 K 线走势图

如图 4-10 所示，2020 年 5 月下旬以后，利尔化学的股价出现了一波振荡上攻走势。该股股价在上升过程中，曾出现了几次规模较大的调整走势。

7 月 3 日和 7 月 29 日，利尔化学的股价两次回调至 30 日均线附近，均因均线的支撑而重新上扬。两根 K 线的下影线踩到 30 日均线后腾空而起，随后股价出现了大幅上攻走势。该形态就是典型的蜻蜓点水形态，投资者见到此种形态后，可立即入场追涨买入该股。

第二节 均线组合交易技术

相比股价 K 线与均线之间的关系，短期均线与中长期均线之间相互位置关系的变化，更能对股价未来走势起到较强的指引作用。

一、价托与价压

价托与价压，可以看成是均线金叉与死叉的变异形态。相比金叉与死叉，价托与价压的作用更强。

1. 价托

股价经过回调整理后重新上升时，短期均线会率先突破中期均线，而后再与中期均线分别上穿长期均线，就会形成一个尖头向上的不规范的三角形，这个三角形就称为“价托”，如图 4-11 所示。价托有将股价高高托起的意思，属于典型的看涨信号。

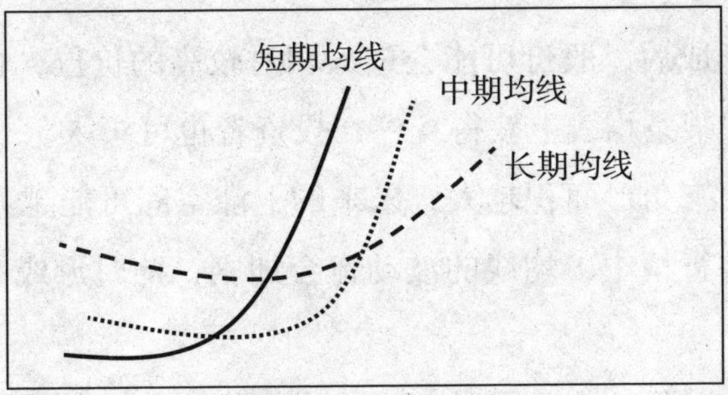

图 4-11 价托

按照出现时间的不同，价托又可以分为银山谷和金山谷两种形态。银山谷是指股价从底部启动上涨后，三条均线交叉所形成的第一个尖头向上的三角形。它的出现表示股价筑底成功，但是由于距离底部太近，有时主力为了试探上方的抛压，会在短暂反弹后进行洗盘，因此银山谷更适合短线操作。

金山谷出现在银山谷之后，也是一个尖头向上的三角形。金山谷的出现是对银山谷的再一次确认，说明多方在前次上攻的基础上准备得更加充分，是比银山谷更为可靠的买入信号。如图 4-12 所示。

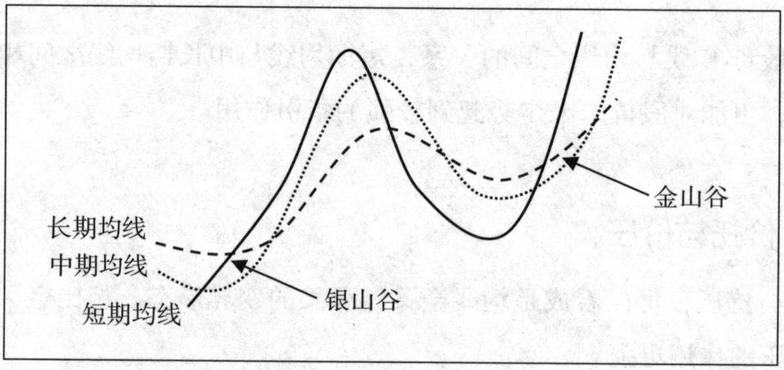

图 4-12　银山谷和金山谷

按照价托进行操作时，应该注意以下几点。

第一，一个价托相当于多个黄金交叉，因而其发出的买入信号比金叉更强。价托出现后，股价一般都会迎来一波上升行情。

第二，股价 K 线向上穿越价托区域，属于典型的强势上涨信号，投资者可据此入场买入股票。

第三，价托形成后，股价可能会进入相对较高的价位，也可能会出现调整走势。如果股价在某条均线上获得支撑，投资者也可买入。

第四，价托的三角形面积越大，未来的上涨空间可能越大。

第五，在盘整行情中，均线的波动也会加剧，此时形成的价托是没有参考意义的。

第六，通常情况下，金山谷的位置会高于银山谷，但个别时候也会略低于银山谷。金山谷的位置越高，与银山谷间隔时间越长，信号越准确，上升的潜力也越大。

第七，银山谷出现之后，股价可能直接涨了上去，不一定会出现金山谷。

下面来看一下我爱我家的案例，如图 4-13 所示。

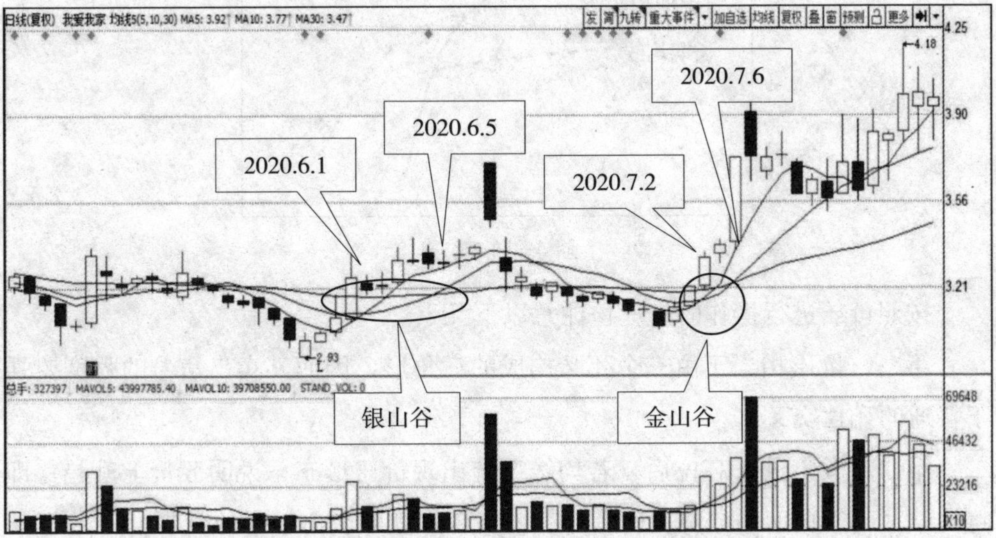

图 4-13　我爱我家（000560）日 K 线走势图

如图 4-13 所示，2020 年 5 月下旬，我爱我家的股价在深跌之后连续小幅上涨。6 月 1 日，5 日均线向上突破了上升中的 10 日均线，形成金叉。几个交易日后的 6 月 5 日，5 日均线和 10 日均线先后突破了放平的 30 日均线，三条均线形成价托形态，激进的投资者可以适量买入。

2020 年 7 月 2 日到 7 月 6 日期间，该股的 5 日均线、10 日均线、30 日均线再次走出价托形态，构成了金山谷形态。此后，均线进入到多头排列状态，股价保持稳步攀升态势。

2. 价压

价压是与价托相对的一种形态。股价自高位下行，短期均线率先向下穿越中期均线，而后与中期均线先后穿越长期均线，就会形成一个尖头向下的不规范的三角形，即“价压”，如图 4-14 所示。出现价压表明股价已经进入下行通道，属于典型的看跌信号。

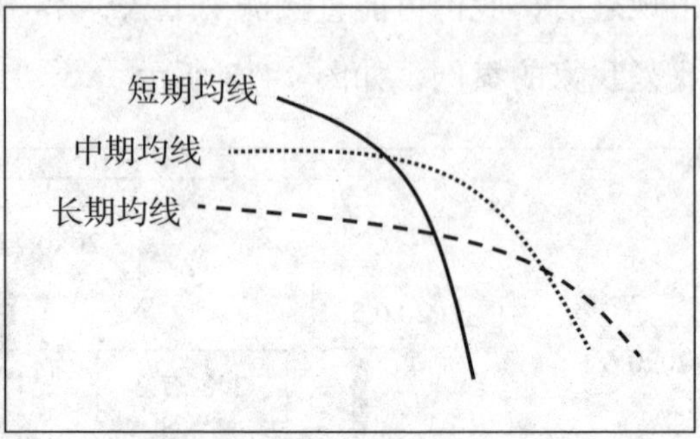

图 4-14　价压

按照价压进行操作时，应该注意以下几点。

第一，价压相当于由三个死叉构成的三角形，因而其卖出信号的强度要强于普通的死亡交叉。

第二，股价进入高位后，若均线系统出现价压形态，说明股价上升趋势即将终结，属于典型的趋势反转信号，投资者宜立即卖出手中的股票。

第三，由于价压是由多个死叉构成的，因而在实战中，投资者可在第一个死叉出现时进行减仓操作，并在价压形成时清仓。

第四，价压形成后，股价有时也会出现反弹走势，其反弹至价压位置将会受到较大的阻力，投资者需要留心。

第五，价压的三角形面积越大，股价未来的下跌空间可能越大。

下面来看一下栢中股份的案例。

如图 4-15 所示，2020 年 9 月初，栢中股份的股价上涨到阶段高位后出现滞涨现象。2020 年 9 月 10 日，该股收出一根大阴线，同时 5 日均线向下跌破 10 日均线形成死叉。几天后，5 日均线又跌破了 30 日均线。在这两次死叉形成之时，投资者应该考虑卖出。2020 年 9 月 16 日，10 日均线下穿 30 日均线，价压形态正式形成。仍然持仓的投资者应果断平仓。此后，30 日均线、10 日均线和 5 日均线呈现空头排列，股价也随之逐渐下移。

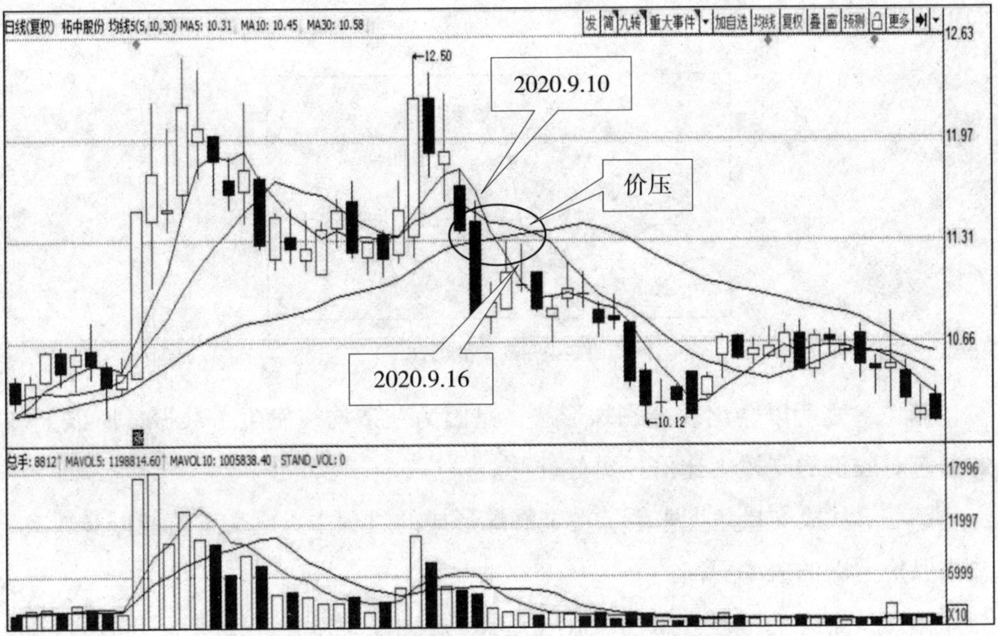

图 4-15　柘中股份（002346）日 K 线走势图

二、金蜘蛛与死蜘蛛

金蜘蛛与死蜘蛛形态，本质上是金叉与死叉形态的加强版，因而具有更强的交易指示作用。

1. 金蜘蛛

金蜘蛛又称均线交叉向上发展，是价托的特殊形式。其形态特征是：短期均线、中期均线和长期均线先是由上而下从发散逐渐收敛，在同一点形成交叉，然后三条均线继续向上发散，均线也由之前的空头排列转变为多头排列形状，如图 4-16 所示。相比于普通的金叉，金蜘蛛的看涨信号更强。

按照金蜘蛛形态进行操作时，应该注意以下几点。

第一，当大盘或个股的均线系统出现金蜘蛛形态时，投资者可以在向上发散的初始阶段买进。在日 K 线图中，金蜘蛛形态的最佳买入点一般为均线交叉向上发散的初期。

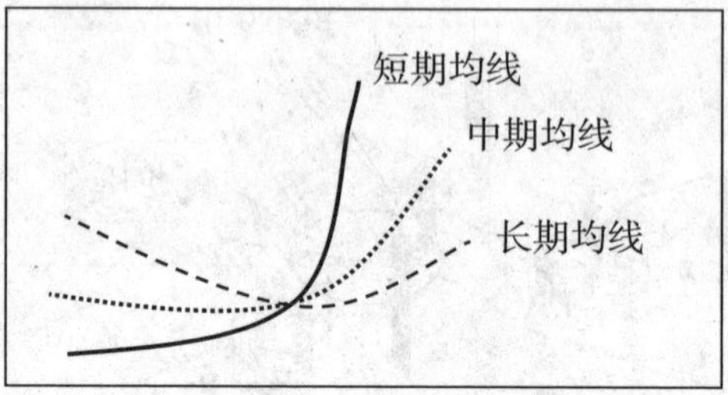

图 4-16　金蜘蛛

第二，之所以会出现金蜘蛛形态，是因为三条均线发生了共振，所以金蜘蛛形态对股价的支撑力比价托更好一些。

第三，从成交量角度来看，在金蜘蛛形成的过程中，成交量若能同步放大，未来股价上涨的概率更高。

第四，金蜘蛛形态常常出现在一些黑马股中，因此，投资者一旦发现该形态，就要抓住机会，及时买入。

下面来看一下皇马科技的案例，如图 4-17 所示。

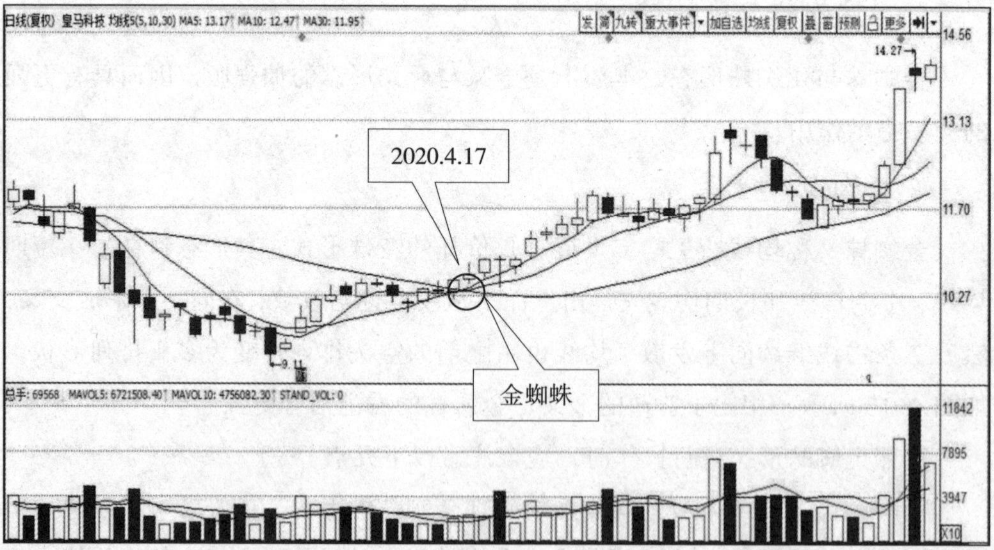

图 4-17　金蜘蛛：皇马科技（603181）日 K 线走势图

如图 4-17 所示，2020 年 3 月底，皇马科技的股价触底反弹向上，其后该股股价出现了整理走势。

4 月 17 日，皇马科技的股价经过多日振荡盘整后启动了上涨行情，并于当日一举突破 5 日、10 日和 30 日均线，这三条均线形成了金蜘蛛形态，说明该股未来走势向好，投资者宜追涨买入该股。

2. 死蜘蛛

死蜘蛛又称均线交叉向下发展，属于价压的特殊形式。其形态特征是：短期均线、中期均线和长期均线先是由下而上从发散逐渐收敛，在同一点形成交叉，然后三条均线继续向下发散，均线也由之前的多头排列转变为空头排列状态，如图 4-18 所示。死蜘蛛是看跌信号，投资者看到此图形后应该以做空为主。

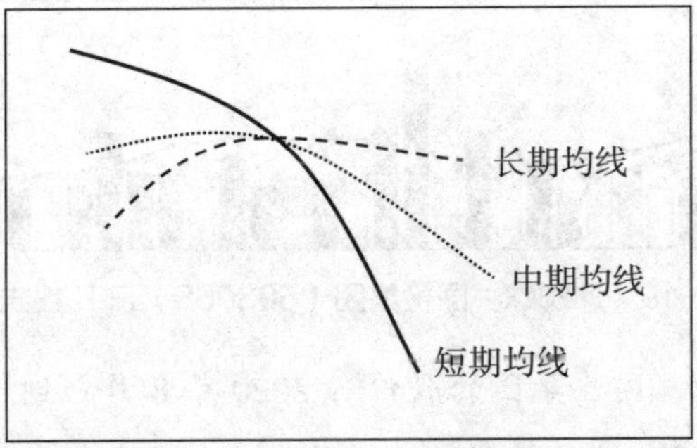

图 4-18　死蜘蛛

按照死蜘蛛形态进行操作时，应该注意以下几点。

第一，从某种意义上来说，死蜘蛛形态就是死叉的加强版，是一种比死叉杀伤力大得多的形态。投资者见到此种形态，应第一时间卖出股票。

第二，出现死蜘蛛形态，对股价未来走势具有很强的阻碍和压制作用。当股价反弹至各条均线附近时，可能会受到较强的阻力，投资者需要心中有数。

第三，前期股价上涨的时间越长，涨幅越大，死蜘蛛形成后股价下跌的力度相应也会越大。

第四，出现死蜘蛛形态后，只要均线系统仍保持向下发散状态，投资者就应该继续做空。

下面来看一下国检集团的案例，如图 4-19 所示。

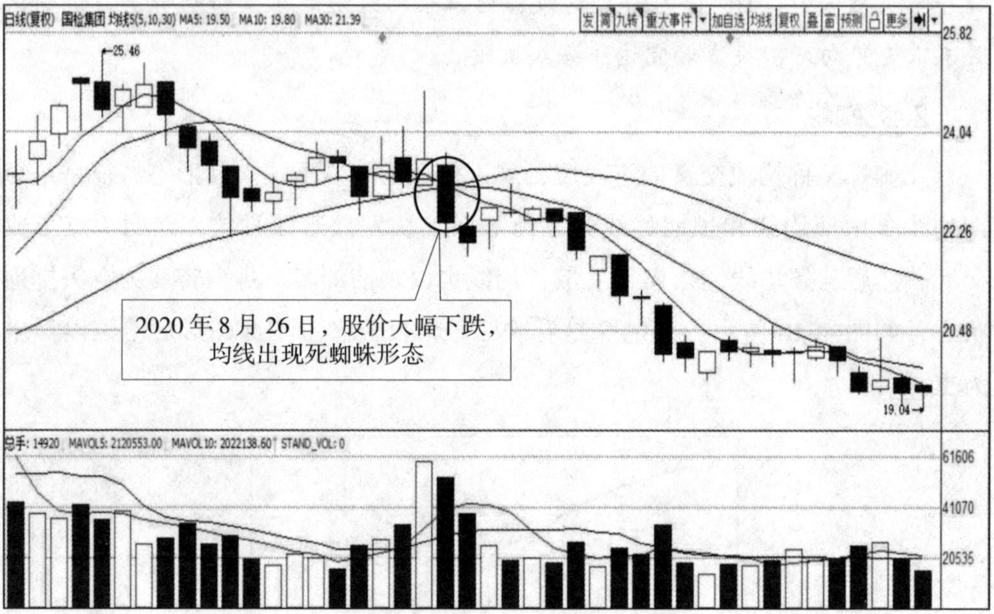

图 4-19　死蜘蛛：国检集团（603060）日 K 线走势图

如图 4-19 所示，国检集团的股价自 2020 年 8 月初创下阶段高点后出现回落。其后该股出现反弹，这次反弹以小阳线为主，说明多方上攻力量较弱。果然，这次反弹仅维持了不到一个月的时间，股价便再度出现回落。随后的 8 月 26 日，5 日、10 日和 30 日均线在同一点死叉，形成了死蜘蛛形态。鉴于死蜘蛛的“毒性”非比寻常，投资者如不能及时离场，就只能在漫漫下跌路上扼腕叹息了。

三、逐浪上升与逐浪下降

逐浪上升与逐浪下降，是与多头排列、空头排列不同但效果相近的均线排列形态。

1. 逐浪上升

逐浪上升形态出现在上涨行情中，形态表现为：短期均线、中期均线沿着长期均线以波浪形的方式向上攀升，在此期间，短期均线和中期均线多次出现交叉现象，如图 4-20 所示。出现逐浪上升形态，表示股价整体呈上升趋势，多方力量始终占据主导地位，空方的打压无法动摇其上涨基础。看到该形态，投资者应该以看多做多为主。

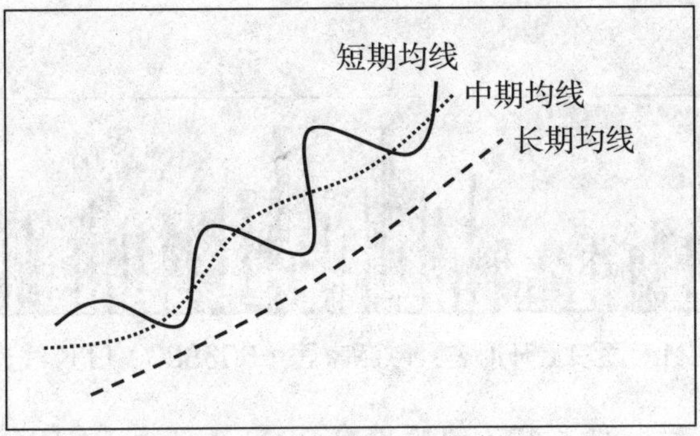

图 4-20 逐浪上升形态

根据逐浪上升形态进行操作时，应该注意以下几点。

第一，在日 K 线图中，逐浪上升形态的短期、中期和长期均线的时间参数分别可以设为 5 日、10 日和 30 日。由于庄家常常利用 30 日均线设置洗盘陷阱，稳健的投资者也可以用 60 日均线来代替 30 日均线。

第二，逐浪上升形态中，长期均线呈向上倾斜状，托着短期均线和中期均线按进二退一的方式一浪一浪地向上运行，波形十分清晰。

第三，逐浪上升形态中，尽管短期均线波动比较剧烈，但其回调的低点却呈现出逐级抬升的态势，这是股价处于上升趋势的典型特征。

第四，逐浪上升形态中，长期均线是投资者的离场参考线，一旦股价有效跌破长期均线，则需考虑减仓或清仓操作。

下面来看一下欧派家居的案例，如图 4-21 所示。

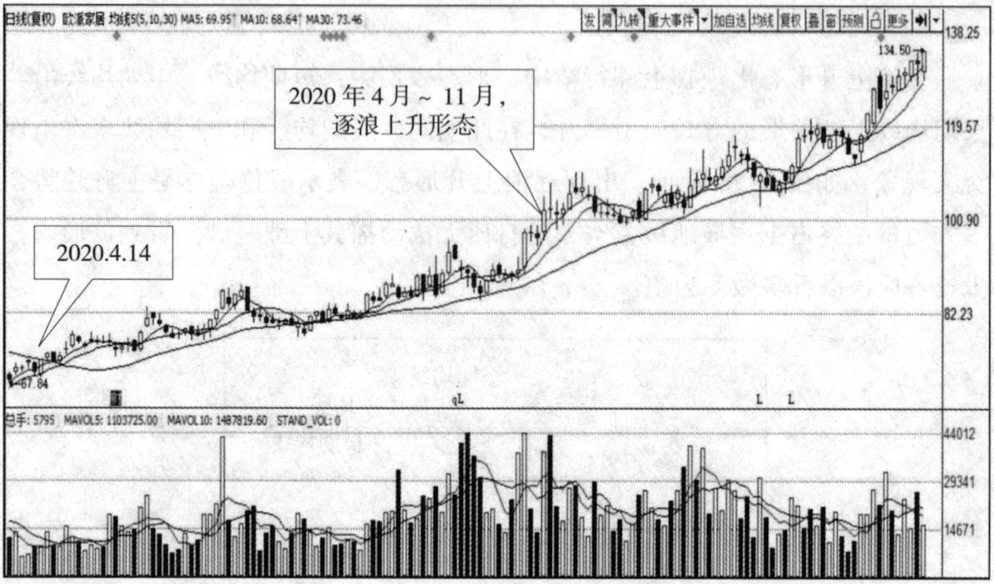

图 4-21　逐浪上升形态：欧派家居（603833）日 K 线走势图

如图 4-21 所示，欧派家居的股价自 2020 年 4 月 14 日向上突破 30 日均线后，5 日均线与 10 日均线先后完成了对 30 日均线的突破。

此后，欧派家居的 5 日和 10 日均线沿着 30 日均线一浪一浪地向上攀升，形成了逐浪上升形态。投资者如能在逐浪上升形态前期买入，就能把握住后期股价大幅上涨的行情。在此过程中，不建议投资者做快进快出的短线操作。因为通过高抛低吸博取短线差价的方式不仅风险性高，而且投资者可能需要以比卖出价更高的价格重新买回刚刚卖出的股票，这样收益会远低于长期耐心持股的获利。

2. 逐浪下降

逐浪下降形态出现在下跌行情中，形态表现为：短期均线、中期均线沿着长期均线以波浪形的方式向下滑行，在此期间，短期均线和中期均线多次出现交叉现象，如图 4-22 所示。出现逐浪下降形态，表示股价整体呈下降趋势，空方力量始终占据主导地位，多方只能勉强招架，没有还手之力。看到该形态，投资者应该以看空做空为主。

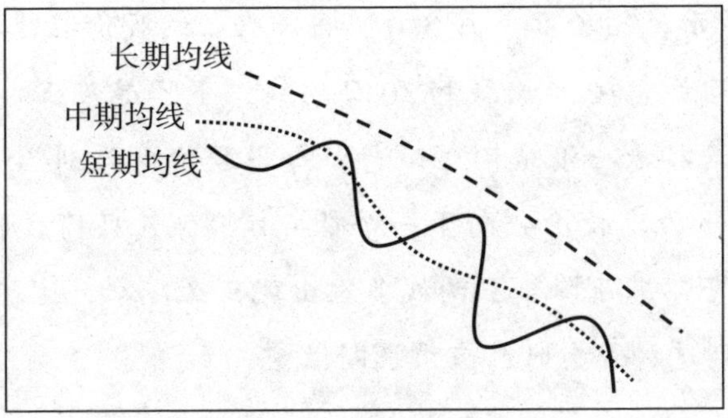

图 4-22　逐浪下降形态

根据逐浪下降形态进行操作时，应该注意以下几点。

第一，逐浪下降形态中，长期均线呈向下倾斜状，短期均线和中期均线运行于长期均线下方，这是典型的下跌趋势。

第三，逐浪下降形态中，尽管短期均线波动比较剧烈，但其反弹的高点却呈现出逐级下降的趋势，这是股价处于下降趋势的典型特征。

第四，逐浪下降形态中，若股价 K 线和中期、短期均线同步向上突破长期均线，则意味着股价的下降趋势可能会发生改变。

下面来看一下岳阳兴长的案例，如图 4–23 所示。

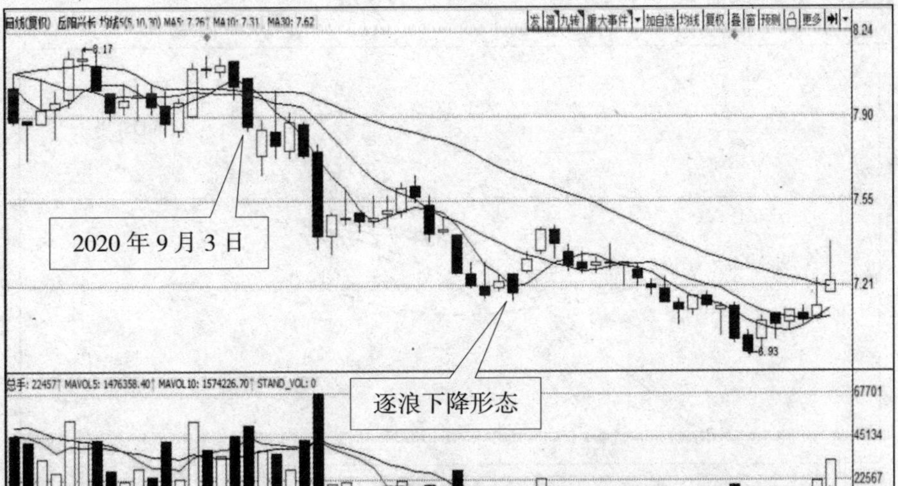

图 4-23　逐浪下降形态：岳阳兴长（000819）日 K 线走势图

如图 4-23 所示，2020 年 9 月 3 日，岳阳兴长的股价继续之前的下跌走势，一举跌破了 5 日均线、10 日均线和 30 日均线，下降趋势正式形成。下降趋势形成后，股价一浪接着一浪地向下运行，每当股价反弹到 30 日均线附近时，便会遇到较大的阻力，股价会向下一个低点滑落。5 日均线和 10 日均线也在 30 日均线的压制下不断下降，且两线多次出现交叉现象，这就形成了逐浪下降形态。投资者遇到这种形态时，应该果断做空。

四、均线“老鸭头”

老鸭头形态是均线分析中的一种经典形态，属于强烈的买入信号。在分析老鸭头形态时，最常用的均线组合是 5 日均线、10 日均线和 50 日均线。如图 4-24 所示。

均线老鸭头形态，要求各条均线满足以下几个条件。

第一，5 日均线和 10 日均线相继上穿 50 日均线。

第二，5 日均线和 10 日均线上穿 50 日均线之后，5 日均线出现阶段性高点。

第三，在 5 日均线达到高点后，5 日均线下跌到 10 日均线再次被托起，没有跌破 10 日均线。此时，三条均线呈多头排列。

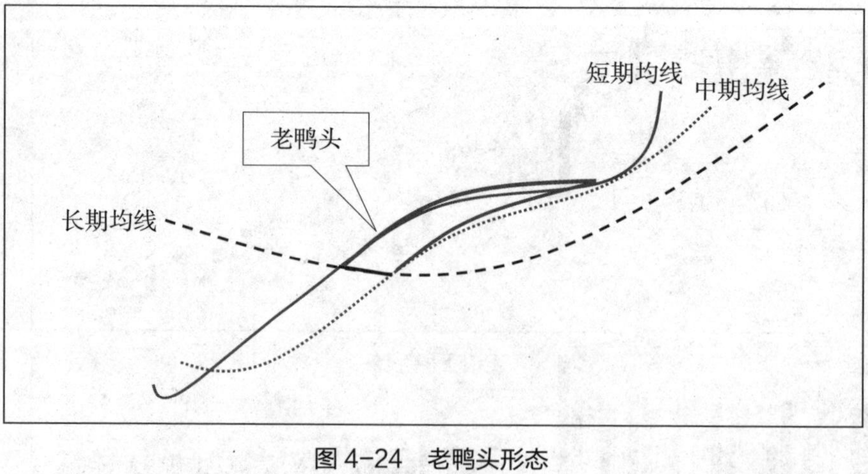

图 4-24 老鸭头形态

一般情况下，当一只股票的均线出现“老鸭头”形态时，往往意味着后市有一段上涨行情，投资者可以短线买入该股。

下面来看一下海康威视的案例，如图 4-25 所示。

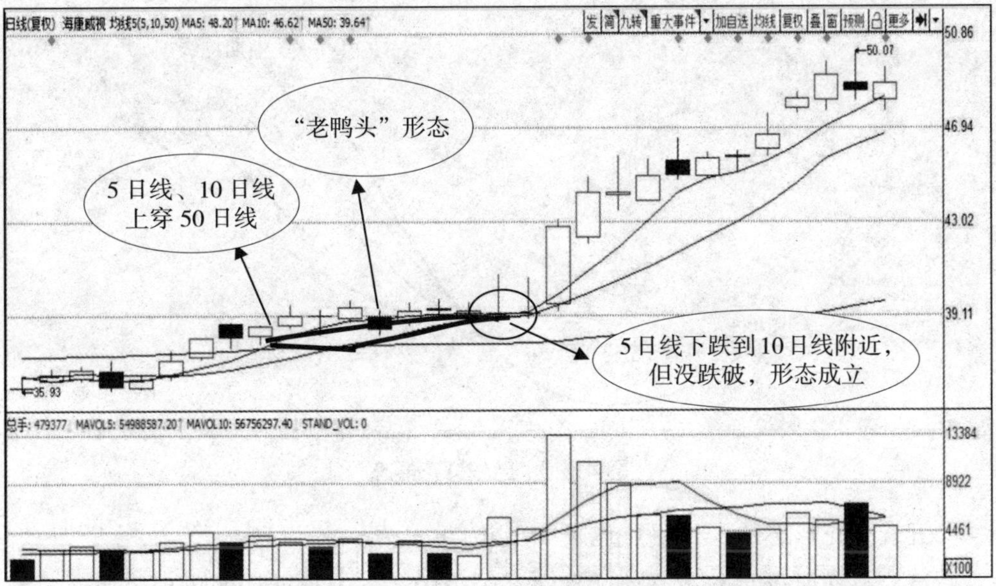

图 4-25　海康威视（002415）日 K 线走势图

如图 4-25 所示，2020 年 9 月 30 日、10 月 16 日，海康威视的股价连续上涨，5 日均线、10 日均线连续上穿 50 日均线。其后，该股股价开始下跌，5 日均线、10 日均线相继掉头向下。当 5 日均线跌到 10 日均线附近时，受到 10 日均线的支撑后重新开始上涨，“老鸭头”形态成立，投资者此时可以积极买入。

五、五线开花

五线开花是指股价经过一段时间的振荡盘整之后，4 条中长期均线呈现黏合状态，此后某一交易日，随着股价的上攻，短期均线向上一举突破 4 条中长期均线，形成黄金交叉，此后 5 条均线形成多头发散排列，形似花开，因而被称为“五线开花”，如图 4-26 所示。

五线开花形态中所选的均线，可以因投资者的投资偏好不同而异。在实战中，一般选择以（5,10,20,30,60）或（30,60,90,120,150）为多。前者为短线交易者喜欢使用的均线，后者为中长线交易者喜欢使用的均线。

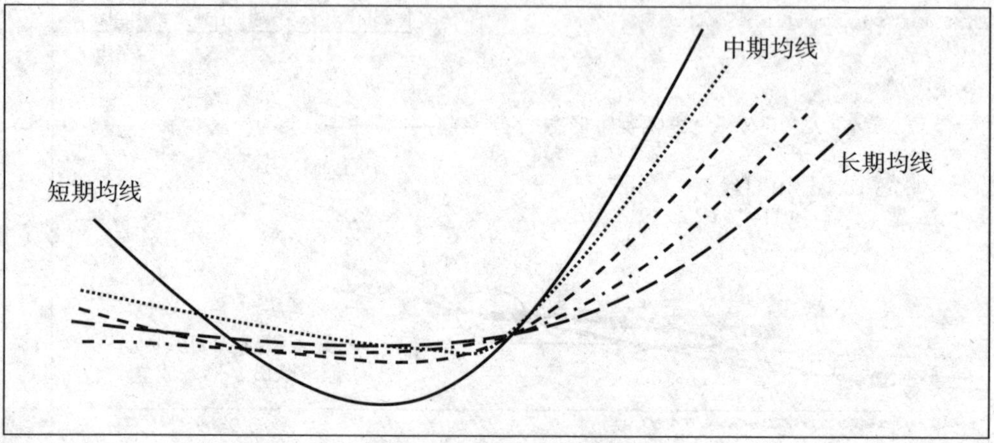

图 4-26　五线开花形态

五线开花形态的操作要点包括如下几点。

第一，在股价大幅拉升前，均线系统中的 4 条中长期均线出现了缠绕或黏合形态，黏合时间越长，未来股价上涨的幅度越大。

第二，短期均线向上突破中长期均线时，若成交量同步放大，则可增强股价上升的概率。

第三，在实战中，投资者可以选择不同的分析周期，包括分钟线、小时线、周线、月线等，分析方法相同。

第四，五线开花形态形成后，股价通常都会有一波可观的涨幅，投资者可以按照这些均线的位置分别设置减仓位和清仓位。一旦股价跌破最长周期的均线，投资者就可以执行卖出操作了。

下面来看一下慈星股份的案例。

如图 4-27 所示，慈星股份的股价自 2020 年 4 月开始一直处于底部振荡盘整过程中，10 日均线、20 日均线、30 日均线、60 日均线等 4 条均线呈现黏合状态。

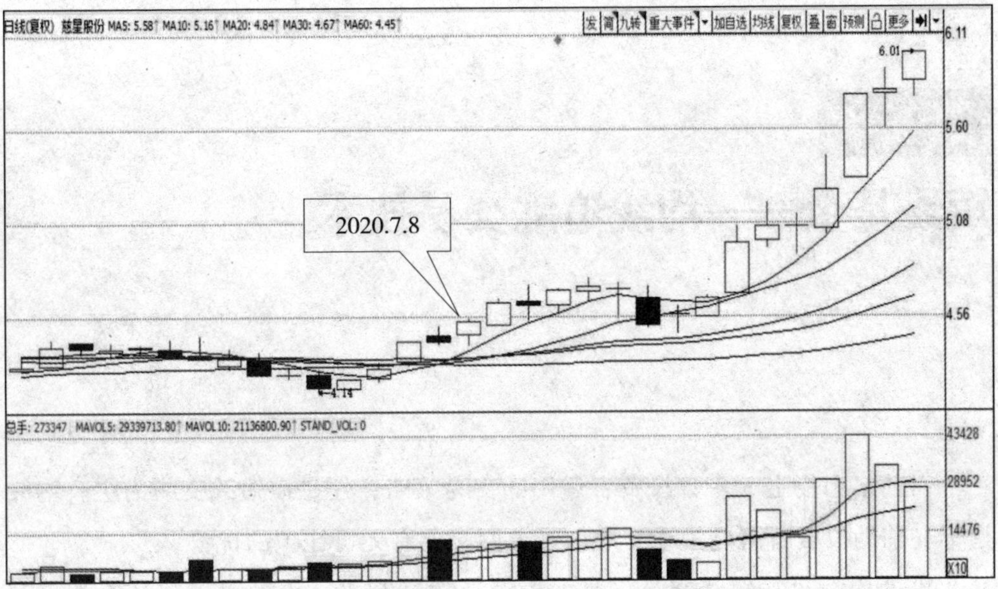

图 4-27　慈星股份（300307）日 K 线走势图

7 月 8 日，该股股价连续上升，5 日均线一举向上突破 10 日均线、20 日均线、30 日均线、60 日均线，其后 5 条均线呈现多头发散排列。

至此，五线开花形态正式成立，投资者可据此形态积极入场做多。

第五章

短线是金——均线追涨交易技术

目前，市场上大多数投资者运用的交易策略，还是以短线交易为主。均线指标在辅助投资者研判短线交易信号方面，拥有无可比拟的优势。

借助均线寻找短线交易信号的方法，概括起来，大致可以包括三类：第一类，通过股价或短期均线与中长期均线的位置关系，寻找最佳的交易点位；第二类，通过其他技术分析指标佐证股价对均线的突破信号，以提升短线交易信号的质量；第三类，通过压缩分析周期，将日线转为小时线或分钟线，借助已完成的均线系统确认短线交易信号。

第一节　以均线为核心的短线交易基础战术

以均线为核心的短线交易基础战术，主要涵盖一些以短期均线为核心的交易策略与技巧。实战中，投资者也可以对这些技巧或方法进行改进，或与其他技术指标结合使用。

一、5 日均线突破追涨战术

5 日均线突破追涨战术，是通过追击启动强势上涨的股票，以达到获利目标的操盘方法，此方法属于典型的短线追涨战术。

如图 5-1 所示，股价放量突破 5 日均线后，就进入了快速上涨趋势。其后，各条均线拐头向上，形成了多个金叉的价托形态。

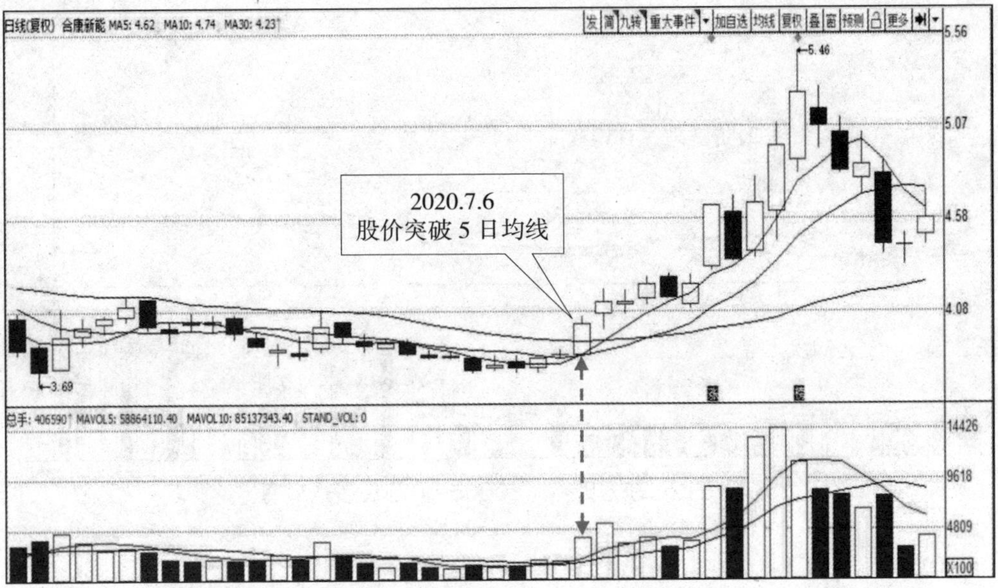

图 5-1　股价突破 5 日均线形态

结合图 5-1 的情况，总结 5 日均线突破追涨战术的操盘要点如下。

第一，大盘处于上涨或振荡上行行情中。

第二，个股出现明显的启动上涨迹象，且突破 5 日均线的压制。

第三，股价自下而上突破 5 日均线时，成交量呈放大迹象，能够提升突破的有效性。

第四，股价完成对 5 日均线的突破后，各条中长期均线还形成黄金交叉或拐头向上态势，则说明股价运行趋势已经改善，市场开始由多头主导。

下面来看一下东方财富的案例。

如图 5-2 所示，东方财富的股价经过一段时间的横盘振荡整理后，于 2020 年 6 月 1 日突然启动上攻。当日，该股股价 K 线放量向上突破了 5 日均线和其他中长期均线，各条均线同步上行，形成了多个金叉的价托形态，这意味着该股股价在短期内将迎来一波快速上升走势，投资者宜积极入场追涨该股。

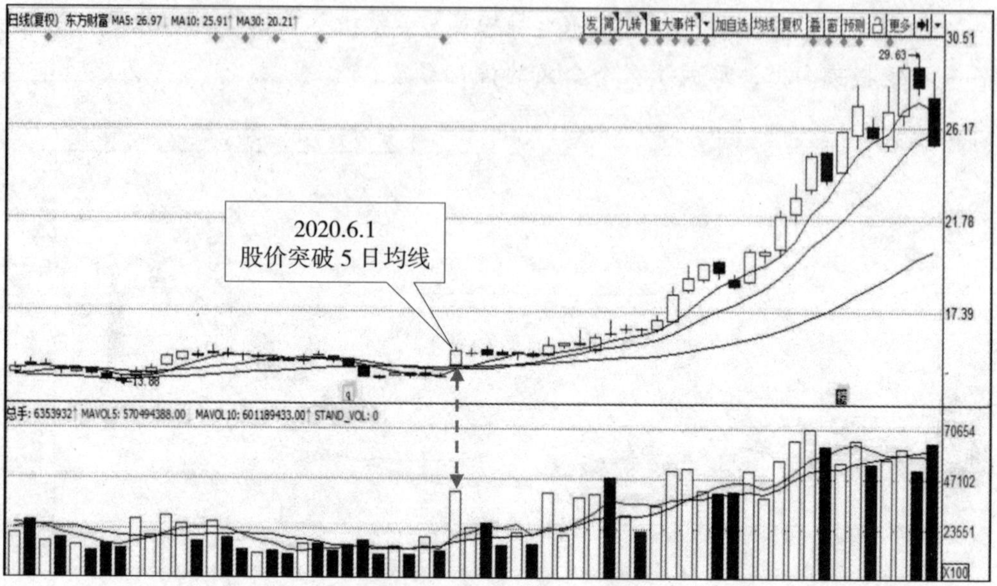

图 5-2 东方财富（300059）日 K 线走势图

二、脚踩 5 日均线上行战术

实战中，股价短期强势上攻，远离 5 日均线，这并非是一种非常理想的状态。这类股票短线涨幅巨大，但风险也极高，随时存在回落的可能。与此相反，一些股票的股价 K 线脚踩 5 日均线，与 5 日均线同步上行，这才是投资者应该关注的形态。

如图 5-3 所示，股价在快速上升后出现回调走势，回调结束后，股价 K 线开始沿 5 日均线上行。5 日均线与股价 K 线同步上升，各条均线开始逐渐发散。

结合图 5-3 的情况，总结股价 K 线脚踩 5 日均线上行的操盘要点如下。

第一，股价沿 5 日均线缓步上攻，是一种比较理想的上涨状态，可安心持股。

第二，股价沿 5 日均线上升过程中，可能偶尔会跌破 5 日均线，但只要股价在 5 日均线下方停留没有超过 3 个交易日，都可继续持股。

第三，股价与 5 日均线同步向右上方倾斜，各条均线逐步开始呈现发散状态，这是投资者坚持持股的基础。

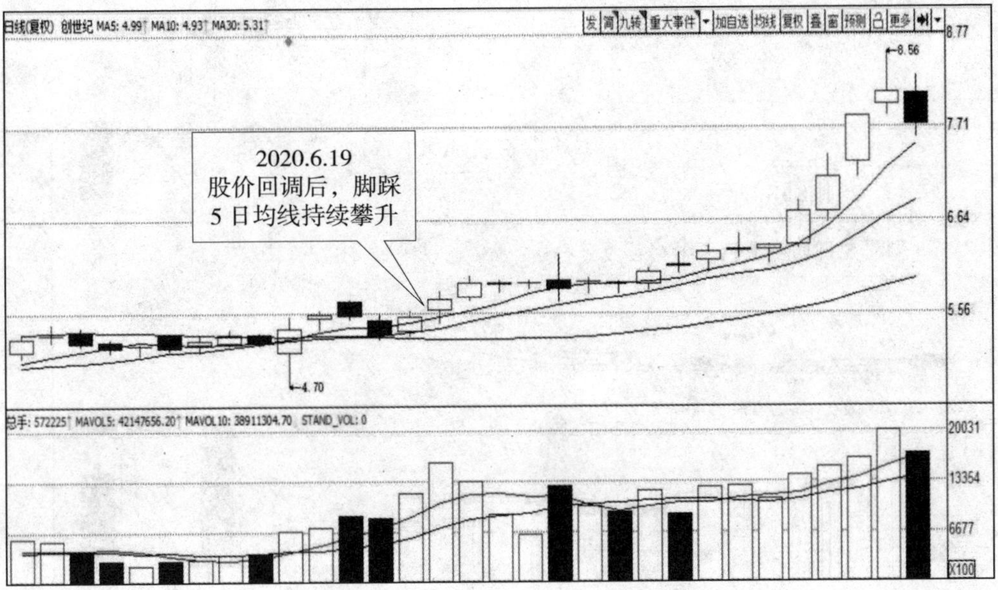

图 5-3　股价脚踩 5 日均线上行形态

第四，随着股价振荡上行，成交量也会呈现温和放大的态势，这是股价持续上行的基础。

第五，上涨行情进入尾声时，往往会出现大幅上涨走势，即股价位于 5 日均线上方且距离 5 日均线较远，这时投资者要做好随时出货的准备，一旦股价滞涨反跌，就应该立即出货。

下面来看一下吉药控股的案例。

如图 5-4 所示，吉药控股的股价自 2020 年 8 月 18 日放量向上突破 5 日均线后，经过几个交易日的调整，开始脚踩 5 日均线上行。与此同时，股价 K 线与均线同步向右上方倾斜，这属于典型的看涨形态，投资者可考虑入场买入该股。

随着股价的上扬，各条均线开始呈现多头发散排列，这是股价上升即将加速的迹象。9 月 3 日，该股股价以涨停报收，这意味着股价上升速度加快，投资者在收获盈利的同时，也要开始注意风险。

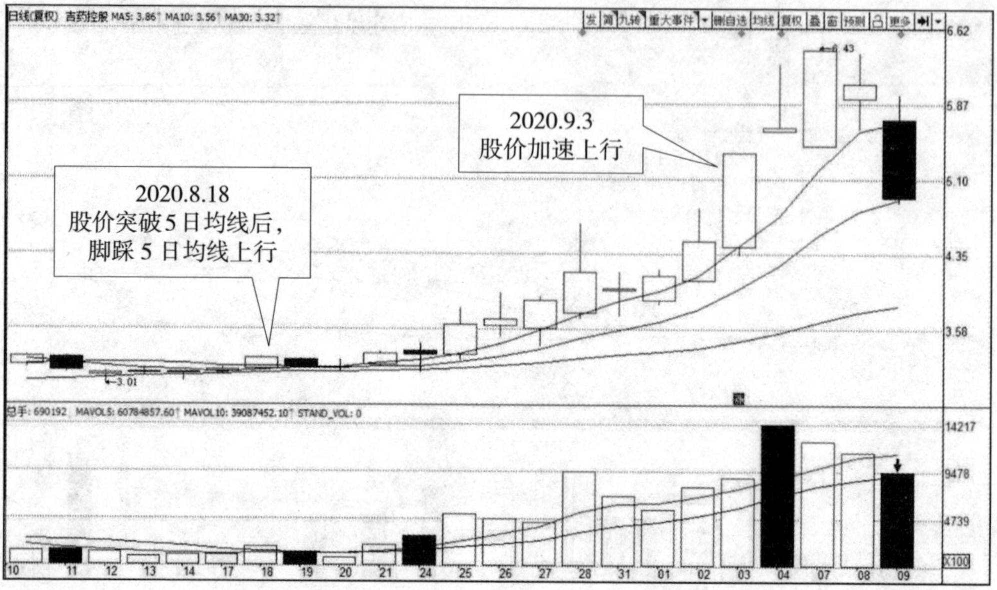

图 5-4　吉药控股（300108）日 K 线走势图

三、10 日均线回档不破

回档不破 10 日均线，是指股价突破 10 日均线后出现回调，股价回调至 10 日均线附近时，受到 10 日均线的支撑再度上涨，其后，股价还将继续上涨。

如图 5-5 所示，股价在快速上升后出现回调走势，2020 年 10 月 16 日，股价 K 线回落至 10 日均线位置时，受到 10 日均线的支撑重新上行，这属于典型的看涨信号。

回档不破 10 日均线，在操作过程中需要注意以下几点。

第一，股价回档时，成交量呈萎缩状态；股价重新上涨时，成交量呈放大状态。

第二，股价回档时，偶尔跌破 10 日均线又很快回到均线之上，说明支撑仍然有效。

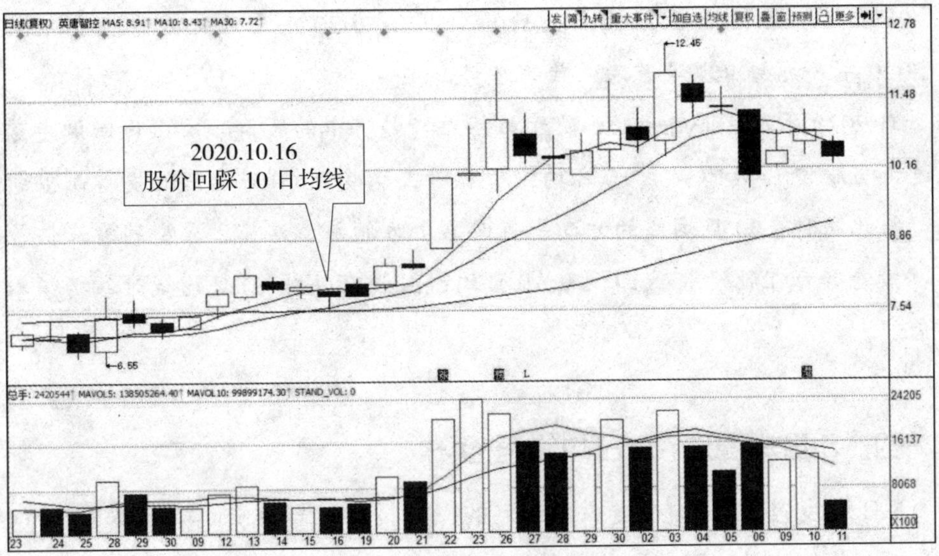

图 5-5　10 日均线回档不破形态

第三，股价回调至 10 日均线时，股价与 10 日均线均位于 30 日均线之上。

第四，股价回调并跌破 10 日均线后仍继续下跌时，投资者应及时止损。

下面来看一下盈康生命的案例，如图 5-6 所示。

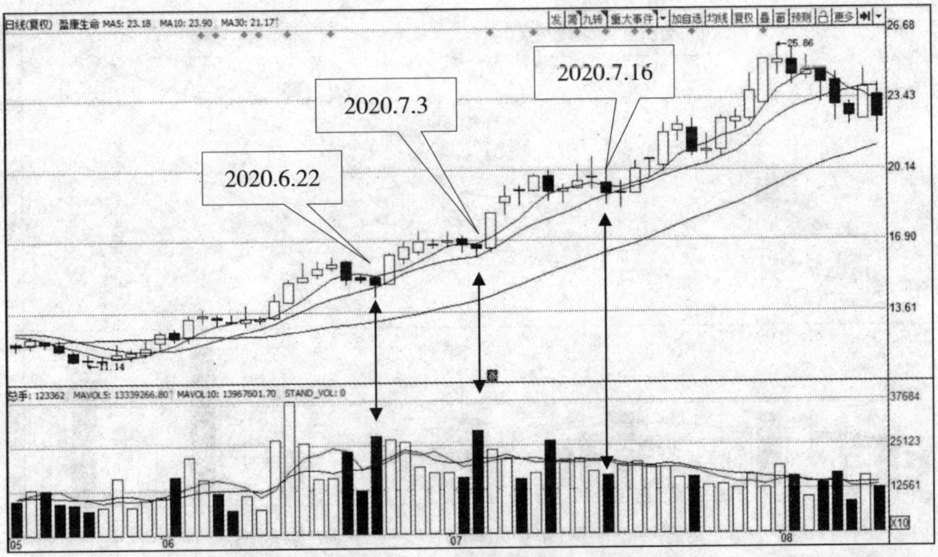

图 5-6　盈康生命（300143）日 K 线走势图

如图 5-6 所示，盈康生命的股价经历了 2020 年 5 月的振荡盘整之后，于 2020 年 6 月初出现了振荡上升的态势。

自 2020 年 6 月下旬开始，处于振荡上行趋势中的股价多次出现回调走势，不过，当股价 K 线回调至 10 日均线位置时，均受到 10 日均线的支撑而重新向上。与此同时，30 日均线的方向一直向右上方倾斜，这属于典型的看涨信号。

投资者可在股价 K 线回调至 10 日均线且没有跌破 10 日均线时入场买入或加仓。

四、5 日均线遇 10 日均线再起飞

5 日均线遇 10 日均线支撑再起飞的操作技法，与股价回档不破 10 日均线存在诸多相似之处。随着股价调整，5 日均线也出现回调。当其调整至 10 日均线位置时，受到 10 日均线的支撑而重新上升，这属于典型的看涨信号。如图 5-7 所示。

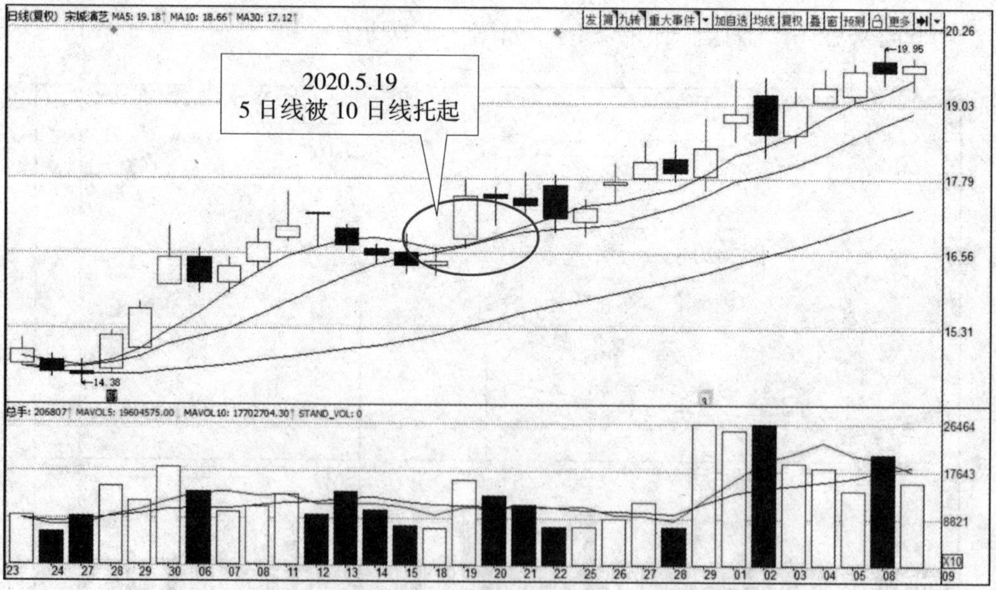

图 5-7　5 日均线回档遇 10 日均线支撑形态

如图 5-7 所示，宋城演艺的股价经历了一波快速上升后出现回调走势。2020 年 5 月中旬，股价 K 线连续向下跌破了 5 日均线和 10 日均线。5 日均线回落至 10 日均线位置时，因受 10 日均线的支撑而重新上扬。此后，该股股价重新进入上升通道，投资者可积极入场做多。

5 日均线回调遇 10 日均线支撑转而上升，在操作过程中需要注意以下几点。

第一，随着股价的回调，在 5 日均线回落过程中，成交量呈萎缩状态最佳。

第二，5 日均线回调时，偶尔跌破 10 日均线又很快回到 10 日均线之上，说明支撑仍然有效。

第三，5 日均线回调至 10 日均线时，5 日均线与 10 日均线均位于 30 日均线之上。

第四，5 日均线跌破 10 日均线（形成死叉）后仍继续下跌时，投资者应及时止损。

下面来看一下通源石油的案例，如图 5-8 所示。

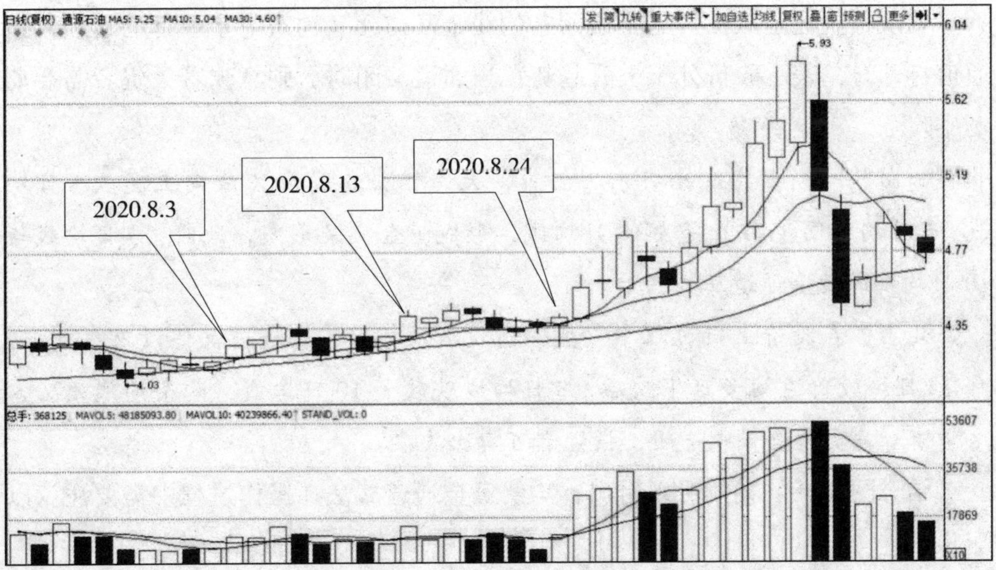

图 5-8　通源石油（300164）日 K 线走势图

如图 5-8 所示，通源石油的股价自 2020 年 8 月 3 日向上突破各条均线后，股价K线开始运行于5日均线上方。

其后，随着股价的振荡调整，5日均线曾在8月13日和8月24日两次回调至10日均线附近，均受到10日均线的支撑而重新上行。这两次回调后再度启动，确认10日均线拥有较强的支撑，未来股价将会进入快速上升通道。

其后，该股股价迎来了一波快速上涨走势。

第二节 三大均线黄金战法

在短线操作过程中，有一些均线组合的运用方法因其有效性强而不断地被强化，并发展成了几类比较经典的战法。

一、均线黄金通道战法

均线黄金通道战法，是指由两条均线金叉与死叉构筑一个上行的通道，当通道打开时，表示股价处于上升趋势；当通道关闭时，则意味着投资者需要离场避险。

如图5-9所示，2020年6月5日，天山铝业的股价K线向上突破5日均线，5日均线同步向上突破10日均线，形成黄金交叉形态，此时，5日均线与10日均线的黄金通道正式开启。

此后，在股价上行过程中，尽管出现多次振荡，但通道始终没有关闭。7月20日，股价连续多日下跌后，5日均线跌破了10日均线，两条均线死叉，这意味着黄金通道正式关闭，投资者可卖出股票。

结合图5-9的案例可以看出，均线黄金通道战法在操作过程中需要注意以下几点。

第一，随着股价的上行，5日均线向上突破10日均线时，10日均线的方向应该是向右上方倾斜的。

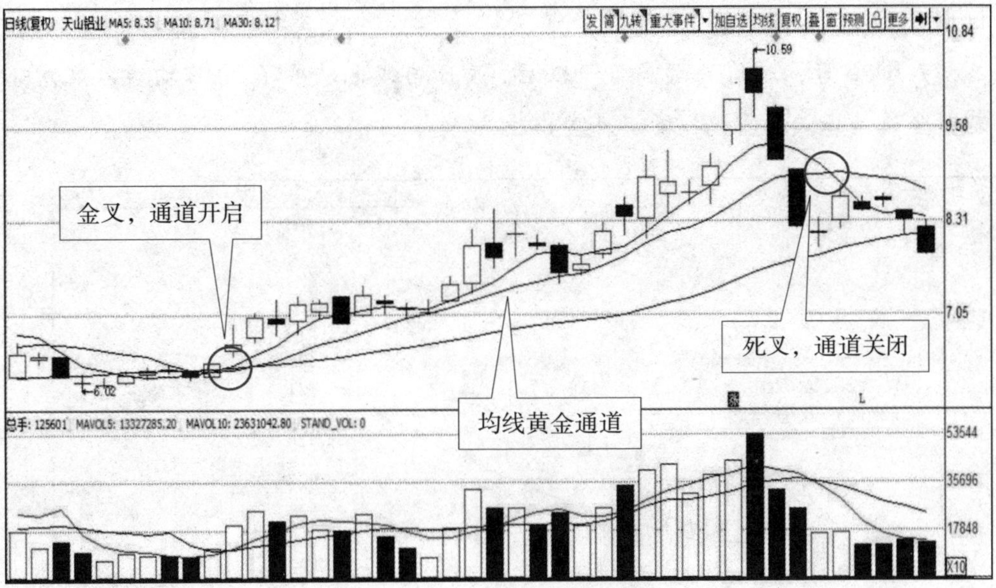

图 5-9　均线黄金通道形态

第二，5 日均线完成对 10 日均线的突破时，成交量最好能够呈现放大态势，以确保突破的有效性，投资者此时入场安全性相对较高。

第三，5 日均线与 10 日均线振荡上行过程中，其方向应该是向右上方倾斜的，30 日均线的方向也应该呈向右上方倾斜态势。

第四，只要均线黄金通道没有关闭，投资者就可以耐心持股待涨，不必在意股价的短线波动。

第五，5 日均线跌破 10 日均线（形成死叉）后，意味着均线黄金通道关闭，投资者宜立即清空仓位。

下面来看一下迎驾贡酒的案例。

如图 5-10 所示，2020 年 5 月 28 日，迎驾贡酒的股价 K 线向上突破 5 日均线，且 5 日均线同步向上突破 10 日均线，形成黄金交叉形态，此时，5 日均线与 10 日均线的黄金通道正式开启。

此后，在股价上行过程中，尽管出现多次振荡，但通道始终没有关闭。5 日均线与 10 日均线、30 日均线同步向右上方倾斜，说明股价处于良性上升通道，投资者可耐心持股待涨。

7 月 20 日，股价连续多日下跌后，5 日均线也跌破了 10 日均线，这意味着黄金通道正式关闭，投资者可卖出股票。

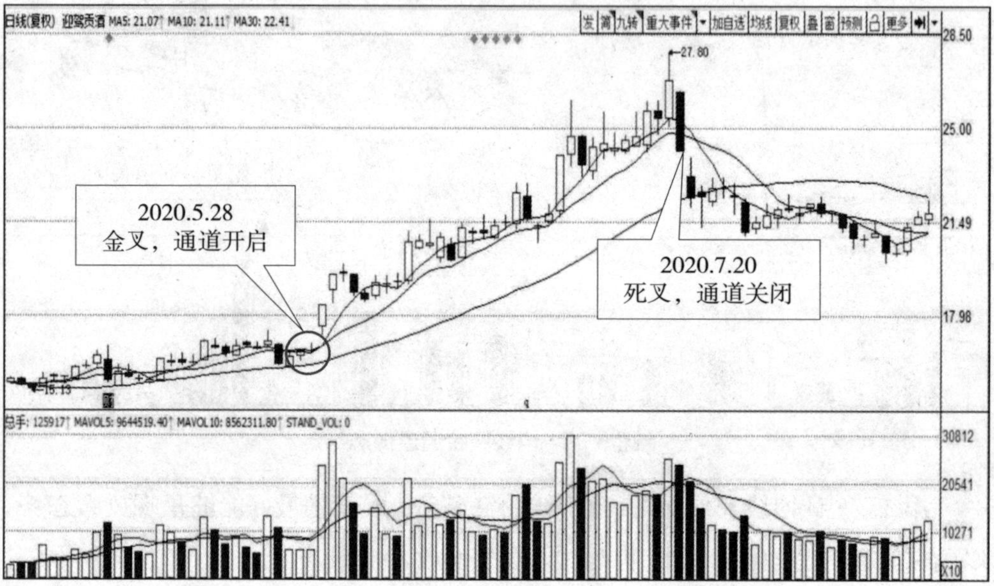

图 5–10　迎驾贡酒（603198）日 K 线走势图

二、均线“云带”战法

均线云带战法与均线黄金通道战法相似，只是选取的均线周期稍有不同。该战法是指 10 日均线与 20 日均线在处于上升趋势中的股价 K 线下方构筑一条带状支撑云，当股价跌破云带，则意味着股价运行趋势发生了改变。

如图 5–11 所示，2020 年 4 月 7 日，江山欧派的股价 K 线向上突破 20 日均线，此后，股价 K 线一直运行于 10 日均线和 20 日均线构筑的“云带”上方。

在股价上行过程中，尽管多次出现振荡，但股价都没有跌破“云带”。6 月 8 日，股价经过连续多日下跌后，股价 K 线向下跌穿了“云带”，这意味着股价运行趋势可能发生改变，投资者宜卖出手中的股票。

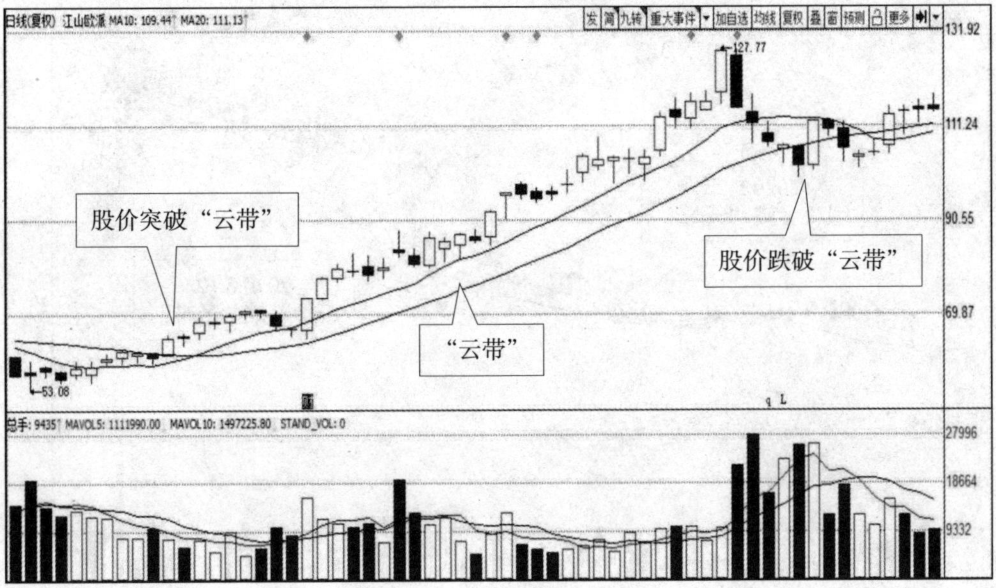

图 5-11　均线“云带”形态

结合图 5-11 的案例可以看出，均线“云带”战法在操作过程中需要注意以下几点。

第一，10 日均线与 20 日均线构筑的基础“云带”稳定性较好，股价穿透“云带”，其实就相当于跌破了 20 日均线，有利于短线交易者回避交易过程中的股价小幅波动。

第二，为了提升“云带”的灵敏度，短线或超短线交易者可在股价跌破“云带”上轨时进行相应的减仓。

第三，当股价连续大幅上涨，致使股价 K 线与“云带”产生较远距离时，说明股价 K 线存在很大的乖离，投资者需要注意股价回调的风险。

第四，原则上，只要股价没有跌破“云带”，投资者就可以耐心持股。一旦股价跌破“云带”，投资者宜立即离场。

第五，当股价跌穿“云带”后，该“云带”同样对股价具有较强的阻力作用，一般而言，只要股价没有重新突破“云带”，投资者就不宜入场交易。

下面来看一下恒通股份的案例，如图 5-12 所示。

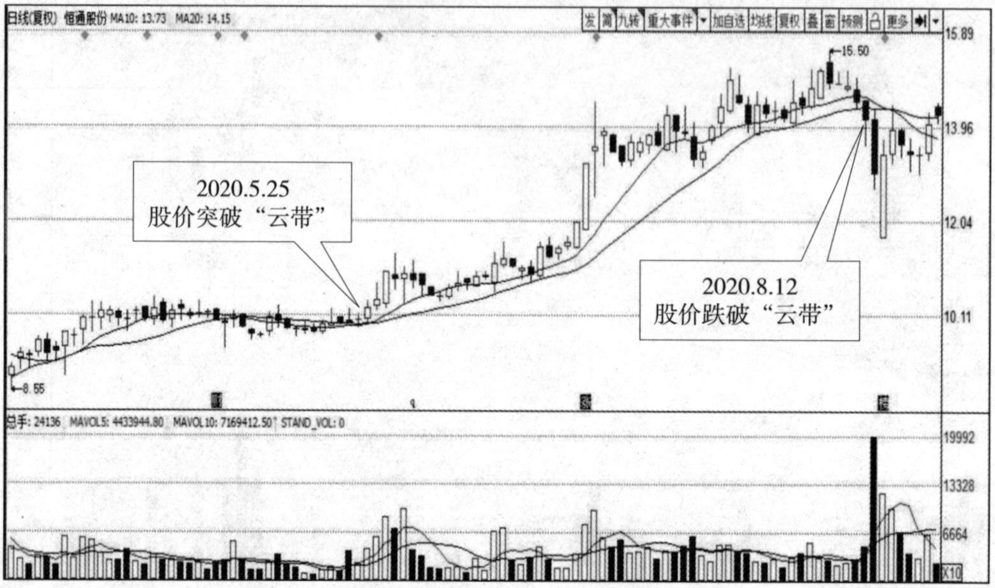

图 5-12 恒通股份（603223）日 K 线走势图

如图 5-12 所示，2020 年 5 月 25 日，恒通股份的股价 K 线向上突破 20 日均线，此后股价 K 线一直运行于 10 日均线和 20 日均线构筑的“云带”上方。该“云带”一直向右上方倾斜，这说明股价一直处于上升趋势，投资者可耐心持股。在股价上行过程中，尽管多次出现振荡，但股价都没有跌破“云带”。

股价振荡上升期间，曾经出现了大幅上升走势，致使股价 K 线远离“云带”，这说明股价短线乖离过大，存在回调的可能，投资者此时可考虑少量减仓，待股价回归遇“云带”支撑继续上行时，再行加仓。

8 月 12 日，股价经过连续多日下跌后，股价 K 线向下跌穿了“云带”，这意味着股价运行趋势可能发生改变，投资者宜卖出手中的股票。

三、均线“金三角”战法

从严格意义上来说，均线“金三角”战法本身就是一种“价托”战法，且为一种相对特殊的“价托”。本节介绍的“金三角”选用的三条均线，分别为

13 日均线、34 日均线和 55 日均线。如图 5-13 所示。当然，投资者在实战中也可以选择其他周期的均线，只要按照短期、中期、长期分布即可。选择少有人使用的均线组合，可能起到的效果会更好一些。使用的人少，就不会有那么多人同时发现买入信号与卖出信号了。

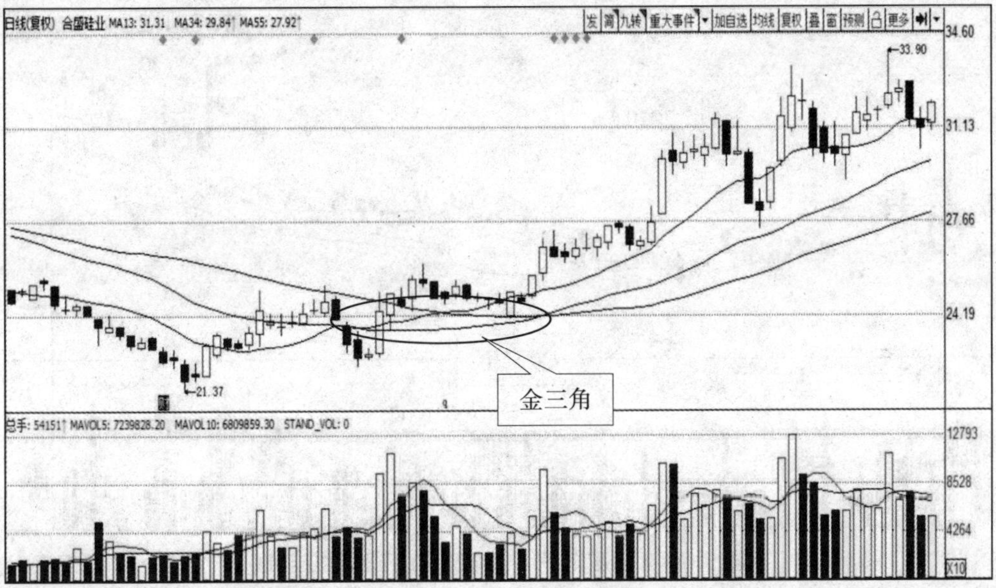

图 5-13　均线“金三角”形态

如图 5-13 所示，2020 年 5 月底到 6 月初，合盛硅业的 13 日均线、34 日均线和 55 日均线形成了经典的“金三角”形态，投资者可积极入场做多。

此后，随着该股股价的振荡走势，各条均线开始呈多头发散排列，持有该股的投资者可耐心持股待涨。

结合图 5-13 的案例可以看出，均线“金三角”战法在操作过程中需要注意以下几点。

第一，构建“金三角”的均线周期不同，发出信号的时间点也会有所不同。投资者可根据个人偏好设置合理的均线周期。

第二，均线“金三角”形成后，各条均线若出现多头发散排列，则说明股价上升趋势良好，投资者可继续耐心持股。

第三，股价上升一段时间后，均线出现底部死叉或价压时，投资者需要及时离场。

下面来看一下日盈电子的案例，如图 5-14 所示。

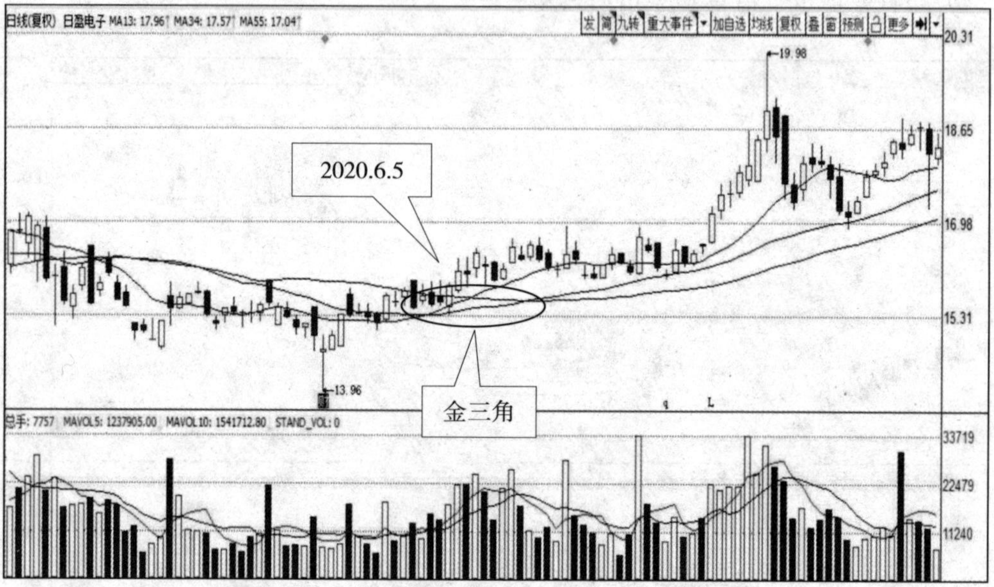

图 5-14　日盈电子（603286）日 K 线走势图

如图 5-14 所示，2020 年 5 月下旬，日盈电子的股价经过一段时间的横盘振荡之后，连续小幅上涨。5 月 20 日，5 日均线向上突破了上升中的 10 日均线，形成金叉。激进的投资者可以适量买入。

6 月 5 日，5 日均线和 10 日均线先后突破了放平的 30 日均线，三条均线形成价托形态，投资者可以考虑加仓。

其后，随着股价的上扬，各条均线开始呈现多头发散排列，投资者可积极入场做多。

实战中，由于有些“金三角”还没有最终完成，股价就已经出现了大幅上攻，因而，投资者可考虑在均线形成第一个或第二个金叉后，股价出现明显启动时少量入场，待“金三角”成立后，再追加仓位。

第三节　均线与技术指标组合猎杀强势股

在狙击强势股的过程中，短期均线发出的交易信号因为过于灵敏，导致信号可靠性不高。将均线指标与其他技术指标组合分析，可以大大提高信号的可靠性，便于投资者做出更加准确的判断。

一、5日均线与布林中轨擒黑马

5日均线被称为短线运行的保护线，它反应灵敏，是短线投资者最关注的一条均线。很多短线交易者都喜欢将5日均线作为短线交易的依托。不过，由于5日均线过于灵敏，股价对其穿越也会比较频繁。若将其与布林线中轨相结合，可以有效提升交易信号的准确性。

1. 布林线中轨线

在绝大多数交易软件中，中轨线都是一条20日均线，其交易指示含义与20日均线完全相同。股价K线放量完成对布林线中轨的突破，意味着股价中线走强的趋势基本确立。

下面来看一下兴发集团的案例。

如图5-15所示，2020年4月到6月期间，兴发集团的股价出现了一波横向盘整走势。在股价振荡过程中，布林通道的喇叭口越来越窄，这说明股价波动幅度越来越小，正在选择突破的方向，投资者宜密切关注该股其后的走势。

2020年7月初，该股股价出现了小幅下跌，股价触及到布林线下轨，但由于布林通道的喇叭口继续收缩，投资者仍可将其看成股价的正常盘整。

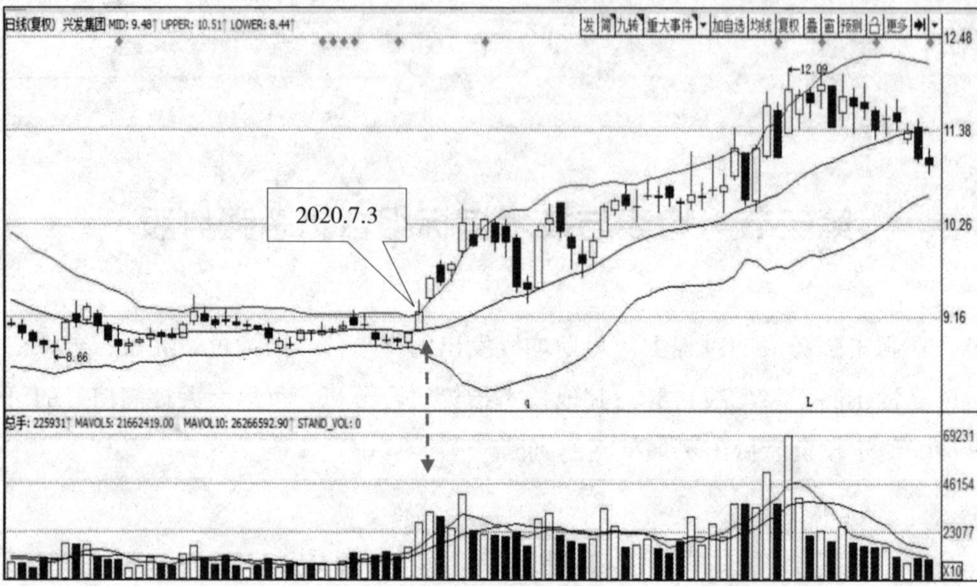

图 5-15　兴发集团（600141）布林线指标走势图

7 月 3 日，该股股价放量向上突破了布林线中轨，这说明股价进入了快速上涨区间。股价的波动幅度放大，也是股价启动上涨的一个较为明确的信号。

综合以上分析，投资者可在股价放量向上突破中轨线时入场建仓。其后，若股价有效跌破中轨线，则可考虑清仓。

2. 股价突破 5 日均线与中轨线

前面说过，5 日均线非常灵敏，股价对其突破之后，需要等待突破信号确认成立后才能执行买入操作。布林线中轨本身就可以作为确认股价对 5 日均线突破有效的信号。

该技巧的操作要点如下。

第一，股价对 5 日均线完成突破，若其后对布林线中轨也完成了突破，则突破布林线中轨线后，即可确认均线突破有效，投资者可放心入场买入。

第二，股价完成对 5 日均线的突破时，若此时股价与 5 日均线均位于布林线中轨之上，那么，此时的突破就是短线追涨的最佳入场点，无需再等待其他信号的确认。

第三，股价完成对5日均线突破后，股价K线与5日均线同步向上突破布林线中轨，则意味着股价进入波段强势运行阶段，波段交易者可积极入场做多。

第四，股价完成对5日均线的突破后，布林通道的喇叭口要同步放大，这样才能确认股价波动幅度确实已经增加，股价上升空间已经打开。

下面来看一下川金诺的案例，如图5-16所示。

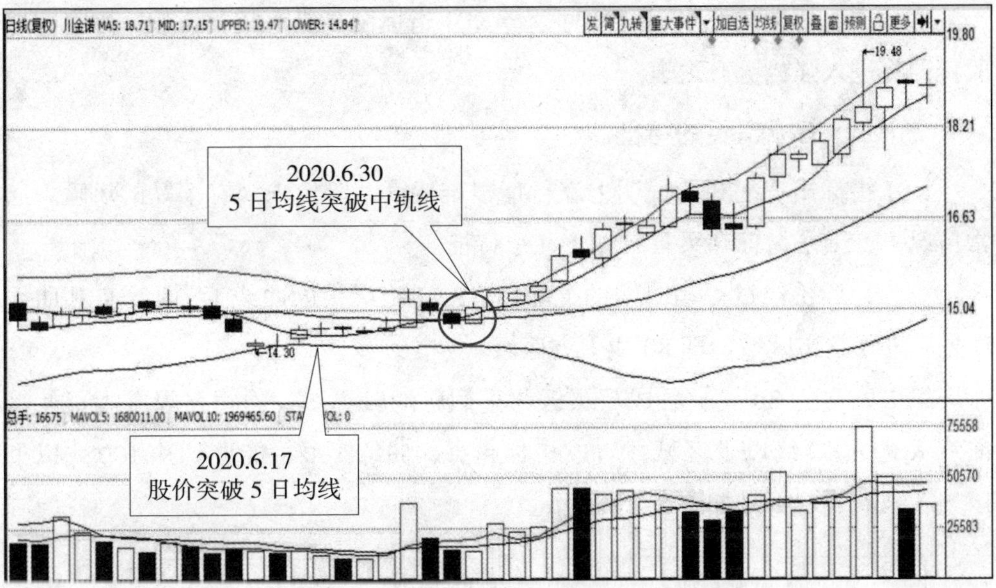

图5-16　川金诺（300505）日K线走势图

如图5-16所示，2020年6月17日，川金诺的股价经过振荡整理之后向上突破了5日均线。其后的几个交易日，该股股价紧贴5日均线运行。不过，此时股价线和5日均线均位于布林线中轨线下方，保守型投资者可继续等待更为明确的入场信号。

6月30日，川金诺的股价在前两个交易日回调的基础上再度上攻，股价K线和5日均线同步向上穿越布林线中轨，布林通道的喇叭口在经历了多个交易日的收缩后重新开始放大，这意味着股价的最佳买入信号已出现，投资者可积极入场建仓。

二、短期均线金叉与 KDJ 超买

KDJ 指标是一种非常有效的中短线分析工具，主要用来反映市场上买卖力量的强弱和超买超卖现象，它能够在股价上升或下降之前发出准确的买卖信号。相对于其他指标，KDJ 指标的灵敏度极高，在短线交易中，经常被投资者拿来分析和判断股价短线运行趋势。

实战中，短期均线出现金叉时，若 KDJ 指标同步进入超买区域，则意味着股价即将进入强势上升通道。

1. KDJ 指标超买的特征

KDJ 指标出现超买，说明上涨行情很难持续，股价未来有下跌的风险。通常情况下，KDJ 指标超买具有如下几个特征。

第一，股价经过一段时间的上涨后，KDJ 指标中的曲线 J、曲线 K 和曲线 D 先后进入超买区域，即 80 线上方区域。

第二，尽管 80 线被看成超买区与徘徊区的分界线，但很多投资者仍然将曲线 K 进入 90 线以上区域才看成指标超买，曲线 J 很可能会到达 100 线以上区域才被看成超买，如图 5-17 所示。

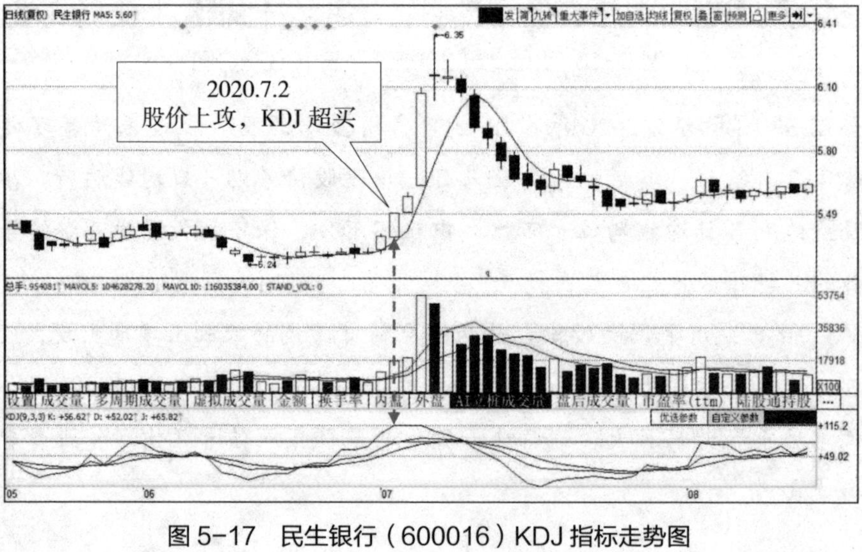

图 5-17　民生银行（600016）KDJ 指标走势图

如图 5-17 所示，民生银行的股价经过一段时间的横向盘整之后，于 2020 年 7 月初开始进入上升通道。

2020 年 7 月 2 日，该股股价低开高走收出一根中阳线。观察当日的 KDJ 指标可知，当日 KDJ 指标进入超买区间，特别是曲线 J 已经到达 100 线。按照 KDJ 指标的基本分析方法，当 KDJ 指标进入超买区域，意味着股价存在一定的回调风险。不过，从短线来看，当 KDJ 指标超买后，股价 K 线仍旧发动了一波大幅上攻行情，只是这个短线上攻持续的时间相对较短，不具有可持续性，只适合短线快进快出操作。

2. 短期均线金叉与 KDJ 指标超买

短期均线，特别是 5 日均线与 10 日均线出现金叉时，若 KDJ 指标也同步进入超买区间，曲线 J 最好到达 100 线，则说明短期内买方力量极强，股价有继续上攻的惯性，股价短线走高的概率极高。

该技巧的操作要点如下。

第一，5 日均线与 10 日均线形成黄金交叉，意味着当前属于股价启动初期，并未出现过大的涨幅。此时 KDJ 指标若进入超买区域，则意味着多方力量十分强劲，足以支持股价继续上扬。

第二，KDJ 指标进入超买区域前，最好能够出现黄金交叉形态，这也是短线买入的一个强有力信号。

第三，5 日均线与 10 日均线出现黄金交叉时，股价 K 线不能与均线距离过大，若距离过大，则存在短线回调的风险。

第四，当 KDJ 指标自超买区域返回正常区域或出现死叉时，投资者就可以考虑离场了。

下面来看一下深粮控股的案例。

如图 5-18 所示，深粮控股的股价经过一段时间的横向盘整之后，于 2020 年 7 月初开始进入上升通道。

2020 年 7 月 3 日，该股股价在前一交易日小幅上涨的基础上再度收出一根小阳线。与此同时，5 日均线向上突破了 10 日均线，形成低位黄金交叉形态。KDJ 指标则在此时进入了超买区域，这意味着股价短期走势极强。鉴于此时股价刚刚启动，且股价 K 线并未远离均线，投资者可考虑积极入场交易。

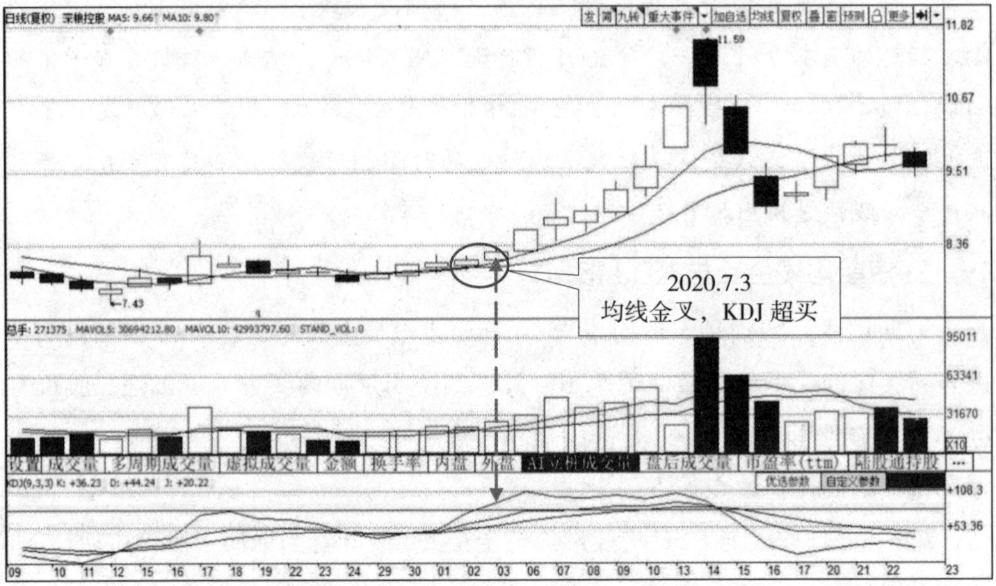

图 5-18　深粮控股（000019）日 K 线走势图

三、MACD 指标与均线金叉共振

MACD 指标其实是改良了的均线系统，该指标经过多次平滑，淡化了单根 K 线的跳动，可以过滤掉市场中的虚假信号，具有稳健的特点，能够在周期较大、K 线数目较多的行情中指示出当前趋势的方向。

1. MACD 指标的黄金交叉

一般情况下，有质量的黄金交叉应该满足以下几项条件。

第一，DIFF 快线自下而上穿越 DEA 慢线时，交叉点应位于 0 轴上方，这说明此时多头已经占据了主导地位。

第二，原则上，投资者交易时，尽量选择 0 轴上方的第一个金叉买入。交叉点距离0轴不能过远，过远则有超买嫌疑，股价存在回调的风险。也就是说，黄金交叉距离0轴越近，成色越高。

第三，出现金叉时，如果股价K线呈现突破形态，且成交量同步放大，则可增强黄金交叉的可信度，如图5-19所示。

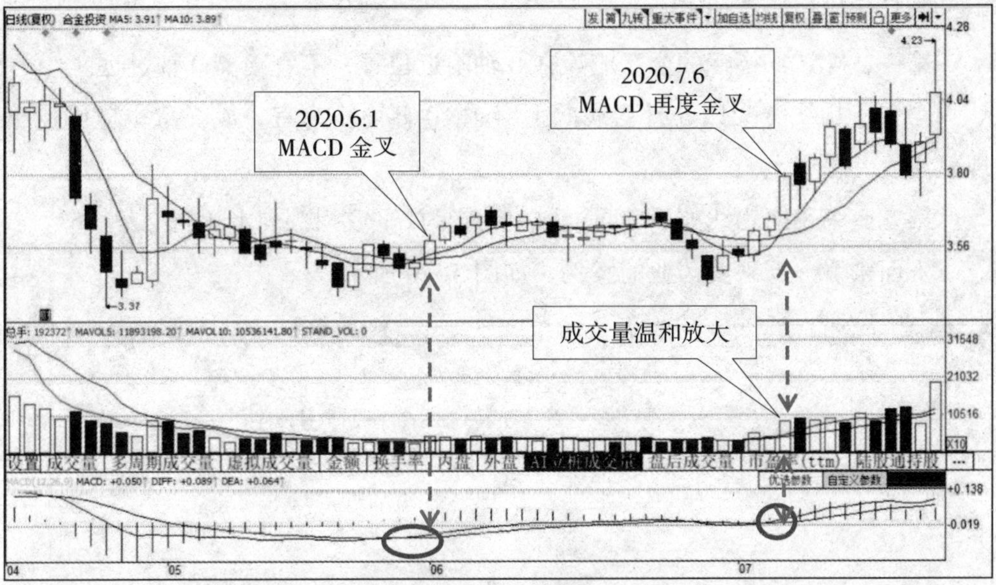

图5-19 合金投资（000633）MACD黄金交叉示意图

如图5-19所示，2020年5月，合金投资的股价终结了下跌趋势，开始进入振荡盘整走势，MACD指标自底部反弹向上。

6月1日，MACD指标中的DIFF快线向上穿越DEA慢线形成交叉，其交叉点位于0轴下方。由于MACD指标的金叉距离0轴较远，因而其成色欠佳。

7月6日，该股股价K线启动上扬，MACD指标出现二度金叉，且交叉点位于0轴附近位置。通常情况下，MACD指标在此位置的金叉成色较高，投资者可考虑追涨买入该股。

其后，该股股价出现了一波快速上涨走势。

2. MACD 指标与均线双金叉

当 MACD 指标的两条指标线都处于上升状态中，如果 DIFF 线从下向上突破 DEA 线，形成金叉，均线系统几乎同时也形成了金叉，这种双金叉的走势，表示场外投资者正在进场，是较为可靠的买入信号。

其具体操作要点如下。

第一，MACD 指标的金叉应该在 0 轴附近位置，不宜距离 0 轴过远。

第二，均线金叉以 5 日均线向上穿越 10 日均线为宜，成交量也应同步出现温和放大态势。

第三，中长期均线如 30 日均线，应该呈放平或拐头向上运行态势。

下面来看一下莱美药业的案例，如图 5-20 所示。

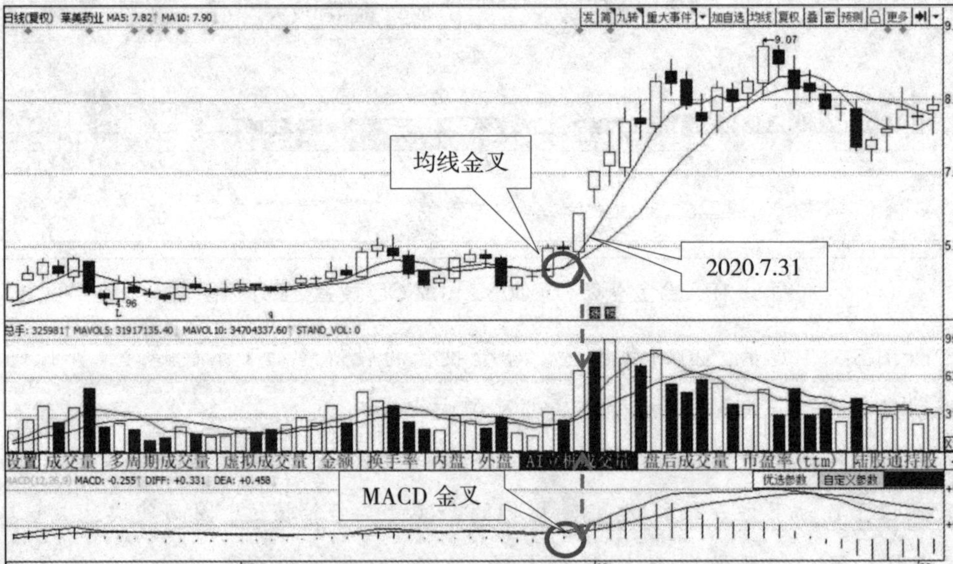

图 5-20　莱美药业（300006）日 K 线走势图

如图 5-20 所示，莱美药业的股价经过一段时间的横向盘整之后，于 2020 年 7 月下旬开始进入上升通道。

2020 年 7 月 31 日，该股股价在前一交易日小幅调整的基础上收出一根大阳线。与此同时，5 日均线向上突破了 10 日均线，形成低位黄金交叉形态。

MACD 指标也在此时形成了黄金交叉形态，且交叉点位于 0 轴上方附近位置。鉴于此时股价刚刚启动，股价 K 线并未远离均线，投资者可考虑积极入场交易。

四、均线与均量线金叉共振

均量线是指将一定时期内的成交量（值）相加后平均，在成交量（值）的柱条图中形成较为平滑的曲线。均量线是一种反映一定时期内市场平均成交情况，也就是交易量趋势的技术性指标。

1. 均量线金叉

上涨行情初期，短期均量线自下而上穿过中长期均量线形成的交叉叫做黄金交叉。这里以 5 日均量线、10 日均量线和 30 日均量线为例进行说明。5 日均量线上穿 10 日均量线形成交叉，10 日均量线再上穿 30 日均量线形成交叉，都称为黄金交叉。

均量线黄金交叉的操作要点如下。

第一，当股价大幅下跌之后，短期、中期、长期三条均量线出现黄金交叉形态，投资者可据此买入股票。

第二，形成黄金交叉之后，要保证短期、中期、长期三条均量线呈多头排列，即短期均量线位于最上方，长期均量线位于最下方，中期均量线处于中间位置。

第三，当短期均量线上穿中期均量线、中期均量线上穿长期均量线时，如果股价同时上涨，将提升该信号的准确度。

下面来看一下吉林森工的案例。

如图 5–21 所示，吉林森工的股价从 2020 年 5 月开始出现了横向振荡走势。进入 7 月份之后，该股股价开始振荡回暖，5 日均量线和 10 日均量线处于黏合状态，后来呈空头排列。

2020 年 7 月 28 日，该股股价被主力大幅拉升，与此同时，5 日均量线自下而上穿过 10 日均量线。此时，5 日均量线和 10 日均量线呈多头排列，即 5 日均量线位于最上方，10 日均量线位于最下方，均量线黄金交叉形态正式形成。

投资者看到此形态后，可以迅速跟进买入股票。

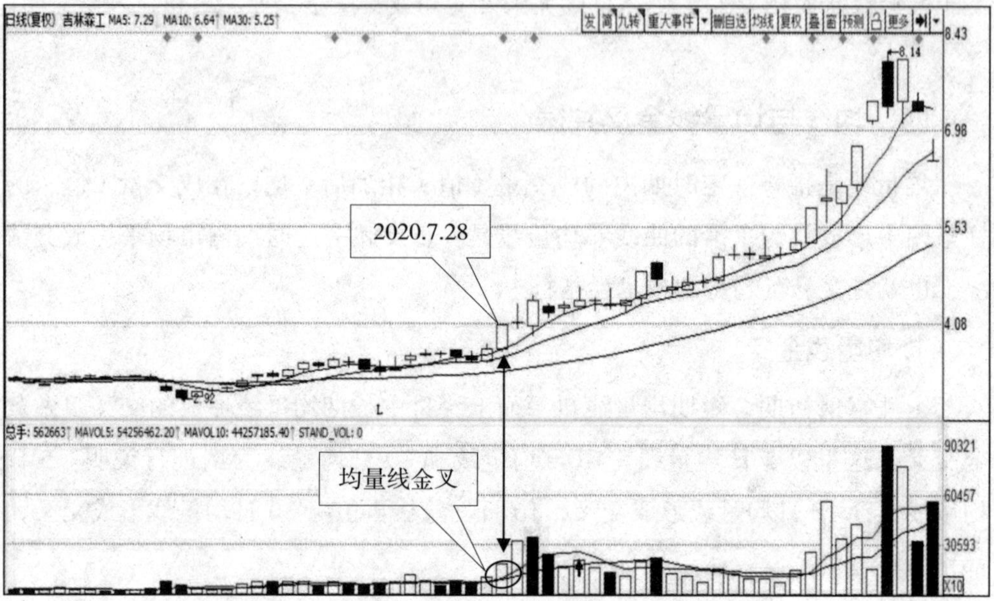

图 5-21　吉林森工（600189）日 K 线走势图

2. 均量线与均线双金叉

当均量线指标中的 5 日均量线向上穿越 10 日均量线时，意味着资金流入速度加快。如均线系统几乎同时也形成了金叉，这种双金叉的走势，表示场外投资者正在进场，是较为可靠的买入信号。

其具体操作要点如下。

第一，均量线指标出现金叉之前，5 日均量线与 10 日均量线不能呈现黏合状态，否则此金叉意义并不强。

第二，均量线形成金叉后，5 日均线量线迅速走高并与 10 日均量线形成明显落差，则可增强股价上升的动能。

第三，均线金叉，以 5 日均线向上穿越 10 日均线为宜，成交量也应该同步出现温和放大态势。

第四，中长期均线如 30 日均线，应该呈现放平或拐头向上运行的态势。

下面来看一下老白干酒的案例，如图 5-22 所示。

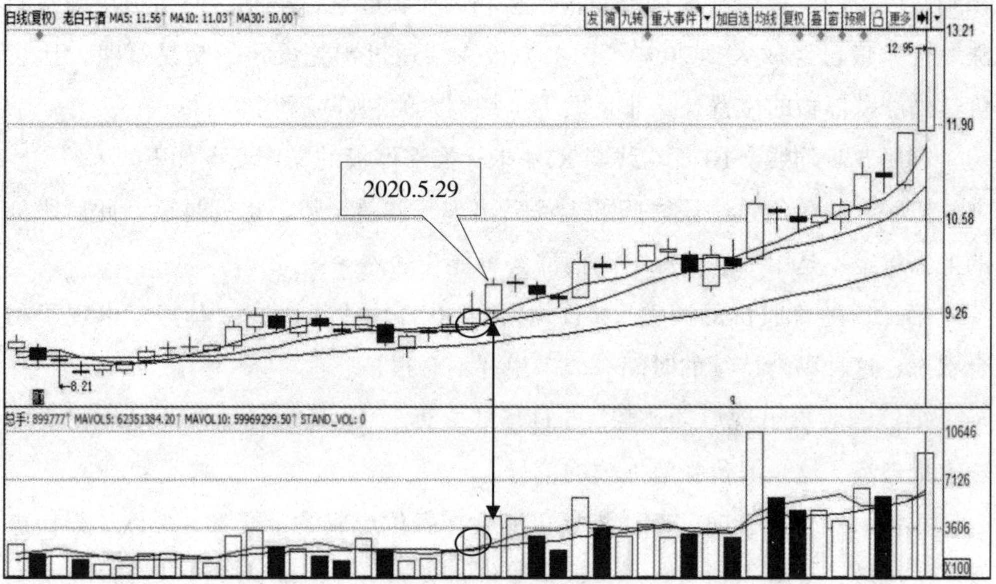

图 5-22　老白干酒（600559）日 K 线走势图

如图 5-22 所示，老白干酒的股价经过一段时间的横向盘整之后，于 2020 年 4 月下旬开始进入上升通道。

2020 年 5 月 29 日，该股股价在前一交易日小幅上涨的基础上收出一根中阳线。与此同时，5 日均线向上突破了 10 日均线，形成低位黄金交叉形态。均量线指标也在此时形成了黄金交叉形态，即 5 日均量线向上突破了 10 日均量线。鉴于此时股价刚刚启动，股价 K 线并未远离均线，投资者可考虑积极入场交易。

五、5 日均线、10 日均线与 KDJ 指标组合擒涨停

在短线交易系统中，5 日均线与 10 日均线占有十分重要的位置，很多短线强势股甚至涨停板股票，都是通过 5 日均线与 10 日均线组合才找到股价启动痕迹的。

涨停板是 A 股市场比较有特色的一道风景线。未来，随着股价涨跌幅度的

放开，涨停板个股将会越来越少。一般情况下，运用均线指标与其他指标组合预判涨停板的股票，都来自于非科创板和创业板股票，毕竟这两个板块股票的涨跌停幅度已经放大到 20% 了，主力很少会通过预先设定的交易策略，让股价达到涨跌停板的位置，除非是发生了特别大的利好或利空事件。

利用 5 日均线、10 日均线与 KDJ 指标擒涨停板的操作要点如下。

第一，股价经过一段时间的上涨后出现了调整走势。也就是说，此后股价的上涨肯定不是第一波上涨，因而涨势可能会猛烈一些。

第二，随着股价的调整，5 日均线向 10 日均线靠拢，二者甚至出现了黏合状态，这种黏合持续的时间一般来说并不会很长。

第三，股价出现启动迹象，5 日均线立即与 10 日均线分开，呈现拐头加速上扬态势，这是股价强势上攻的信号。

第四，股价启动时，KDJ 指标可能会在高位形成黄金交叉，曲线 J 很快进入超买区域，甚至达到 100 线，这是股价超买的信号，也是股价走强的信号。

第五，股价上攻时，成交量同步放大，此时投资者可积极入场追涨，未来很可能会出现涨停板。当然，有的时候，不出涨停板可能上涨势头持续的时间更久一些，对投资者来说也是一件好事。

下面来看一下海欣食品的案例。

如图 5-23 所示，海欣食品的股价自 2020 年 5 月底启动了快速上涨走势。进入 7 月末，海欣食品的股价开始回调，其间股价一度跌破了 10 日均线，5 日均线向 10 日均线靠拢，二者几乎重叠在一起。一般情况下，股价高位回调时，5 日均线与 10 日均线黏合后股价再度上升，都具有较强的爆发力。

2020 年 8 月 14 日，该股股价大幅放量上攻，带动 5 日均线与 10 日均线分离，且 5 日均线呈现拐头向上态势，这是股价进入强势上攻趋势的典型特征。

KDJ 指标在 50 线上方形成黄金交叉后，曲线 J 快速进入超买区域，这也是股价短线走强的信号。

综合以上分析，喜欢短线追涨的投资者可以追涨介入该股。其后，该股股价在 3 个交易日后出现了涨停板。

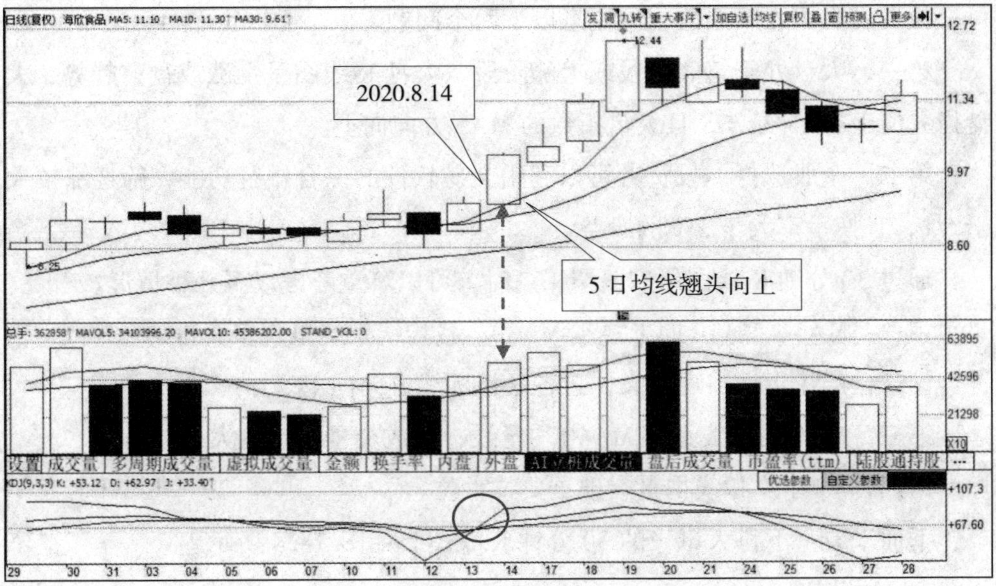

图 5-23　海欣食品（002702）日 K 线走势图

第四节　分时框架均线追涨战术

实战中，很多超短线交易者为了寻找更加准确的交易时机和点位，可能会选择对交易的时间框架进行调整。比如以日线为主的分析周期，调整为以 30 分钟线、60 分钟线为主的分析框架。

本节以 30 分钟线为主分析周期，介绍两类超短线追涨战术。前面介绍的很多以日线为主的短线追涨方法，也可以应用于 30 分钟线。

一、30 分钟线突破买进

依据 30 分钟 K 线买入股票，要注意两方面因素：一是大盘是否满足做短线的需要；二是要选择强势股，只有短期内走势较强的股票，才是短线交易的最佳品种。

投资者在买入股票前，应注意以下两个问题。

第一，大盘处于筑底阶段或上涨阶段。大盘 K 线图呈上涨或盘整趋势，大盘指数位于 MA5 上方，且大盘指数的 MA5 方向向上。

第二，个股选择。投资者可以利用交易软件的综合排行功能，筛选涨幅大于 5%，且换手率大于 5% 的股票。

通过 30 分钟 K 线图研判股票买点时，可以着重考虑以下几种情形。

第一，MA5、MA10 向上穿越 MA30，且均线系统呈现多头排列。

第二，KDJ 指标出现金叉，且各条指标线方向向上。

第三，MA5 均量线上穿 MA60 均量线，且成交量出现放大态势。

第四，30 分钟 K 线携量突破重要技术位。

下面来看一下科大讯飞的 30 分钟 K 线图，如图 5-24 所示。

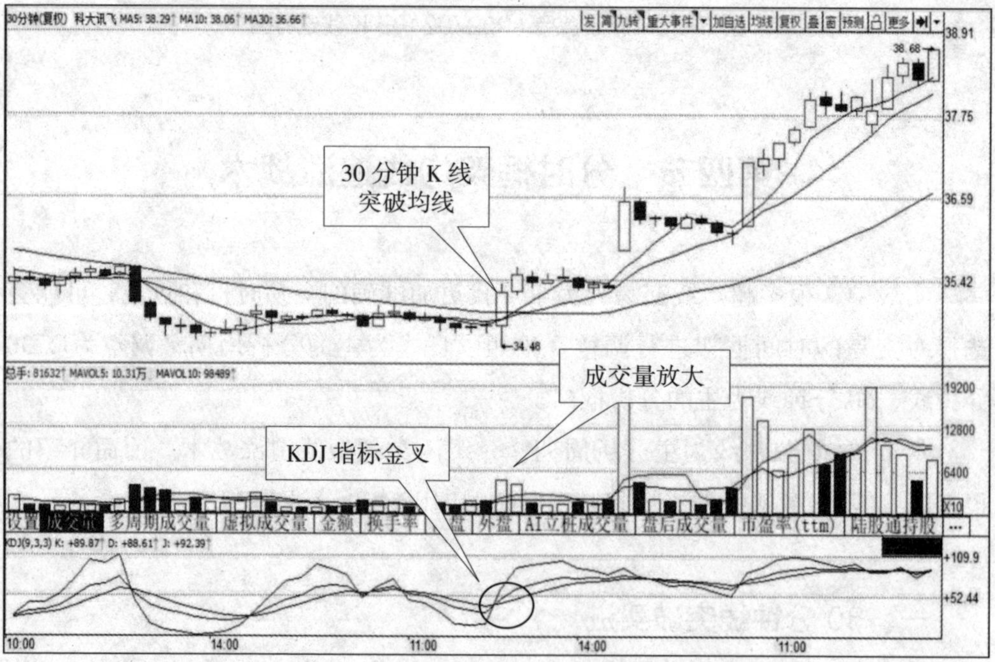

图 5-24　科大讯飞（002230）30 分钟 K 线走势图

如图 5-24 所示，科大讯飞的股价从 2020 年 10 月 20 日开始出现回调迹象。从 30 分钟 K 线图上可以看出，该股股价连续下跌几日后，出现了筑底迹象，投资者需要保持密切的关注。

2020 年 10 月 26 日，该股开盘之后一路冲高，30 分钟 K 线携量冲破了 MA30 的阻力，且 MA5、MA10 同步向上穿越了 MA30，说明该股已经启动上涨，投资者可以考虑买入该股。KDJ 指标之前已经出现黄金交叉，这也说明该股存在上涨的可能。

下面再来看一下该股的日 K 线走势图，如图 5-25 所示。

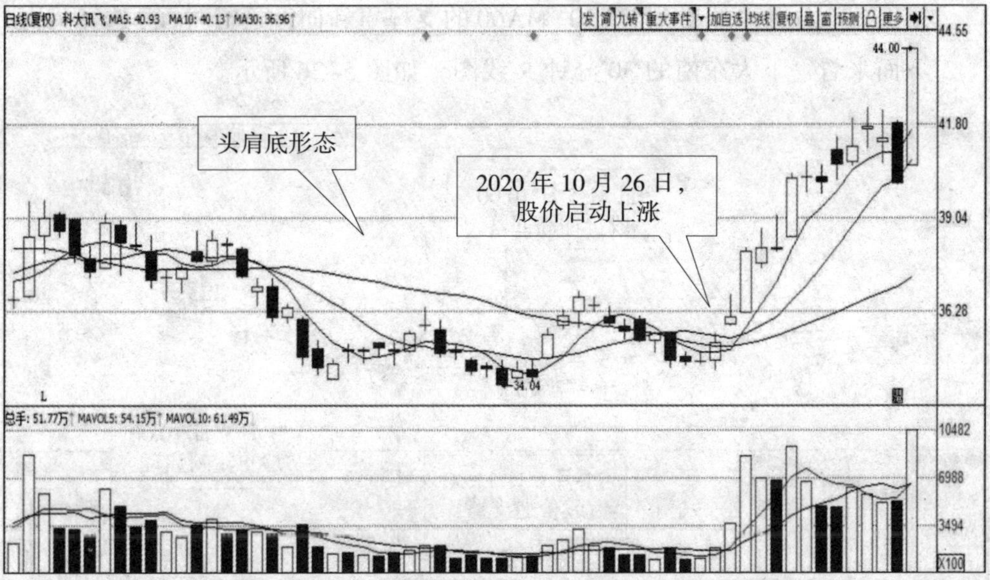

图 5-25 科大讯飞（002230）日 K 线走势图

如图 5-25 所示，科大讯飞的股价从 2020 年 10 月中旬开始回调，股价一度跌破了各条均线。观察该股的日 K 线走势图可以发现，该股的 K 线在 2020 年 9 月到 10 月期间走出了一个近似头肩底的形态。

10 月 24 日，该股 K 线收出阴十字线，且成交量极度萎缩，达到阶段最低值。鉴于该股股价已经接近前期两个低点的位置，此时股价反弹向上的概率极高。

10 月 26 日，该股股价 K 线在创造阶段低点后反向上攻，并突破了 5 日均线和 10 日均线，且 30 日均线出现拐头迹象，激进型投资者可考虑入场。

二、30 分钟线回档买入

股价突破买进的买入条件包括以下几种。

第一，选择 3 日内涨幅 10% 以上的强势股。

第二，均线呈多头排列，但 MA5、MA10 出现向下调整。

第三，KDJ 指标出现死叉，且 K 值、D 值、J 值达到 30 值以下。

第四，成交量出现萎缩。

第五，30 分钟 K 线受到 MA30、MA60 的支撑重新向上运行时，可选择买入。

下面来看一下大东南的 30 分钟 K 线图，如图 5-26 所示。

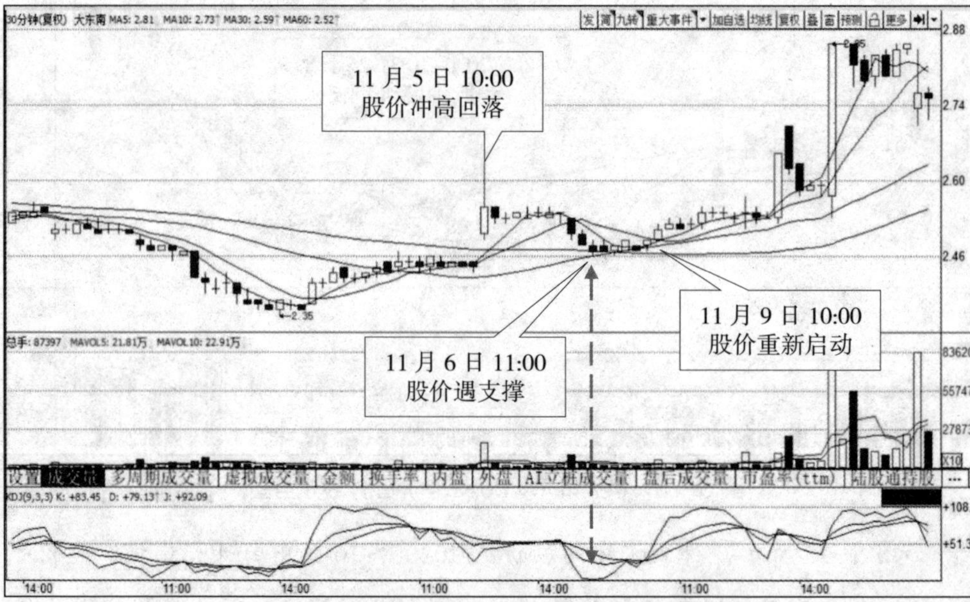

图 5-26　大东南（002263）30 分钟 K 线走势图

如图 5-26 所示，大东南的股价从 2020 年 11 月 2 日开始连续大幅上涨，几个交易日内涨幅超过了 10%，符合成为强势股的条件。大东南的股价从 11 月 5 日开始出现回档整理，股价出现了一波下跌，且 KDJ 指标进入超卖区域。该股股价在下跌到 MA60 时受到支撑，与此同时，MA5、MA10 也同步下跌到 MA60 处并受到支撑，随后股价出现了反弹，投资者此时可以考虑买入该股。

11 月 9 日 10:00，该股股价重新向上，KDJ 指标重新出现金叉，短线交易者可积极入场交易。

保守型投资者可以再参照一下该股的日 K 线走势图，如图 5-27 所示。

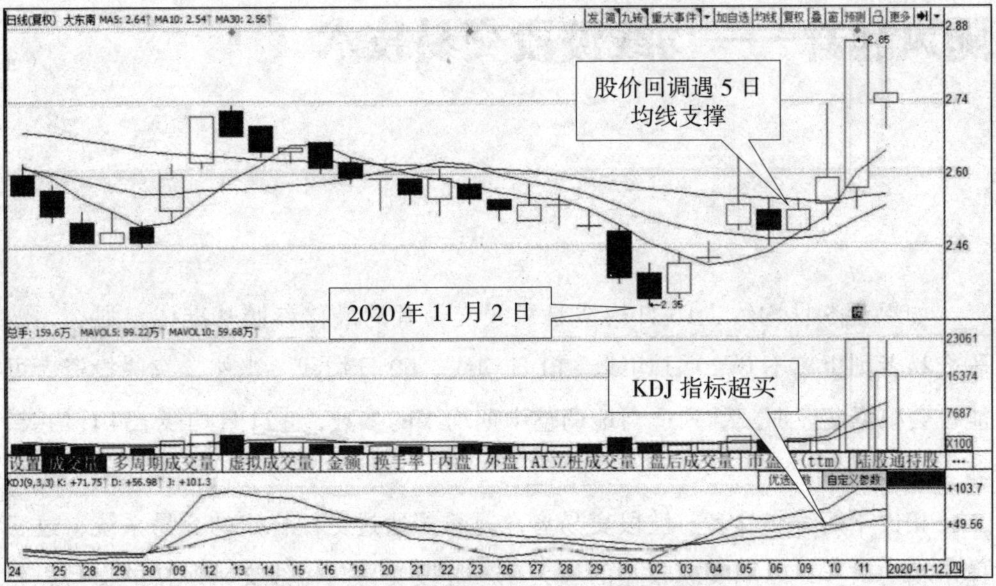

图 5-27　大东南（002263）日 K 线走势图

如图 5-27 所示，大东南的股价自 2020 年 11 月 2 日触底后大幅上涨，并于 11 月 5 日出现了调整走势。股价调整到 5 日均线处受到支撑重新上涨，这比较符合强势股的典型特征。与此同时，KDJ 指标进入超买区域，这是股价短线走强的一个特征。基于以上分析，此时该股股价很可能会短线启动，投资者可考虑追涨买入。

第六章

随风起舞——均线波段交易技术

如果说 5 日均线、10 日均线是短线交易者的最佳参照基准线，那么，波段交易者则更离不开 20 日均线、30 日均线、60 日均线。当然，有些投资者可能也会根据斐波那契数列适当地调整中期均线的参数，如 21 日均线、34 日均线、55 日均线等。

相比于短线交易者，波段交易者总是希望通过更加稳定的交易系统，过滤掉市场的杂音，以期实现收益的最大化。波段交易与短线交易所持的交易思想完全不同，波段交易要求具有良好的交易环境，即只有在中长线趋势处于上升趋势中，波段交易才有执行的空间。而短线交易由于所需的时间较短，因而对中长线市场环境的要求并不苛刻。

第一节　均线波段追涨基础战术

均线波段交易基础战术，主要涵盖了一些以中期均线为核心的波段交易策略与技巧。在实战中，投资者可以以这些基础战术为核心，适当地丰富和扩充自己的战术。

一、60日均线分水岭战法

前面提及过，60日均线可以作为中期牛市与熊市的分界线，即股价运行于60日均线下方时，表明当前市场处于中期熊市，投资者不宜入场进行波段交易；反之，当股价运行于60日均线上方，则表明市场处于中期牛市，投资者可进行有针对性的波段交易。

在实战中，可以通过引入30日均线与60日均线组合，来研判中期波段交易的时机。如图6-1所示。

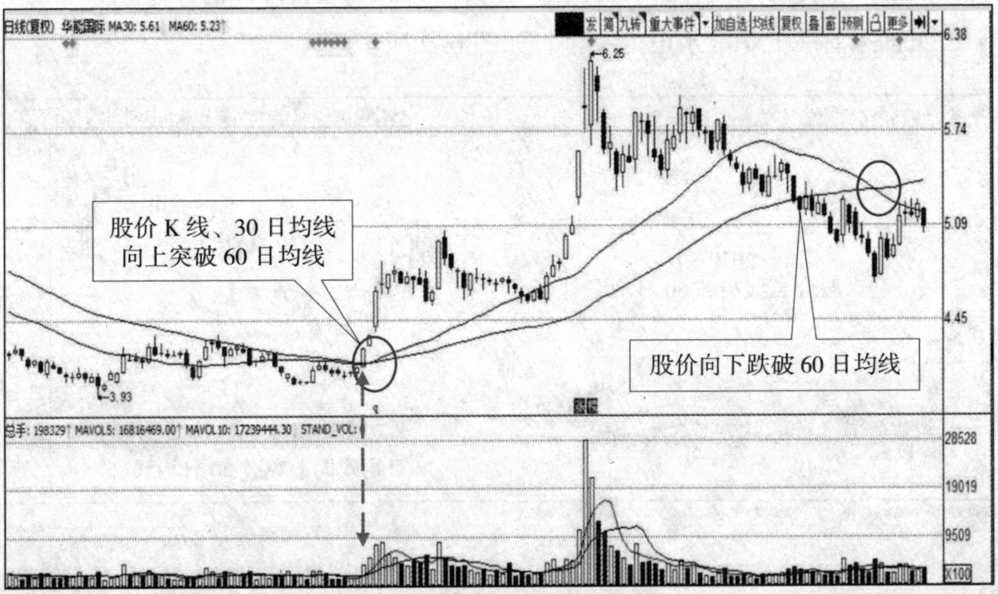

图6-1 30日均线与60日均线组合

如图6-1所示，华能国际的股价在2020年7月2日放量向上突破了60日均线，与此同时，30日均线也同步向上突破了60日均线。两条均线形成了黄金交叉形态，且60日均线方向开始拐头向上。此后，该股股价进入了中线上升趋势。直至2020年10月15日，股价K线跌破了60日均线。

结合图6-1的情况，可以总结30日均线与60日均线组合进行波段交易的操盘要点如下。

第一，60 日均线是中期波段交易的生命线，只有股价 K 线运行于 60 日均线上方时，才能入场进行交易。

第二，股价温和放量向上突破 60 日均线，且 30 日均线同步向上突破 60 日均线，是一个较为明确的买入信号。

第三， 60 日均线走势出现放平迹象或者拐头向上，是股价中期走稳的典型特征，因而，股价 K 线在对 60 日均线突破前，60 日均线需要呈现上述状态。

第四，股价 K 线对 60 日均线突破时，可作为中线入场点，而其后，若股价出现回调，且遇 60 日均线支撑重新上升，则属于较为理想的加仓点。

下面来看一下华能水电的案例，如图 6–2 所示。

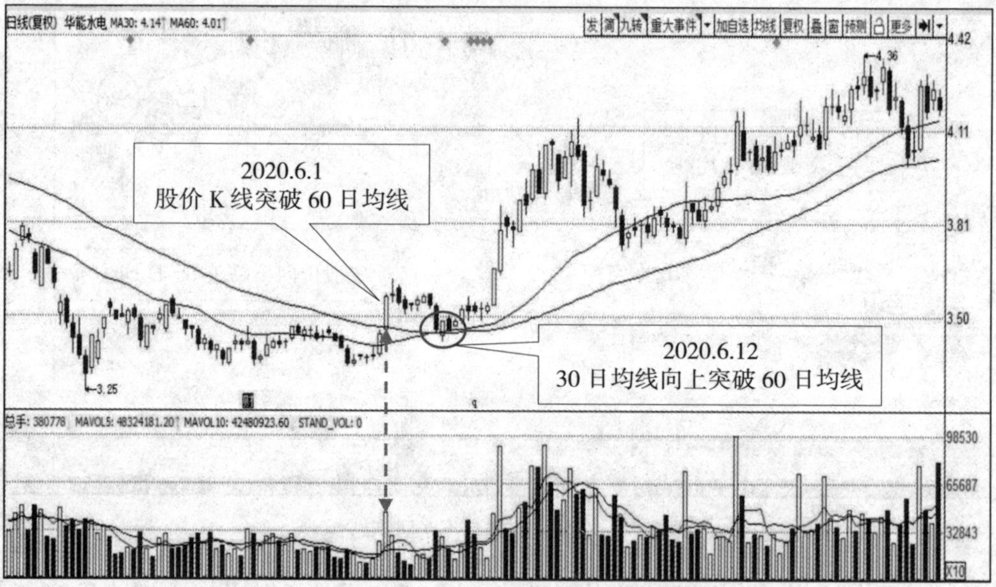

图 6–2　华能水电（600025）日 K 线走势图

如图 6–2 所示，华能水电的股价在 2020 年 6 月 1 日放量向上突破了 60 日均线，不过，此时 30 日均线仍位于 60 日均线下方，且 60 日均线方向向右下方倾斜，这说明此时的市场环境并未得到改善。

投资者可持续观望或少量入场建仓。此后，该股股价出现了一波调整走势，60 日均线逐渐放平。6 月 12 日，华能水电的股价回调至 60 日均线位置，因受

60日均线的支撑而重新上升，与此同时，30日均线也同步向上突破了60日均线。两条均线形成了黄金交叉形态，且60日均线方向开始拐头向上。此后，该股股价进入了中线上升趋势，投资者可积极入场建仓该股。

二、5周均线与10周均线金叉战法

日线级别的分析周期，对于短线交易的意义很大，而投资者要进行中线级别的波段交易，也可以考虑将分析周期调整为周线级别。不过，由于A股市场波动较为频繁，而且大多数股票的波段持续时间并不长，因而，投资者可考虑短周期的周均线系统，如5周均线与10周均线。当然，投资者也可以根据个人需要，将其调整为5周均线与20周均线或10周均线与20周均线。如图6–3所示。

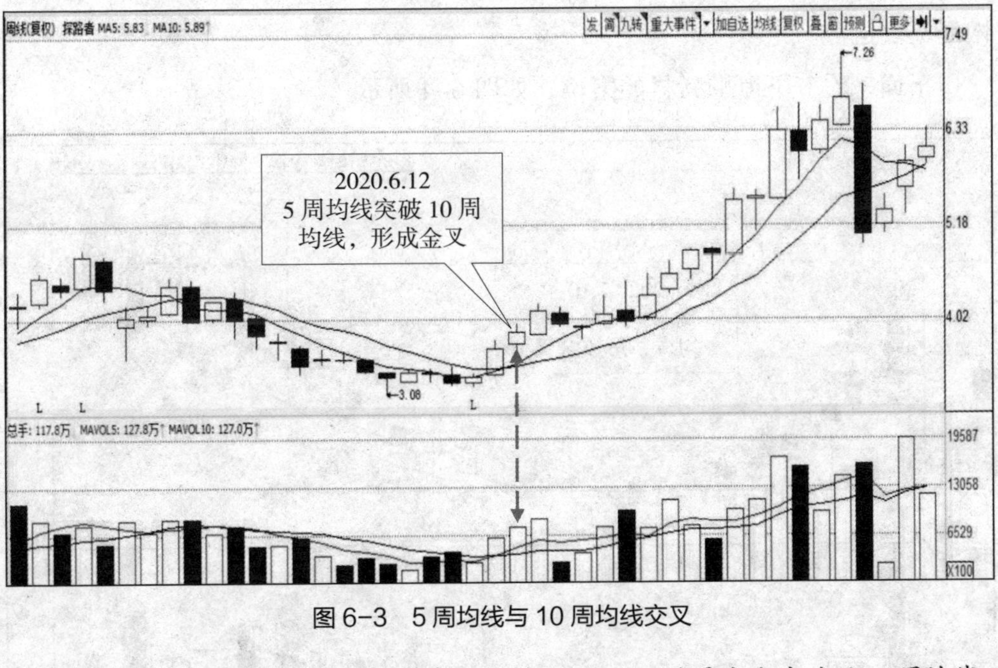

图6–3　5周均线与10周均线交叉

如图6–3所示，探路者的股价在2020年6月12日放量向上突破了10周均线，与此同时，5周均线也同步向上突破了10周均线。两条均线形成了黄金交叉形态，且10周均线方向开始拐头向上。此后，该股股价进入了中线上升趋势。

结合图 6–3 的情况，可以总结 5 周均线与 10 周均线组合进行波段交易的操盘要点如下。

第一，10 周均线大约为 50 个交易日的持仓成本线，对股价中期走势具有重要的影响，只有 10 周均线放平或拐头向上，才能认定股价开始启动了上行趋势。

第二，股价温和放量向上突破 10 周均线，且 5 周均线同步向上突破 10 周均线，是一个较为明确的中线买入信号。

第三，5 周均线在突破 10 周均线前，若与 10 周均线产生缠绕形态，则需谨慎看待均线的金叉形态。二者发生缠绕后，所形成的金叉容易失效。也就是说，二者之间交叉出现的间隔时间越长，交叉越简洁、干脆，准确性越高。

第四，5 周均线完成对 10 周均线的穿越后，若出现回调走势，当 5 周均线回调至 10 周均线附近，因受 10 周均线支撑而重新上攻时，则可认定股价将会恢复上攻走势。

下面来看一下万顺新材的案例，如图 6–4 所示。

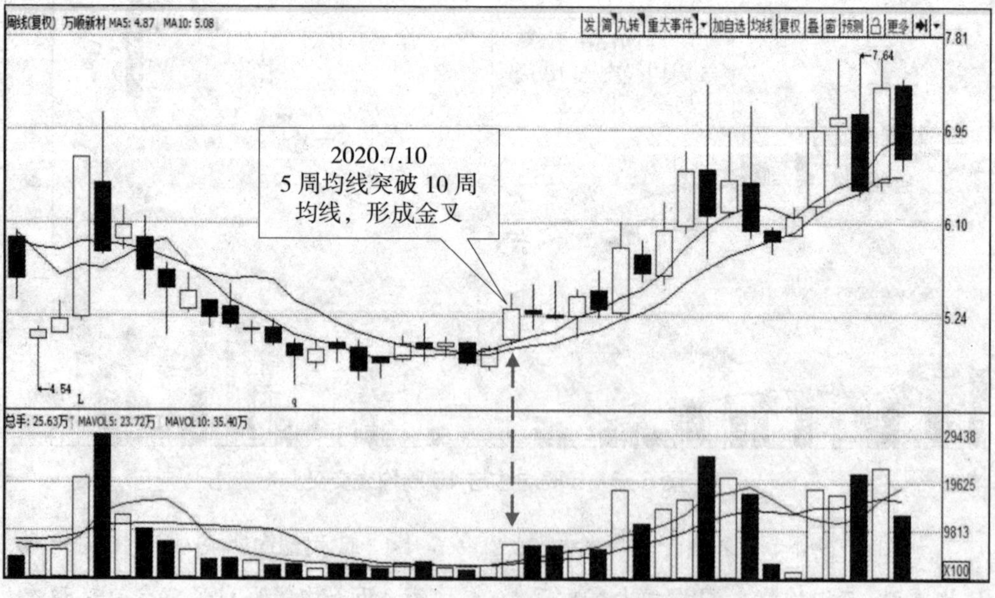

图 6–4　万顺新材（300057）周 K 线走势图

如图 6-4 所示，万顺新材的股价在 2020 年 7 月 10 日放量向上突破了 10 周均线，与此同时，5 周均线也同步向上突破了 10 周均线。两条均线形成了黄金交叉形态，且 10 周均线的方向开始拐头向上。观察该股 K 线走势图可以发现，在周线金叉之前，该股已经出现了持续数周的下跌趋势，5 周均线长期运行于 10 周均线下方，此时的黄金交叉，很可能会改变股价的运行趋势。

此后，该股股价进入了中线上升趋势，投资者可积极入场做多。

三、中期均线三线开花

20 日均线、30 日均线和 60 日均线，是最为重要的三条中期均线。当股价经过一段时间的盘整，三条均线出现黏合或空头排列后，某一交易日股价大幅上攻，三条均线出现金蜘蛛形态后，呈现多头发散排列，即中期均线三线开花，则意味着股价将迎来一波中期上升趋势，如图 6-5 所示。

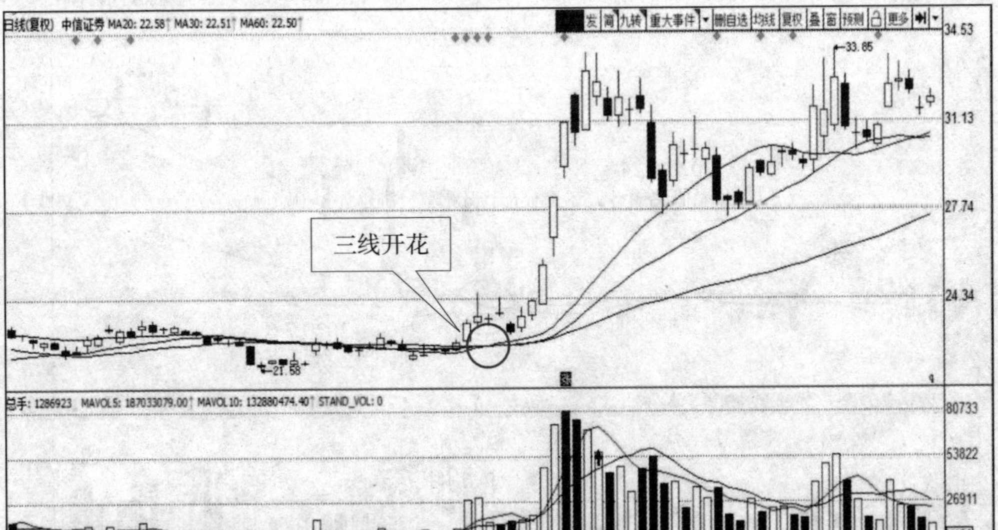

图 6-5 中期均线三线开花形态

如图 6-5 所示，中信证券的股价在 2020 年 6 月中旬出现放量上攻迹象，20 日均线、30 日均线和 60 日均线形成了三线开花形态。与此同时，60 日均线出现了放平态势，这意味着该股股价将迎来一波中期上升走势。

结合图 6–5 的情况，可以总结中期均线三线开花形态的操盘要点如下。

第一，三线开花形态出现前，20 日均线、30 日均线和 60 日均线若已经出现缠绕形态，则说明空方实力不足，多方反击的基础已经建立。

第二，三线开花形态出现前，股价 K 线已经放量突破各条均线，这是三线开花形态的基本条件。

第三，三线开花形态出现时，60 日均线的方向必须是呈放平态势或拐头向上形态，否则该形态所发出的买入信号将大打折扣。

第四，三线开花形态出现后，若股价出现回调走势，当其回调至某条均线位置，因受均线支撑而重新上攻，则意味着股价上攻步伐有加速的可能，投资者可考虑追加仓位。

下面来看一下宇通客车的案例，如图 6–6 所示。

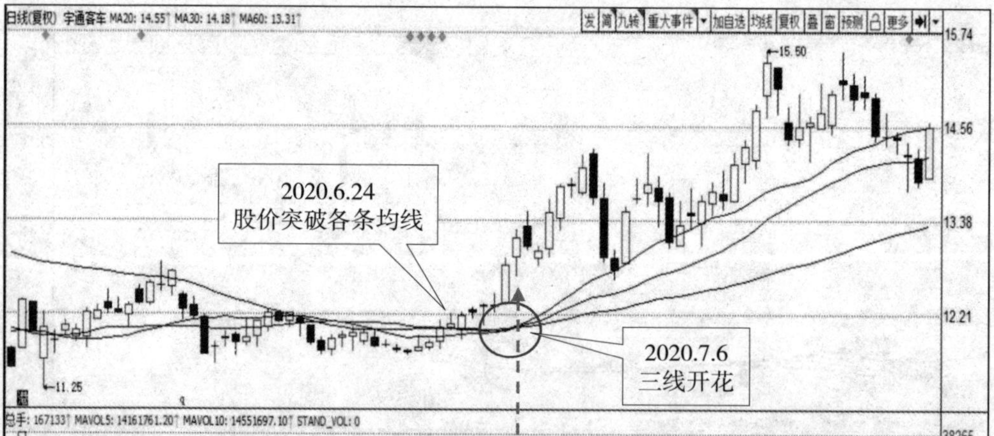

图 6–6 宇通客车（600066）日 K 线走势图

如图 6–6 所示，宇通客车的股价在 2020 年 6 月 24 日向上突破了 60 日均线，不过，此时 20 日均线和 30 日均线仍位于 60 日均线下方，且 60 日均线方向向右下方倾斜，这说明此时的市场环境并未得到改善。投资者可持续观望或少量入场建仓。

此后，该股股价出现了一波小幅上升走势，60日均线逐渐放平。7月6日，宇通客车的股价放量上行，20日均线和30日均线同步向上穿越60日均线，形成了中期均线的三线开花形态。投资者可据此形态入场建仓。

四、21日均线与55日均线组合

事实上，很多中线波段交易者在实战中都倾向于选择基于斐波那契数列设定的均线系统。而在众多均线参数组合中，21日均线和55日均线，则是经过多次实战检验效果较好的一对组合。如图6-7所示。

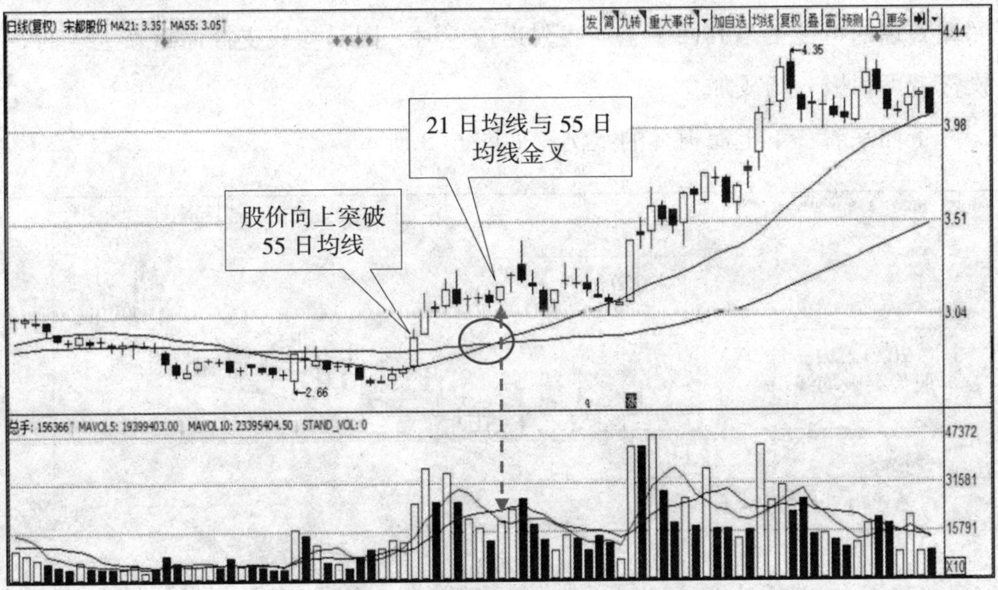

图6-7 21日均线与55日均线组合形态

如图6-7所示，宋都股份的股价在2020年7月1日出现放量上攻迹象，股价K线脚踩21日均线向上突破55日均线。此后，随着股价的振荡上行，55日均线逐渐放平。7月13日，该股股价收出一根小阳线，21日均线向上突破了 55 日均线，这意味着股价中期运行趋势发生了改变，市场环境比较适宜中期波段操作。

结合图 6-7 的情况，可以总结 21 日均线与 55 日均线组合形态的操盘要点如下。

第一，随着股价向上突破 55 日均线，说明市场环境得以改善，但仍处于下行趋势的 55 日均线说明空方还处于主导地位。

第二，股价突破 55 日均线后，随着股价的波动，55 日均线必将随之放平，甚至出现拐头向上态势，这是中线股价运行趋势发生改变的一个信号。

第三，21 日均线向上突破 55 日均线，且 55 日均线开始上行，则说明市场已经开始由多方主导，投资者可考虑入场建仓。

第四，21 日均线与 55 日均线形成交叉时，若股价短期涨幅过大，也存在回调整理的可能。当其回调至均线附近位置时，因受均线支撑而重新上攻时，投资者可积极入场或加仓。

下面来看一下上海梅林的案例，如图 6-8 所示。

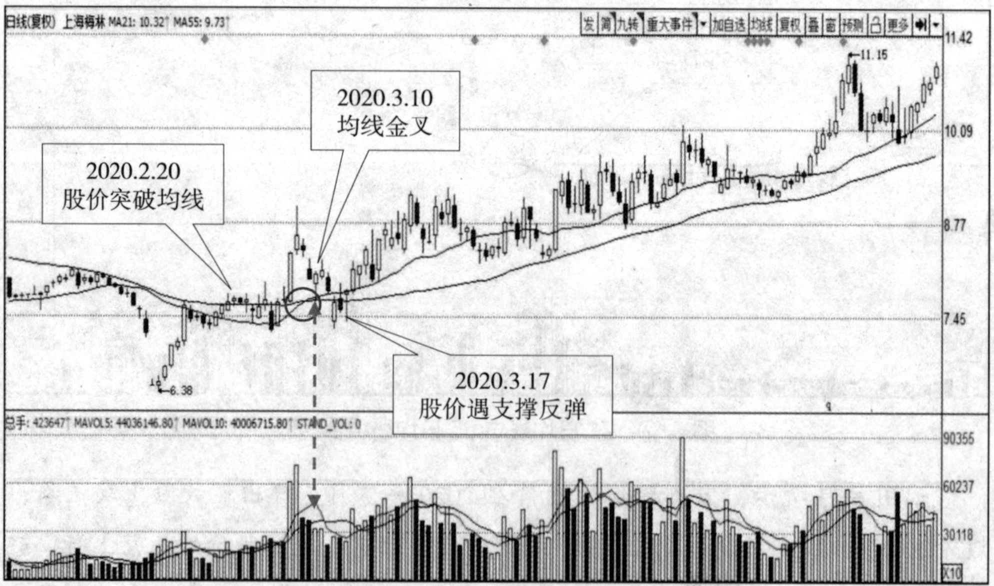

图 6-8 上海梅林（600073）日 K 线走势图

如图 6-8 所示，上海梅林的股价在 2020 年 2 月 20 日向上突破了 55 日均线，不过，此时 21 日均线仍位于 55 日均线下方，且 55 日均线的方向向右下方倾斜，这说明此时的市场环境并未得到改善。此后，该股股价一直围绕 55 日均线振荡，这说明多空双方的争斗比较激烈，投资者还是暂不入场为宜。

3 月 10 日，该股股价在创阶段高点后小幅回调，而 21 日均线向上突破了 55 日均线，这说明股价中线趋势发生了改变，投资者可考虑入场建仓。

其后，该股股价延续了调整走势，甚至一度跌破了 21 日均线和 55 日均线，不过，股价 K 线很快被拉升至均线上方，仍然可以认定均线对股价的支撑有效，投资者可积极入场加仓。

第二节　均线与波段顶部、底部识别

股价 K 线在顶部或底部区域形成特定形态时，均线也会出现某些特殊形态，将均线与 K 线结合分析，无疑可以提升交易信号的质量。

一、均线高位死叉与波段顶部

股价 K 线经过一段时间的上涨后，出现明显的筑顶形态，如 M 顶形态、头肩顶形态等，则意味着股价即将结束上涨行情。在判断趋势反转时，一般需要通过股价向下跌破颈线来确认。这种方法在实战中准确性相对较高，但发出信号的时间相对较晚，通过均线在顶部位置形成的死叉来辅助判断卖出点位，则可以将卖出时机大大提前。

如图 6-9 所示，达刚控股的股价经过一段时间的上涨后，在 2020 年 9 月到 10 月期间走出了 M 顶形态，预示股价即将结束上行趋势。按照 M 顶的分析方法，投资者需要在 10 月 30 日股价跌破 M 顶颈线位后确认趋势反转。如从均线形态来研判，则可以提前确认卖出信号。

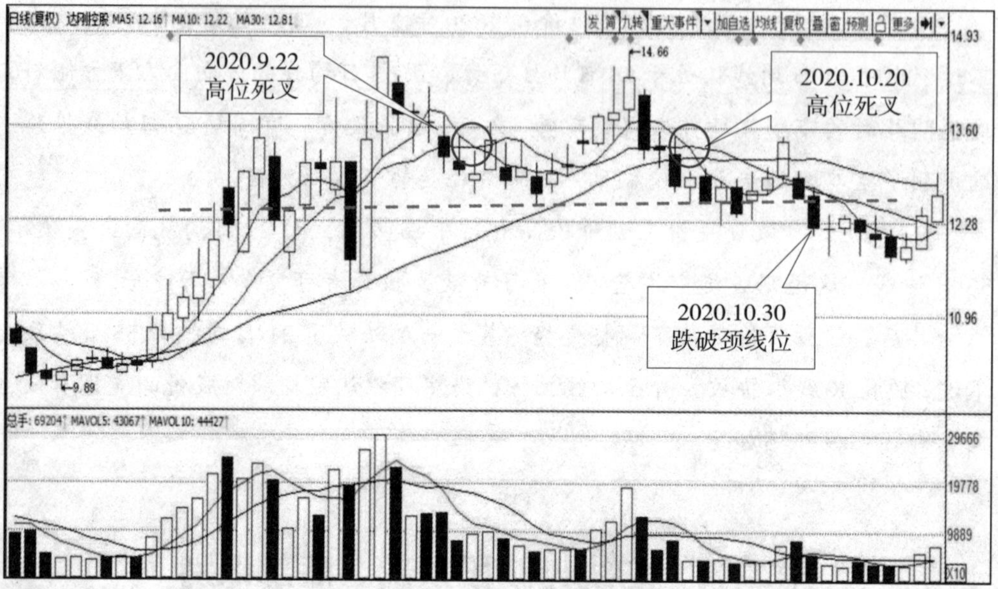

图 6-9　均线高位死叉与 K 线顶部

9 月 22 日和 10 月 20 日，5 日均线与 10 日均线两度出现高位死叉，特别是第二次出现高位死叉时，30 日均线出现了放平走势，这意味着股价上涨趋势终结。也就是说，通过均线高位死叉，可以提前 10 天确认卖出信号的有效性。

结合图 6-9 的情况，总结均线高位死叉与 K 线顶部形态组合的操盘要点如下。

第一，股价 K 线经过一段时间上涨进入顶部区域后，放量滞涨是其典型特征，投资者此时需要做好撤退的准备。

第二，随着股价在顶部区域振荡，5 日均线与 10 日均线出现高位死叉，往往意味着短线调整开启，若此时 30 日均线出现放平后拐头向下的态势，基本可以确认中线调整行情开启，投资者宜立即离场。

第三，激进型投资者可在 5 日均线与 10 日均线形成高位死叉，30 日均线放平或拐头时卖出部分股票，股价跌破顶部颈线位时再执行清仓操作，保守型投资者可以在高位死叉时直接清空仓位。

第四，对于一些不规则的 K 线顶部形态来说，颈线位的确认非常困难，但若使用均线高位死叉与30日均线放平结合分析的方法，可以相对容易地判断卖出点位。

下面来看一下博雅生物的案例，如图6-10所示。

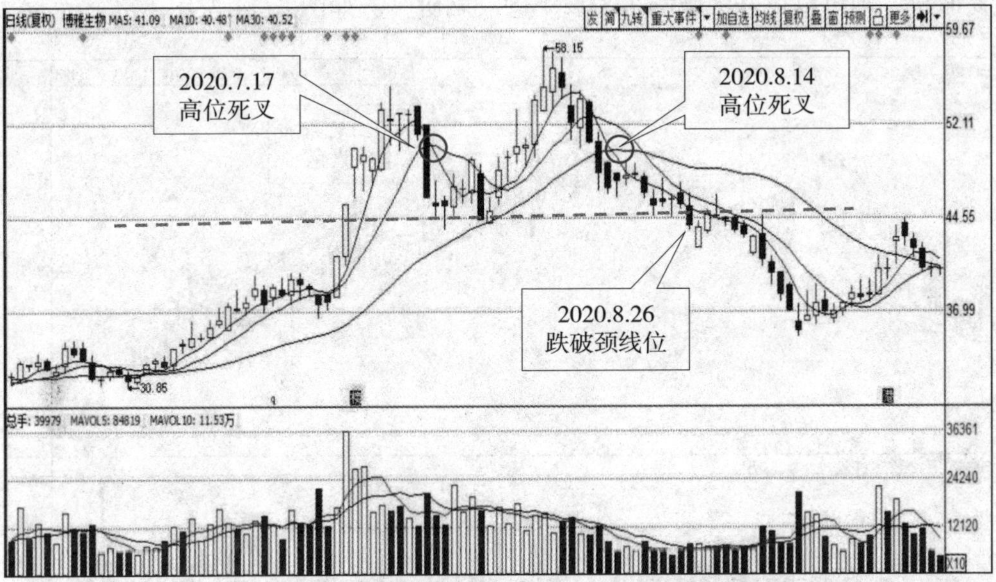

图6-10　博雅生物（300294）日K线走势图

如图6-10所示，博雅生物的股价经过一段时间的上涨后，在2020年7月到8月期间走出了M顶形态，预示着股价即将结束上行趋势。

7月17日和8月14日，5日均线与10日均线两度出现高位死叉。不过，第一次高位死叉出现时，30日均线的方向仍处于向上运行态势。第二次高位死叉出现时，30日均线出现了放平态势，这意味着股价运行趋势终结，投资者可据此卖出股票。这要比股价跌破颈线位的8月26日提前数个交易日，有助于投资者提升获利能力，减少损失。

二、均线空头发散与波段顶部

事实上，很多股票进入顶部区域后，都会出现剧烈的振荡，其中有一些股票会形成经典的顶部形态。另外一些股票则因在顶部区域振荡的时间过长，没有形成特定的顶部形态。这些股票的卖点一般都是通过股价跌破整理区域来判断的，但准确性相对要低一些，毕竟主力比较狡猾，总是在向下打压前先来个拉升动作，或者在拉升前先让股价跌破整理区域。通过均线空头发散来把握交易时机，则可以很好地破解主力设下的“陷阱”。如图 6-11 所示。

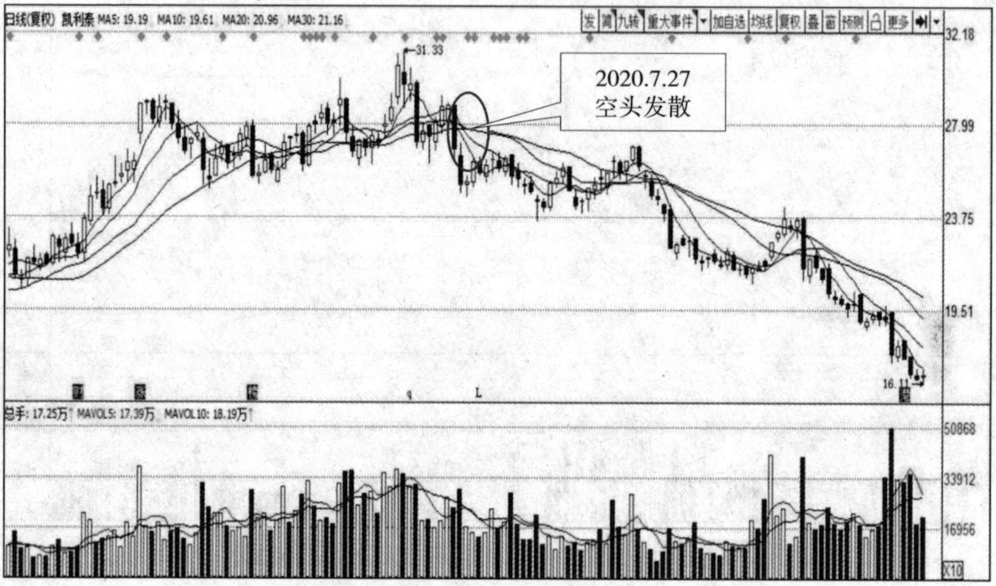

图 6-11　均线空头发散与 K 线顶部

如图 6-11 所示，凯利泰的股价经过一段时间的上涨后，在 2020 年 5 月到 7 月期间出现了明显的上升势能衰竭，股价维持了两个月的高位横盘振荡。鉴于该股股价前期涨幅巨大，投资者宜做好撤出准备。

7 月 27 日，该股股价在前一交易日大跌的基础上再度走低，各条均线开始呈空头发散排列，特别是反映中期走势的 30 日均线开始放平，随后出现拐头向下走势。至此，投资者可考虑卖出手中的股票。

结合图 6-11 的情况，总结均线空头发散与 K 线顶部形态组合的操盘要点如下。

第一，股价 K 线经过一段时间上涨进入顶部区域后，放量滞涨是其典型特征，投资者此时就需要做好撤退的准备。

第二，随着股价在顶部区域振荡的时间不断拉长，各条均线开始出现缠绕或黏合状态。其后随着股价的下跌，若各条均线开始呈现空头发散排列，则意味着股价下行趋势来临。

第三，当各条均线呈发散排列时，若反映中期趋势的 30 日均线或 60 日均线出现放平或拐头向下态势，则可增强股价下跌的概率。

第四，通常情况下，股价大幅走低并不需要成交量的确认，但若股价下跌时成交量同步放大，则说明股价下跌的势能较足，未来下行空间较大。

下面来看一下苏大维格的案例，如图 6-12 所示。

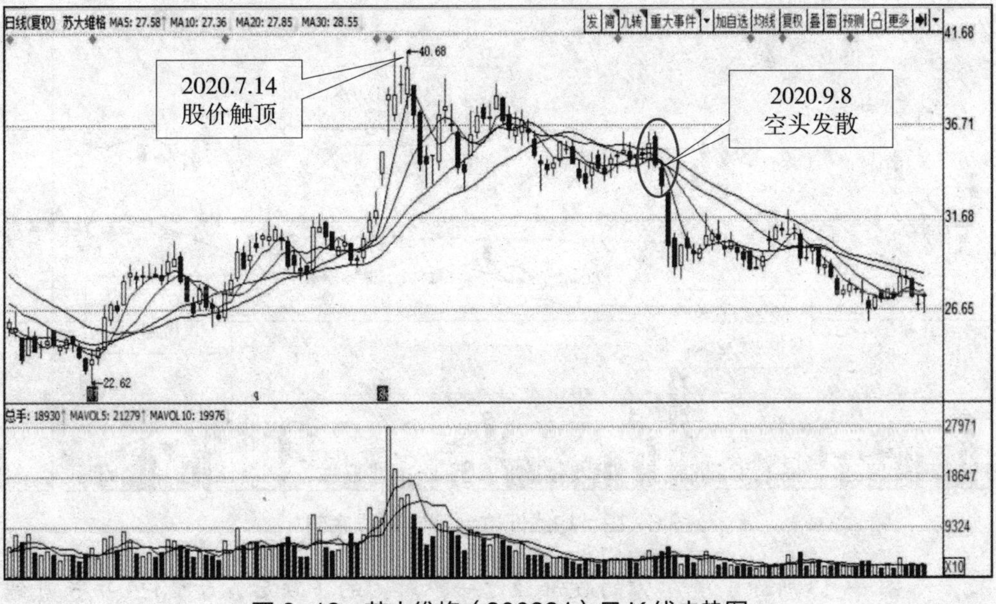

图 6-12 苏大维格（300331）日 K 线走势图

如图 6-12 所示，苏大维格的股价经过一段时间的上涨后，于 2020 年 7 月 14 日触顶，随后开始出现振荡调整。随着股价在顶部区域的振荡，各条均线开始黏合。9 月 8 日，该股股价在前一交易日大跌的基础上再度走低，各条均线开始呈空头发散排列，特别是反映中期走势的 30 日均线，放平后开始出现拐头向下迹象。至此，投资者可考虑卖出手中的股票。

三、均线低位金叉与波段底部

股价K线经过一段时间的下跌后，出现了明显的筑底形态，如W底形态、头肩底形态等，则意味着股价即将结束下跌行情。在判断趋势反转时，一般需要通过股价向上突破颈线来确认。这种方法在实战中的准确性相对较高，但信号发出的时间相对较晚。如通过均线在底部位置形成的金叉来辅助判断买入点位，则可以将买入时机大大提前。如图6-13所示。

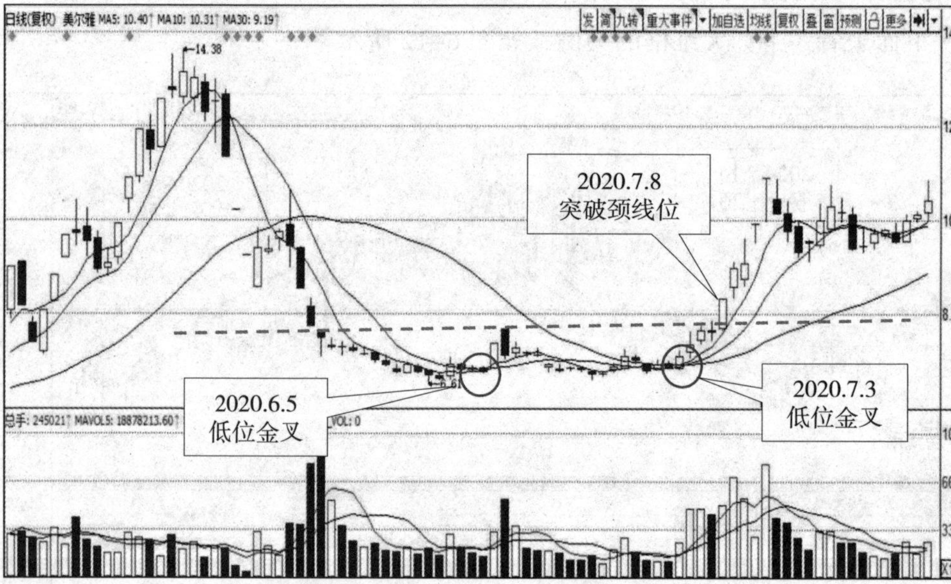

图6-13　均线低位金叉与K线底部

如图6-13所示，美尔雅的股价经过一段时间的下跌后，于2020年5月到7月期间走出了W底形态，预示着股价即将结束下行趋势。按照W底的分析方法，投资者需要在7月8日股价向上突破W底的颈线位后才能确认趋势反转。若从均线形态来分析，就可以提前确认买入信号。

6月5日和7月3日，5日均线与10日均线两度出现低位金叉，特别是第二次低位金叉出现时，30日均线出现了放平走势，这意味着股价下行趋势即将终结。也就是说，通过均线低位金叉，可以提前5天确认买入信号的有效性。

结合图 6-13 的情况，总结均线低位金叉与 K 线底部形态组合的操盘要点如下。

第一，当股价 K 线经过一段时间下跌进入底部区域后，随着筑底行情的进行，成交量将会出现萎缩。股价即将启动时，成交量会呈现温和放大，投资者此时就需要做好入场的准备。

第二，随着股价在底部区域振荡，5 日均线与 10 日均线出现低位金叉，往往意味着短线反弹开启。若此时 30 日均线出现放平后拐头向上态势，则基本可以确认中线上升行情开启，投资者可考虑分批建仓。

第三，投资者可在 5 日均线与 10 日均线形成低位金叉，30 日均线放平或拐头向上时买入部分股票。股价突破顶部颈线位时，再执行加仓操作。

第四，对于一些不规则的 K 线底部形态来说，颈线位的确认非常困难，但若使用均线低位金叉与 30 日均线放平相结合的研判方法，则可以相对容易地把握买入点。

第五，在实战中，有时候运用均线低位金叉判断的底部买入点与用颈线位确认的点位完全相同，这就产生了买点共振，是一种典型的增强型买入信号，投资者更可放心买入股票。

下面来看一下桂冠电力的案例。

如图 6-14 所示，桂冠电力的股价经过一段时间的下跌后，在 2020 年 4 月到 6 月期间走出了头肩底形态，预示着股价即将结束下行趋势。

随着股价振荡筑底，5 日均线与 10 日均线曾经三次出现低位黄金交叉。不过，前两次黄金交叉出现时，30 日均线仍处于下行趋势，都不属于最佳的入场时机。

6 月 22 日，5 日均线与 10 日均线三度出现低位金叉，且 30 日均线出现拐头向上态势，这意味着股价下行趋势终结，投资者可据此买入股票。这要比股价向上突破颈线位的 6 月 24 日提前两个交易日，有助于投资者提升获利能力。

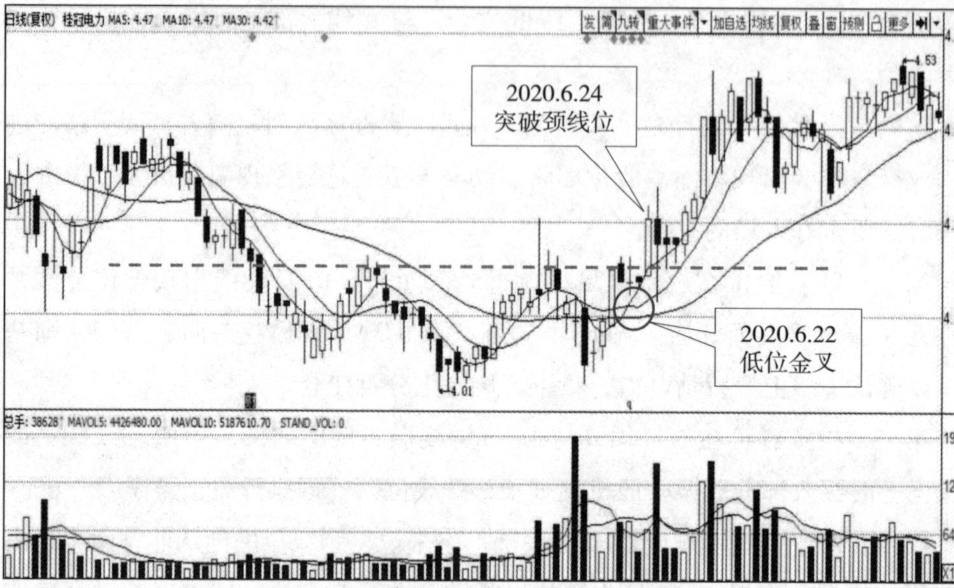

图 6-14　桂冠电力（600236）日 K 线走势图

四、均线多头发散与波段底部

很多股票在进入底部区域后，都可能出现一波横向振荡行情，其中有一些股票会形成经典的底部形态。另外一些股票因其在底部区域振荡时间过长，没有形成特定的底部形态。这些股票的买点，一般都是通过股价突破整理区域来判断的，但准确性相对要低一些，毕竟主力比较狡猾，总是在向上拉升前先来个打压动作，或者在打压前先让股价突破整理区域。通过均线多头发散把握买卖点，则可以很好地破解主力设下的“陷阱”。

如图 6-15 所示，重庆港九的股价经过一段时间的下跌后，在 2020 年 4 月到 7 月期间出现明显的下跌势能衰竭，股价出现了两个多月的高位横盘振荡。鉴于该股股价前期跌幅巨大，投资者宜做好入场准备。

7 月 3 日，该股股价在前一交易日大涨的基础上再度走高，各条均线开始呈多头发散排列，特别是反映中期走势的 30 日均线开始出现拐头向上迹象，投资者可考虑分批买入建仓。

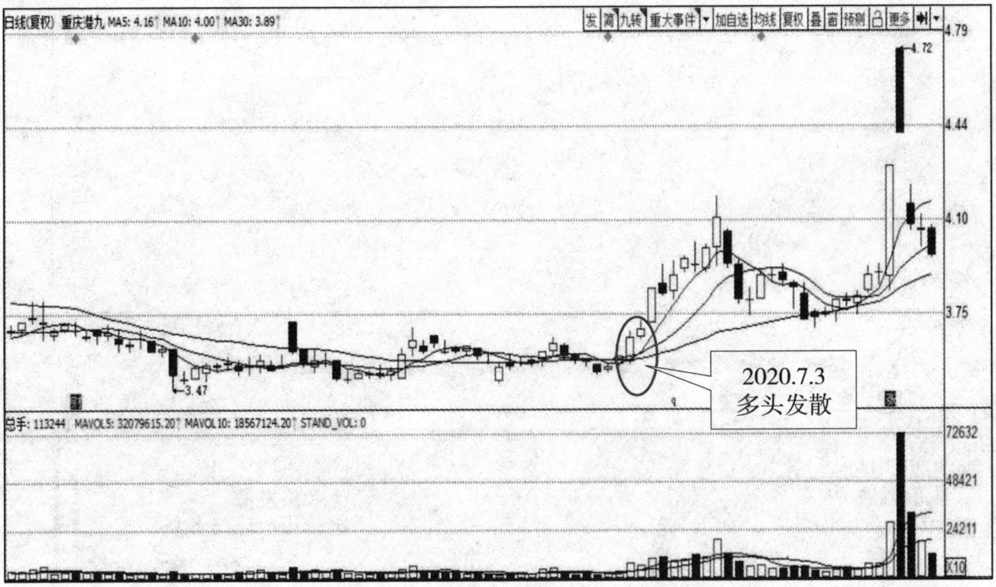

图 6–15　均线多头发散与 K 线顶部

结合图 6–15 的情况，总结均线多头发散与 K 线底部形态组合的操盘要点如下。

第一，股价 K 线经过一段时间的下跌进入底部区域后，成交量持续萎缩。当成交量重新开始温和放大时，则是股价即将启动的前兆。

第二，随着股价在底部区域振荡的时间不断拉长，各条均线开始出现缠绕或黏合状态。其后随着股价的上涨，若各条均线开始呈现多头发散排列，则意味着股价上行趋势来临。

第三，当各条均线呈现发散排列时，若反映中期趋势的 30 日均线或 60 日均线出现放平或拐头向上态势，则可增加股价上涨的概率。

第四，通常情况下，股价大幅上涨需要成交量放大相配合。不过，在实战中，确实也存在成交量放出巨量后无法上涨的情况，因此，最合适的成交量状态还是比较温和的放量。

下面来看一下鄂尔多斯的案例，如图 6–16 所示。

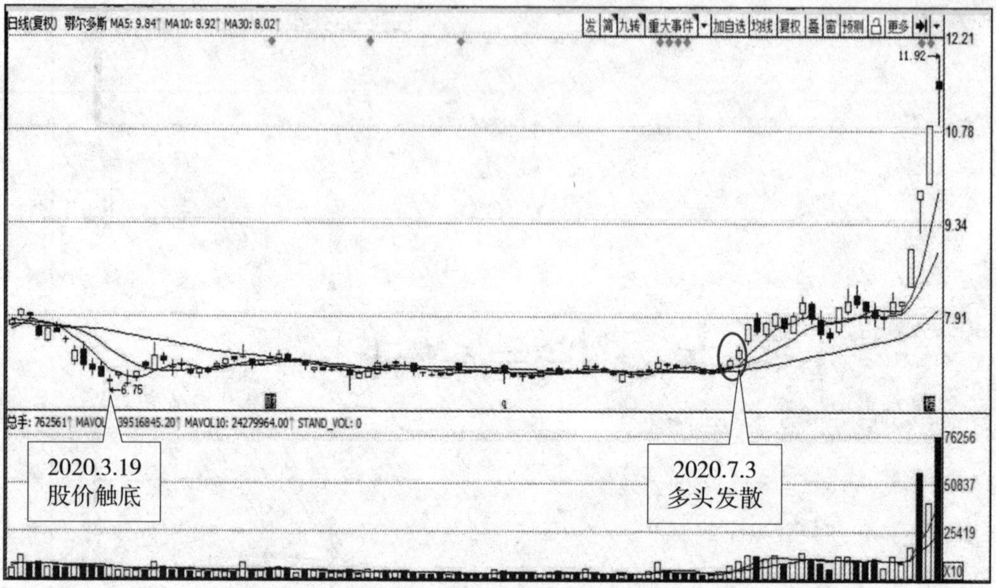

图 6-16　鄂尔多斯（600295）日 K 线走势图

如图 6-16 所示，鄂尔多斯的股价经过一段时间的下跌后，在 2020 年 3 月 19 日触底，开始出现振荡调整。随着股价在底部区域振荡，各条均线开始黏合。

7 月 3 日，该股股价在前一交易日上涨的基础上再度走高，各条均线开始呈多头发散排列，特别是反映中期走势的 30 日均线出现拐头向下迹象，投资者可考虑买入该股。

第三节　均线猎取主升浪

在艾略特的《波浪理论》中，提出了股价是呈波浪式演进的，一个完整的股价运动过程大致可以分为八个子浪。

在一个完整的八浪循环中，波浪共分为两个阶段：一是五浪驱动阶段，二是三浪调整阶段。如图 6-17 所示。

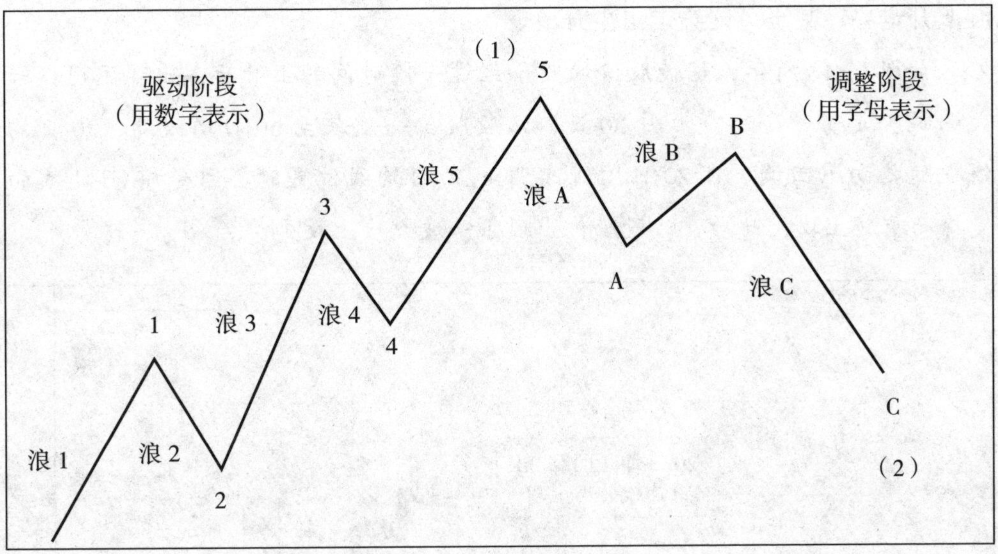

图 6-17　八浪循环结构

如图 6-17 所示，驱动阶段的五浪全部用数字表示，即浪 1、浪 2、浪 3、浪 4、浪 5；调整阶段的三浪全部用字母表示，即浪 A、浪 B、浪 C。

艾略特认为，五浪形态存在着三个永恒的法则：第一，浪 2 永远不会低于浪 1 的起点；第二，浪 3 永远不是最短的一浪；第三，浪 4 永远不会进入浪 1 的价格领地。这三个法则也是投资者数浪的重要依据。

其中，对股价提升作用最大的浪为第三浪，也就是通常所说的主升浪。由于第一浪的识别相对困难，第二浪的调整幅度又很大，第三浪的涨幅经常是最大的，因此，很多投资者都将猎取主升浪即第三浪作为自己的主要目标。

不过，主升浪虽然涨幅巨大，但想要准确地找到主升浪的启动信号也并不容易。本节尝试从均线的角度来分析和研判主升浪的启动信号。

一、20 日均线回踩战术

在波段交易中，20 日均线是一条重要的均线。当其上行一段时间后出现回调，遇到 30 日均线支撑重新开启上升之路时，往往意味着股价将会出现一波上升走势，甚至可能会走出主升浪。

如图 6-18 所示，诺德股份的股价经过一段时间的上升后，出现了规模较大的调整走势。2020 年 9 月 30 日，该股股价一度跌至 60 日均线处，20 日均线也随之向下回调。在 20 日均线回调至 30 日均线位置时，因受 30 日均线的支撑而重新上攻，此后，该股股价出现了一波大幅上攻走势。

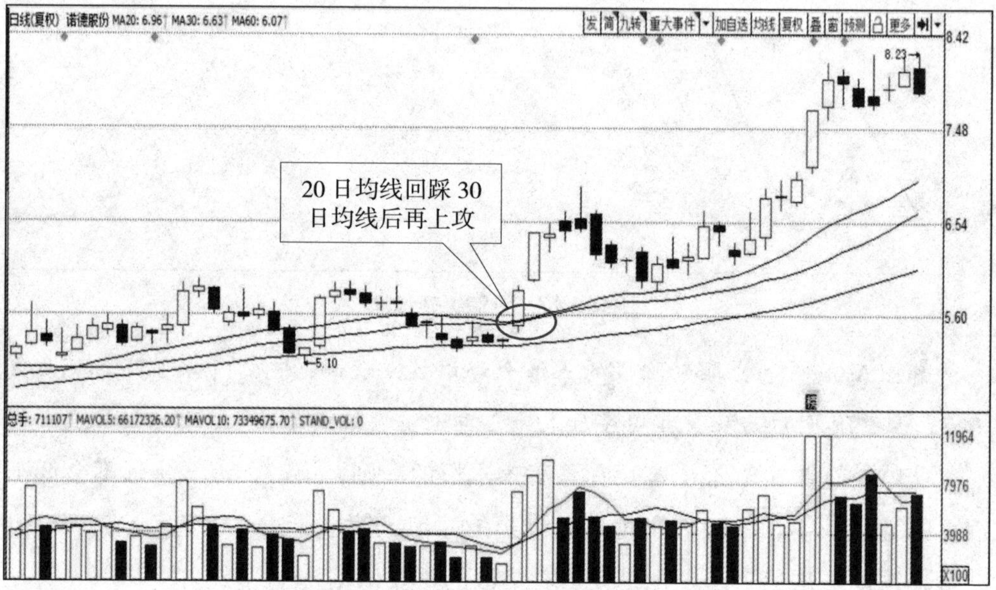

图 6-18 20 日均线回踩战术

结合图 6-18 的情况，总结 20 日均线回踩战术猎取主升浪的操盘要点如下。

第一，60 日均线是中期波段交易的生命线，只有股价 K 线运行在 60 日均线上方，且 60 日均线方向向上时，才能说明股价运行趋势没有问题，适合进行猎取主升浪的操作。

第二，20 日均线向 30 日均线回落的过程中，股价短线跌幅可能会比较大，跌破 20 日均线、30 日均线都是有可能的，但一般不会跌破 60 日均线。我们要猎取的主升浪，在波浪理论中属于第三浪，之前的回调就是第二浪。尽管第二浪的杀跌比较狠，但也不能跌破第一浪的启动点。我们在操作时，应该将 60 日均线放到与第一浪起点同样重要的位置，因为股价跌破 60 日均线意味着中线走坏，对趋势发展影响比较大。

第三，20 日均线向 30 日均线回落时，成交量最好能呈现萎缩态势。随着股价的上行，20 日均线重新上攻时，若成交量同步放大，可增强买入信号的有效性。

第四，20 日均线回调时，偶尔跌破 30 日均线但很快被拉起，仍可看作 30 日均线的支撑有效。

下面来看一下金健米业的案例，如图 6-19 所示。

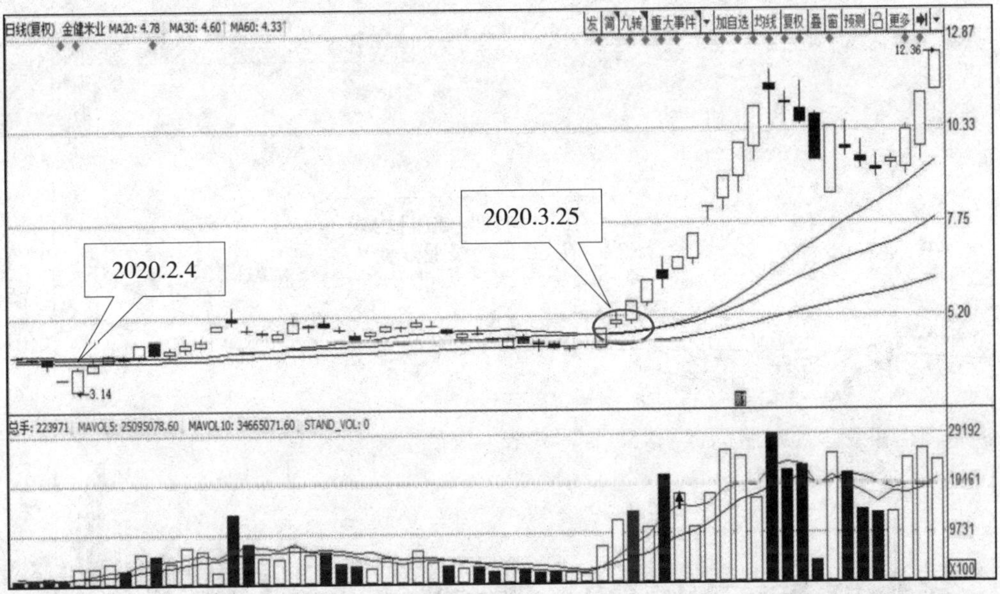

图 6-19　金健米业（600127）日 K 线走势图

如图 6-19 所示，金健米业的股价自 2020 年 2 月 4 日从低点启动上攻。进入 2 月中旬后，该股股价迎来了一波回调行情。

3 月下旬，该股股价一度下行至 60 日均线位置，20 日均线同步向下回调至 30 日均线位置，成交量同步萎缩。此时股价与 20 日均线、30 日均线均位于 60 日均线上方，60 日均线向右上方倾斜，这属于典型的回调行情，也可能属于波浪理论中的第二浪回撤走势。

3 月 25 日，该股股价在之前两个交易日上升的基础上再度上行，且成交量连续放大，20日均线受到30日均线的支撑再度上行，这说明该股的第三浪已经开启，投资者可积极入场，坐等主升浪带来的收益。

二、20日均线金叉追牛股

当股价运行于60日均线上方，且60日均线呈向右上方倾斜的态势，说明股价处于中线强势行情中，其间，若10日均线向上突破20日均线，则意味着股价将会出现加速上攻走势。如图6-20所示。

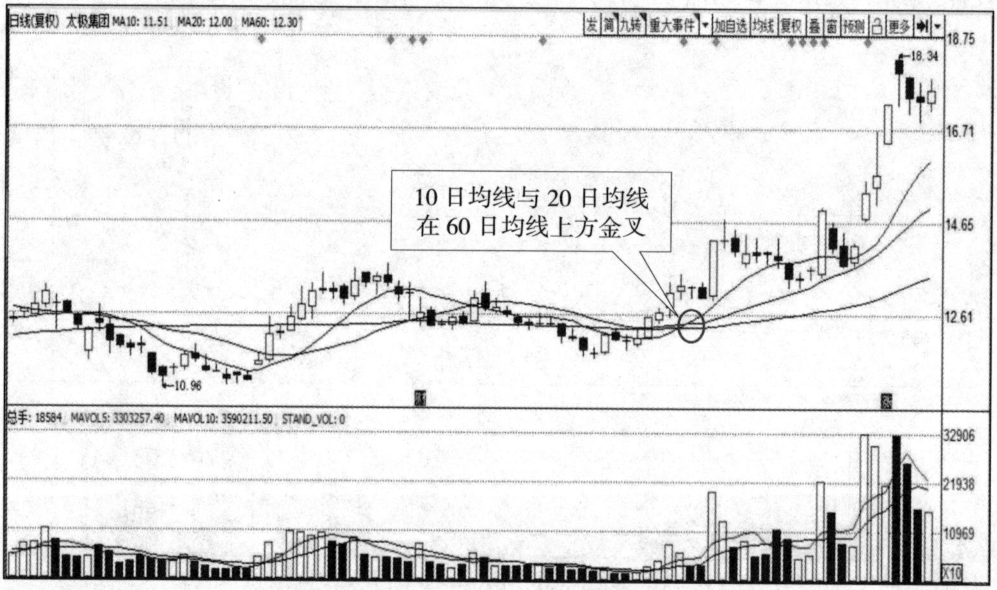

图6-20 20日均线金叉追牛股

如图6-20所示，太极集团的股价经过一段时间的上升后，出现了规模较大的调整走势。2020年5月25日，该股股价一度跌破60日均线。此后股价反弹向上，10日均线向上突破了20日均线，且交叉点位于60日均线上方，60日均线仍向右上方倾斜，此后，该股股价出现了一波大幅上攻走势。

结合图6-20的情况，总结10日均线突破20日均线猎取主升浪的操盘要点如下。

第一，60 日均线方向向上，这是主升浪启动的前提条件。

第二，股价向下回落跌破 60 日均线，说明股价中线存在走坏的可能，此时，60 日均线是不能向下倾斜的，若下行，则意味着中期趋势不佳，无法进行波段交易。

第三，10 日均线向上突破 20 日均线时，成交量需要呈放大态势，且交叉点位于 60 日均线上方，这是中线上行的基础。

第四，有时候 10 日均线向上突破 20 日均线时，也会同步突破 60 日均线，从而构成金蜘蛛形态，这是一种增强型买入信号，投资者更可放心持股。

下面来看一下中体产业的案例，如图 6-21 所示。

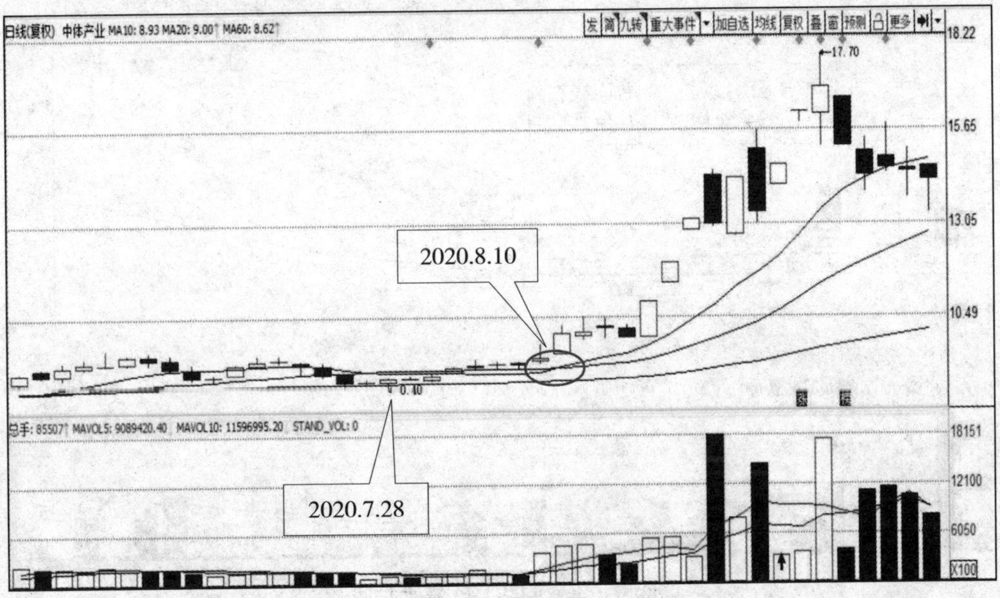

图 6-21　中体产业（600158）日 K 线图

如图 6-21 所示，中体产业的股价自 2020 年 7 月中旬开始出现调整走势。7 月 28 日，该股股价一度下跌至 60 日均线位置才获得足够的支撑，开始启动反弹。

8 月 10 日，该股股价在前几个交易日小幅上行的基础上拉出一根中阳线，且 10 日均线向上完成了对 20 日均线的突破，形成了黄金交叉形态。交叉点位于60日均线上方，成交量连续放大，这说明该股的第三浪已经开启，投资者可积极入场，坐等主升浪带来的收益。

三、周均线三线擒主升浪

相对而言，以周线为分析周期的擒主升浪方法，捕获到的主升浪可能持续的时间更久，涨幅也更大。

当5周均线与13周均线在34周均线上方形成黄金交叉，且34周均线呈向右上方倾斜的态势时，可以认为股价进入中线主升浪阶段，如图6-22所示。

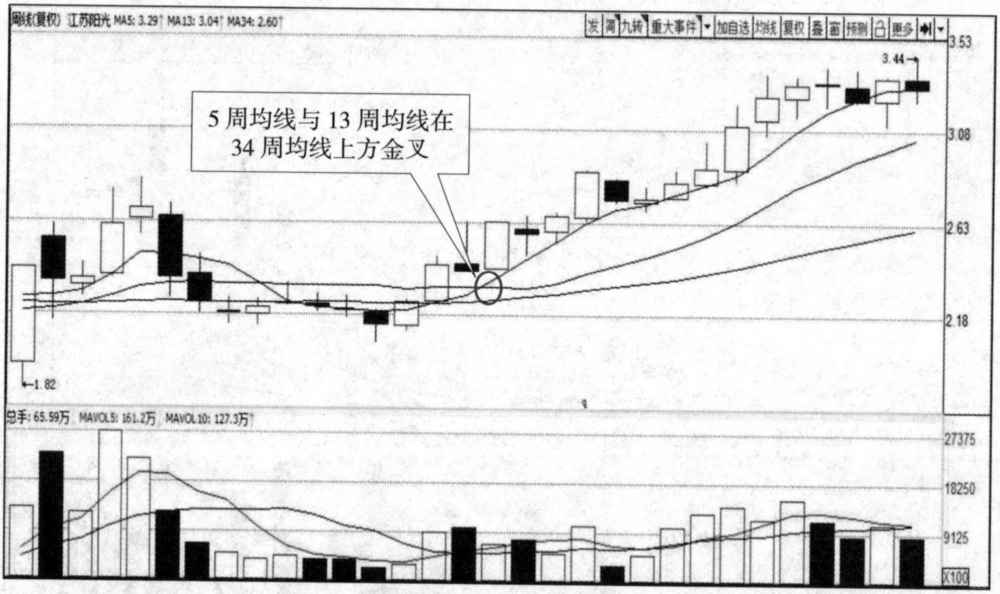

图6-22　周线三线擒主升浪

如图6-22所示，江苏阳光的股价经过一段时间的上升后出现了调整走势。2020年4月30日，该股股价一度跌破34周均线。此后，该股反弹向上，5周均线向上突破了13周均线，且交叉点位于34周均线上方，而34周均线仍向右上方倾斜，此后，该股股价出现了一波大幅上攻走势。

结合图6-22的情况，总结5周均线突破13周均线猎取主升浪的操盘要点如下。

第一，34 周均线方向向上，这是主升浪启动的前提条件。

第二，股价向下回落跌破 34 周均线，说明股价中线存在走坏的可能，此时 34 周均线是不能向下倾斜的，若下行，则意味着中期趋势不佳，无法进行波段交易。

第三，5 周均线向上突破 13 周均线时，交叉点位于 34 周均线上方，这是中线上行的基础。

下面来看一下中国巨石的案例，如图 6–23 所示。

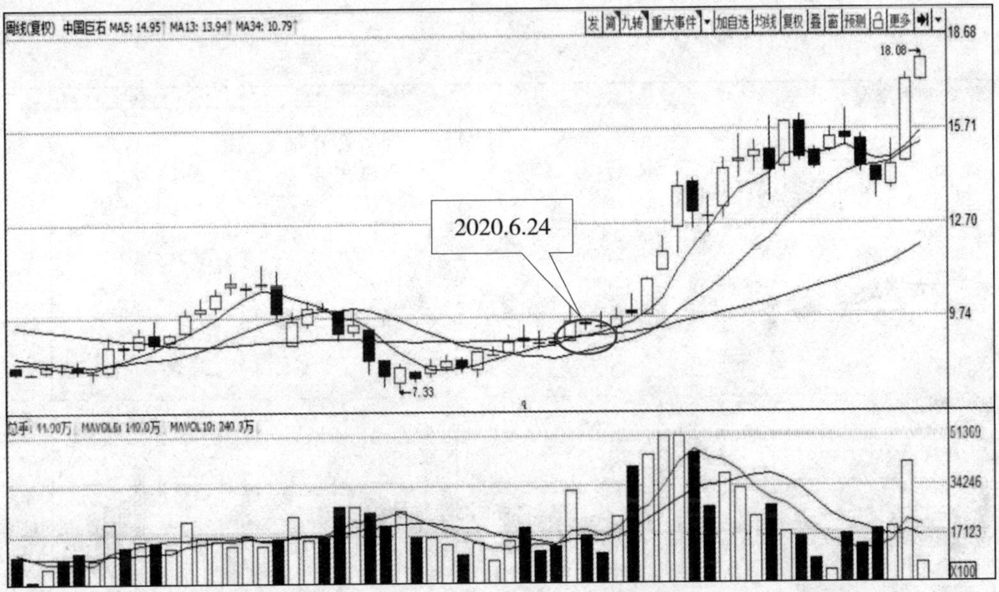

图 6–23　中国巨石（600176）周 K 线走势图

如图 6–23 所示，中国巨石的股价自 2020 年 1 月中旬开始出现调整走势。3 月底，该股股价一度下跌至 7.33 元位置。

此后，该股股价出现了反弹走势。6 月 24 日，该股股价在前几个交易日小幅上行的基础上拉出一根十字线，且 5 周均线向上完成了对 13 周均线的突破，形成了黄金交叉形态。交叉点位于 34 周均线上方，这说明该股的第三浪已经开启，投资者可积极入场，坐等主升浪带来的收益。

投资者可以发现，本技巧提及的周线三线擒主升浪的方法，与之前的20日均线追牛股的方法十分相似，只是两者使用的分析周期不同。实战中，投资者可以通过设置不同的周期来构建自己的交易系统。

四、周均线金叉与MACD二度金叉抓主升浪

前面介绍过MACD指标在短线交易中的应用，若将分析周期调整至周线，则MACD指标周线二度金叉，可为投资者捕获主升浪提供重要的支撑。即MACD指标周线二度金叉时，5周均线向上突破10周均线，那么股价很可能进入主升浪，如图6-24所示。

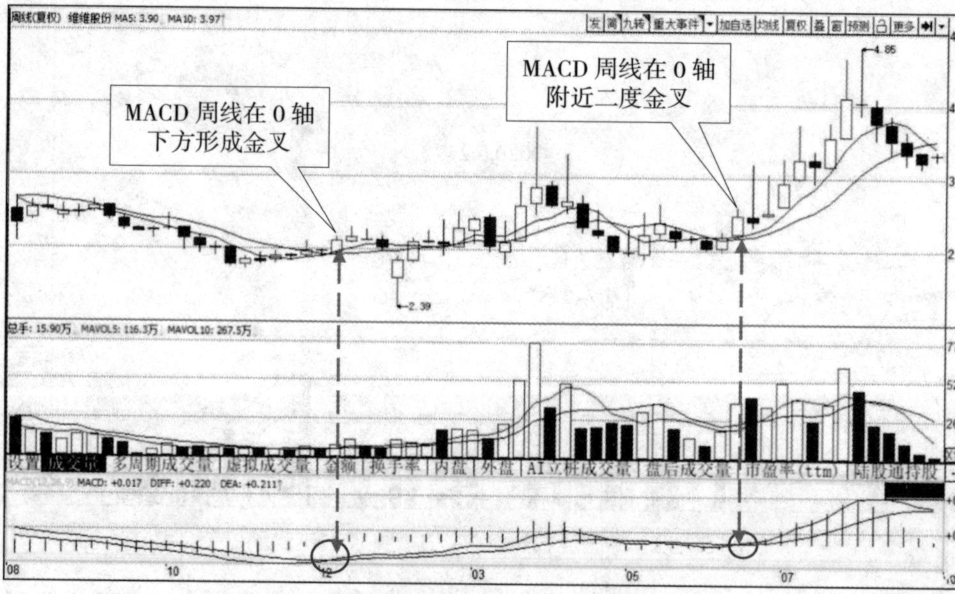

图6-24　MACD周线二度金叉抓主升浪

如图6-24所示，维维股份的股价在2020年年初启动了一波上涨行情，MACD指标周线在0轴下方出现黄金交叉形态。该股股价经过一段时间的上升，随后出现了调整走势。2020年7月中旬，该股股价重新上攻，且5周均线向上突破了10周均线，MACD指标在0轴附近也形成了二度金叉形态，这属于典

型的看涨形态，投资者可积极入场买入股票。

结合图 6-24 的情况，总结 MACD 指标二度金叉猎取主升浪的操盘要点如下。

第一，MACD 指标在短期内连续出现两次金叉，且第二次交叉时，股价要明显高于第一次交叉。

第二，MACD 指标二度金叉时，交叉点应该位于 0 轴附近，以 0 轴上方附近位置最佳。

第三，MACD 指标二度金叉时，均线系统中 5 周均线向上突破 10 周均线，更可印证股价主升浪的来临。

下面来看一下扬农化工的案例，如图 6-25 所示。

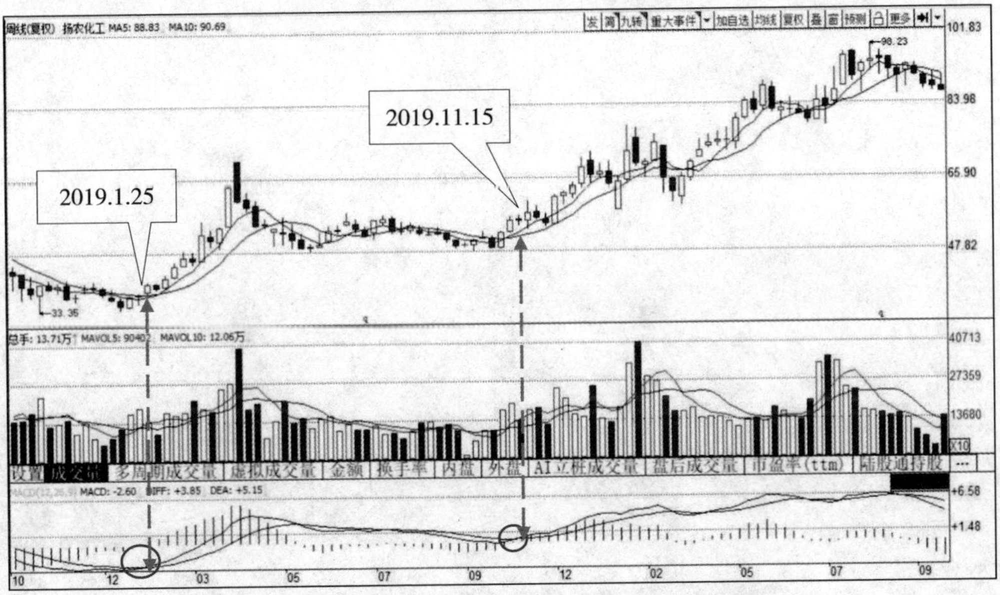

图 6-25 扬农化工（600486）周 K 线走势图

如图 6-25 所示，2019 年 1 月，扬农化工的股价终结了下跌趋势，开始出现振荡盘整走势，MACD 指标自底部反弹向上。

1 月 25 日，MACD 指标中的 DIFF 快线向上穿越 DEA 慢线形成交叉，其交叉点位于 0 轴下方。由于 MACD 指标金叉距离 0 轴较远，因而其成色欠佳。

11 月 15 日，该股股价周 K 线启动上扬，MACD 指标出现二度金叉，且交叉点位于 0 轴附近位置。在此之前，5 周均线刚刚完成了对 10 周均线的突破，形成了黄金交叉形态。11 月 15 日的股价还要明显高于 1 月 25 日的股价，这说明该股股价很可能要启动第三浪走势，投资者可积极入场建仓。

其后，该股股价出现了一波快速上涨走势。

第七章

优中选优——均线选股战法

前面讲解的均线实战技巧，本身也可以作为实战选股的依据。本章再介绍一些均线选股的基本原则和方法，供读者学习参考。

第一节　均线选股原则

均线本身具有反映各周期、各阶段市场平均持仓成本的作用，投资者通过均线之间、均线与股价 K 线之间的关系，可以识别市场趋势和股价运行趋势，借此确立基本的以均线为核心的选股原则。

本节涉及的四类环境，属于选股过程中首先需要排除的选项。也就是说，投资者在选股时，需要坚守熊市不选、破线不要、遇阻不买、背离不入四个基本原则。

一、熊市不选

市场上，绝大多数个股的走势都会与大盘走势保持一致，因此，整个大盘的运行趋势，就是投资者选股前需要重点考虑的问题。当大盘处于熊市时，特别是熊市初期，投资者最好不要入场操作。

从均线角度来看，当大盘K线自高位回落，且各条均线呈现空头发散排列时，就属于典型的熊市格局，投资者应该避免在这种环境下操作个股。如图7-1所示。

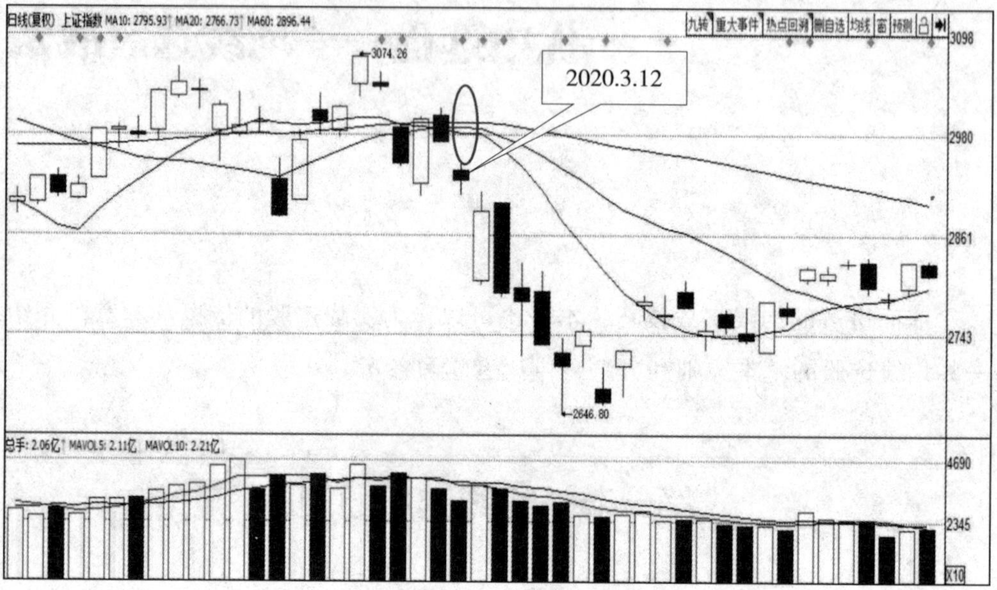

图7-1 上证指数（000001）日K线走势图

如图7-1所示，2020年3月初，股市经过之前一段时间的下跌和反弹，开始出现振荡走势。3月12日，上证指数日K线向下跳空，跌破了多条均线的支撑，各条均线开始呈空方发散排列，这说明整个大盘已经进入下行趋势。在股价还没有完成对均线系统的突破，中长期均线的运行方向也没有改变之前，投资者是不适合入场操作的。

也就是说，当整个市场处于熊市行情时，所有的选股操作都应该停止。投资者只需持有资金，静待股价回落企稳后再重新入场。

二、破线不要

在均线交易体系中，股价K线对均线的突破历来是最受重视的一个信号。

股价 K 线完成对均线的突破，说明市场上投资者的平均持仓成本与股价的对比关系发生了变化。当股价 K 线跌破均线，意味着市场上大多数投资者的持仓状态由盈利转为亏损，这一转变对投资者的心态影响是非常大的。当持仓股票出现亏损后，很多人的第一反应是，若股价重新回到让自己不再亏损的状态，那么就会抛出股票。正因如此，均线也就对股价 K 线产生了较大的影响。

基于以上分析，投资者在选股时，要尽量避开那些刚刚跌破均线支撑的股票。有些股票的跌幅看似不大，未来却可能由缓跌转为急跌。

下面来看一下乐普医疗的案例，如图 7–2 所示。

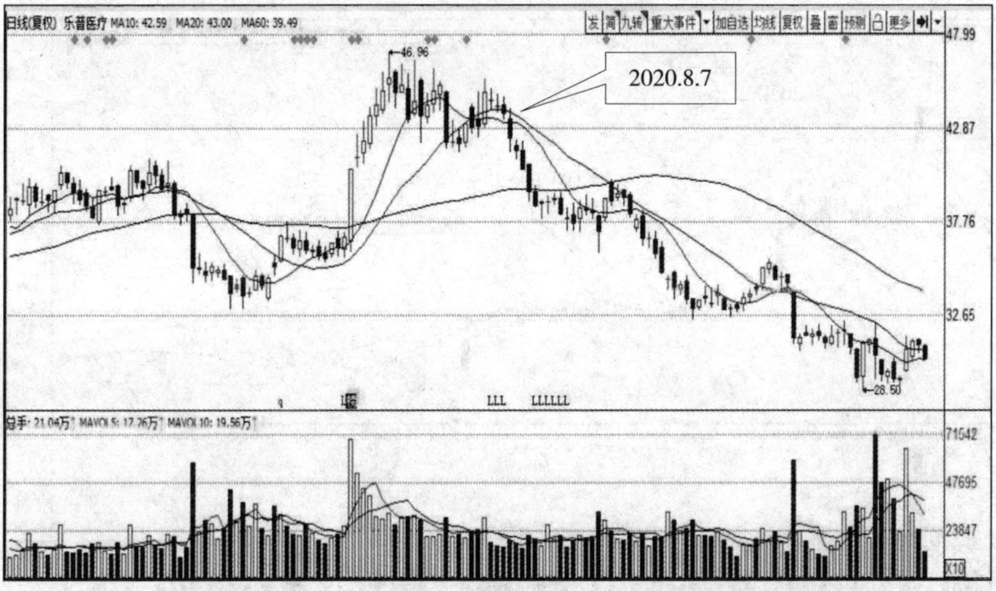

图 7–2　乐普医疗（300003）日 K 线走势图

如图 7–2 所示，2020 年 7 月，经过一段时间的上涨后，乐普医疗开始了振荡筑顶走势。2020 年 8 月 7 日，该股股价向下跌破了 5 日均线和 10 日均线，这是一种非常恶劣的走势，短线投资者不宜买入该股。

事实上，投资者在选股时，若个股短线走坏，不只是短线交易者不该入场，中线交易者也需要等待股价趋势明朗后（即在某一支撑位获得足够支撑后），再进行买入操作。

三、遇阻不买

与之前的破线不买原则相似，当股价 K 线或短期均线上攻时，遇到某一均线的阻力，股价重新步入下跌通道时，不宜入场买入股票。股价 K 线上行遇到某条均线的阻力，说明该均线位置存在大量的套牢盘等待换手。除非有大量资金入场解放这些套牢盘，否则，股价突破该位置就会遇到较大的困难。

基于以上分析，当股价出现反弹向上走势，上行至某一均线位置（周期越长的均线，阻力作用越强）受阻重新下跌时，投资者不宜入场。

下面来看一下路畅科技的案例，如图 7–3 所示。

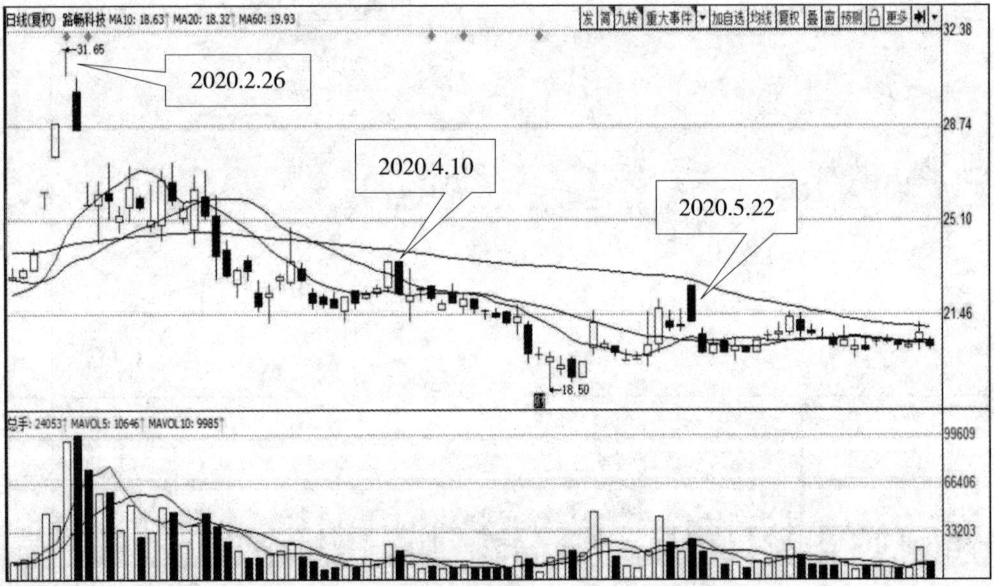

图 7–3　路畅科技（002813）日 K 线走势图

如图 7–3 所示，2020 年 2 月下旬，经过一段时间的暴涨后，路畅科技开始振荡下行。该股股价下行过程中，股价 K 线曾多次向上突破了 5 日均线和 10 日均线，但当股价 K 线上行至 60 日均线附近时，遇到 60 日均线的阻力，重新开启了下行走势，这说明 60 日均线对股价具有较强的阻力作用，只要股价 K 线没有突破 60 日均线，投资者就不宜入场买入股票。

四、背离不入

股价在高位振荡调整过程中，可能会出现均线金叉等经典买入形态。对于投资者来说，单纯地判断当前股价处于顶部还是中继调整位置是很难的，此时，投资者最好结合技术分析方法中的背离技术，研判股价与技术指标之间是否存在顶背离。一旦股价出现顶背离情况，其后即使均线发出买入信号，也不应入场买入该股。

在众多顶背离形态中，要特别关注量价顶背离和MACD指标顶背离。

1. 量价顶背离

量价顶背离是指股价创出一浪比一浪高的高点时，成交量却没有创出新高。按照正常的量价理论，股价上涨是由资金推动的，那么，股价创出更高的高点时，必然会出现更高的成交量。反之，当股价创出新高时，成交量却没有创出新高，则说明市场增量资金不足，这种上涨势头很难持续。当然，出现这种量价背离后，有时股价会很快转入下行趋势，也可能出现二次背离甚至三次背离才开始下跌，不过，下跌是最终的归宿。因此，出现量价顶背离后，即使均线系统发出买入信号，投资者也应该清楚，这种上升势头是很难持续的，不应选择这类股票操作。

下面来看一下南方轴承的案例。

如图7-4所示，自2020年2月下旬开始，南方轴承的股价走出了一段时间的振荡上扬走势。股价上涨过程中，分别在5月26日和7月23日创下两个阶段高点，后一个高点明显高于前一个。不过，观察两个阶段高点所对应的成交量可以发现，第二个高点对应的成交量柱明显低于第一个，这说明该股出现了量价顶背离形态，意味着股价未来将进入下行通道，投资者不宜再入场交易。

9月9日，该股股价大幅上涨，10日均线向上突破了20日均线，60日均线也呈现振荡上扬态势。一般来说，此时应该是一个较佳的买入点位，但鉴于此前该股股价已经出现了量价顶背离，因此，投资者还是宜放弃买入该股为佳。

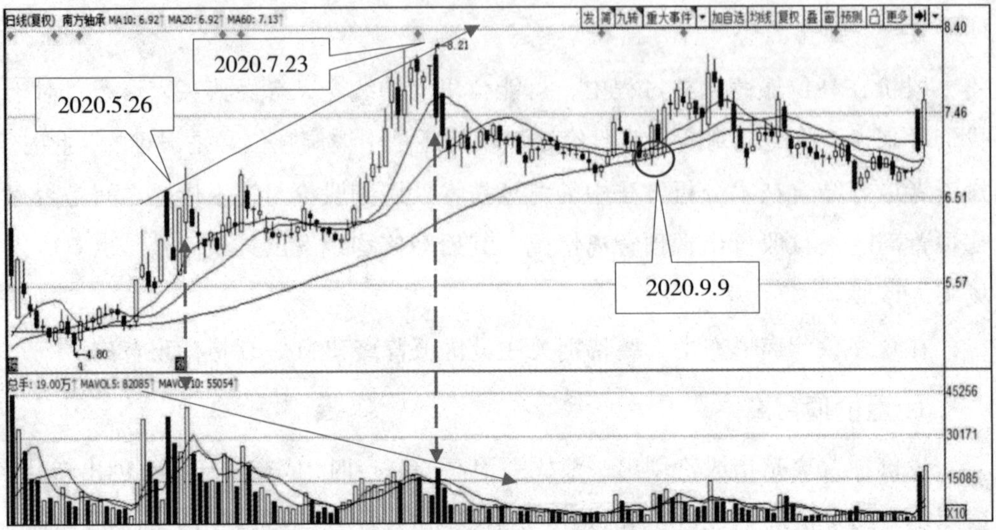

图 7-4　南方轴承（002553）日 K 线走势图

2. MACD 指标顶背离

MACD 指标与股价的顶背离与量价顶背离情况相似，当股价创出一波比一波高的价格时，MACD 指标却并未同步创出新高，就是 MACD 指标与股价的顶背离，也意味着股价即将结束上行趋势。此后，若均线出现金叉等买入形态，投资者也不宜执行买入股票的操作。

下面来看一下万孚生物的案例。

如图 7-5 所示，自 2020 年 2 月下旬开始，万孚生物的股价出现了一段时间的振荡上扬。股价上涨过程中，分别在 4 月 23 日和 7 月 15 日创下了两个阶段高点，且后一个高点明显高于前一个。不过，观察两个阶段高点所对应的 MACD 指标可以发现，第二个高点对应的 MACD 指标高点明显低于第一个，这说明该股出现了 MACD 指标顶背离形态，意味着股价未来将进入下行通道，投资者不宜再入场交易。

9 月 1 日，该股股价连续大幅上涨，且 10 日均线向上突破了 20 日均线，60 日均线也呈振荡上扬态势。一般来说，此时应该是一个较佳的买入点位。但鉴于此前该股股价已经出现了 MACD 指标顶背离形态，因此投资者还是宜放弃买入该股为佳。

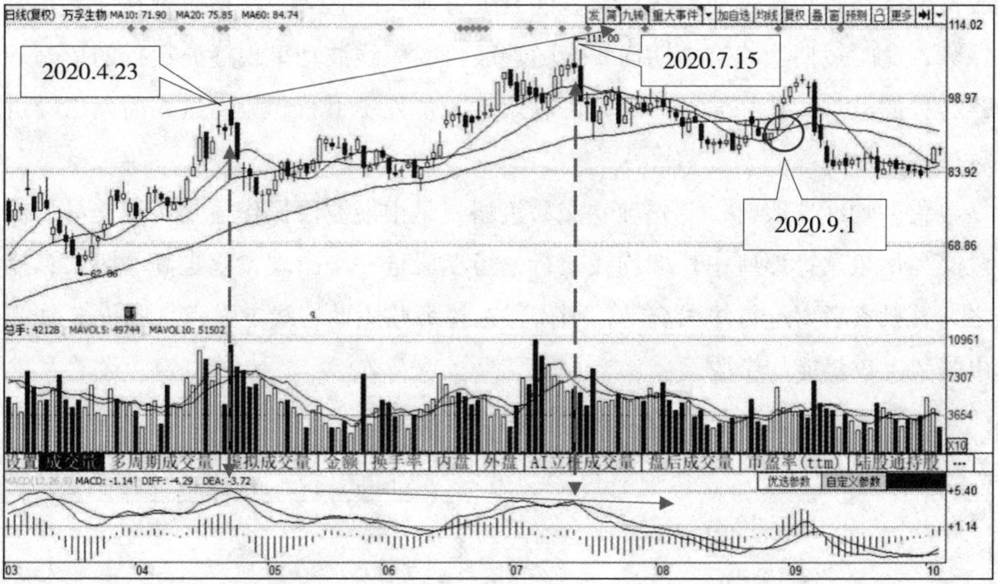

图 7-5　万孚生物（300482）日 K 线走势图

第二节　均线选股技巧

一、K 线看势，均线看形

股价 K 线反映的是一个交易日内的股价运行态势，而股价进入上行趋势或下行趋势后，往往持续的时间都会比较长，这就使得股价 K 线经常表现出某种较为连续的状态，如连续拉出阳线或阴线。特别是进入加速上升期或加速下跌期，不仅会连续出现阳线或阴线，而且可能还都是大阳线或大阴线。正因如此，通过 K 线观察股价运行趋势时，必须重视 K 线的短期势能，不能逆势而动。比如，股价已经连续出现阳线了，就不能再做空。若连续走出阴线，则不宜入场交易。

与之相似，通过均线观察股价运行趋势时，则需要根据均线的形态来判断股价的运行趋势。长期均线持续呈向右上方倾斜的态势，这是股价长期上行的保障，此时短期均线与中期均线会随着股价的短线波动呈现逐波运行的形态。若这种波浪是一波一波上行的，可以认定股价处于上行趋势，这在前面已经讲解过。

借助均线选股时，要先确立交易策略，是中期波段操作还是短线交易。波段交易尽量选择那些中长期均线上行，短期股价并未出现大幅走高的股票；反之，若投资者要进行短线交易，则需要选择那些短期均线走强，且股价 K 线露出强势上攻势能的个股。

下面看一下蓝海华腾的案例，如图 7-6 所示。

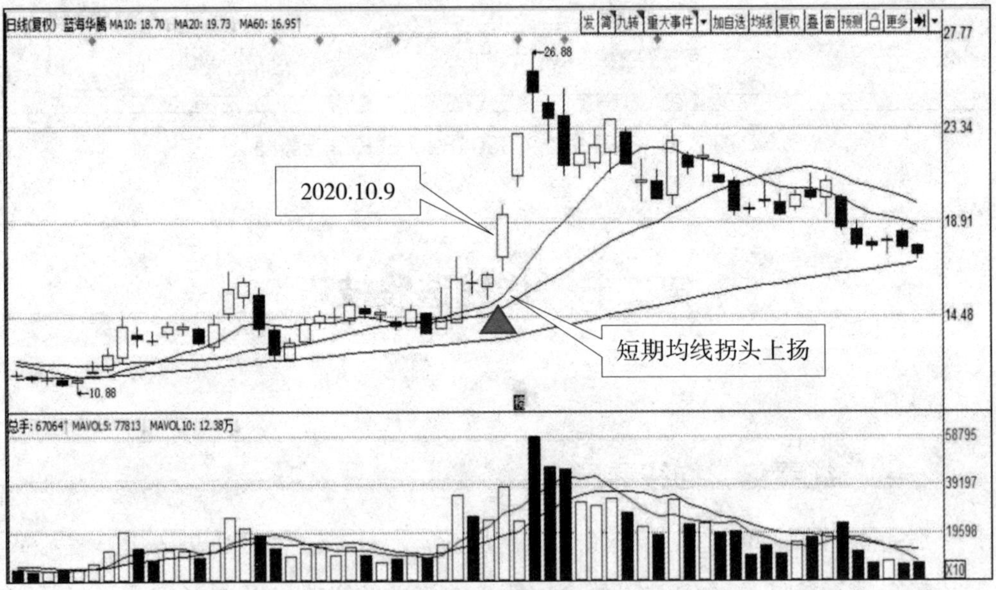

图 7-6　蓝海华腾（300484）日 K 线走势图

如图 7-6 所示，蓝海华腾的股价经过一段时间的上涨后，自 2020 年 7 月中旬开始振荡盘整，各条均线呈缠绕状态。

进入 8 月下旬，蓝海华腾的股价开始启动上行，不过股价上升的速度较慢，且中间出现了回调，10 日均线向 20 日均线靠拢。不过，10 日均线、20 日均线与 60 日均线的距离逐渐拉开，说明股价短期呈现明显的强势。

2020 年 10 月 9 日，该股股价放量上升。观察股价 K 线走势可以看出，此时股价 K 线已经连续数日上攻，且阳线实体明显增大，这是短线势能不断增强的信号。与此同时，10 日均线拐头上扬，呈现加速上行态势。从 10 日均线的形态可以看出，股价已经开始加速上行，这是股价短线启动的典型迹象，此类股票就是短线交易者应该重点考虑的交易标的。

对于中线波段交易来说，股价 K 线短线上攻势能强，也就意味着股价短期高点来临，这绝不应该成为中线波段选股的目标，那些自阶段底部启动，缓慢上行的股票才是最佳标的。这类股票的均线系统具有典型的波浪式上升形态，即均线回调的低点一浪比一浪高。

下面来看一下赛升药业的案例，如图 7-7 所示。

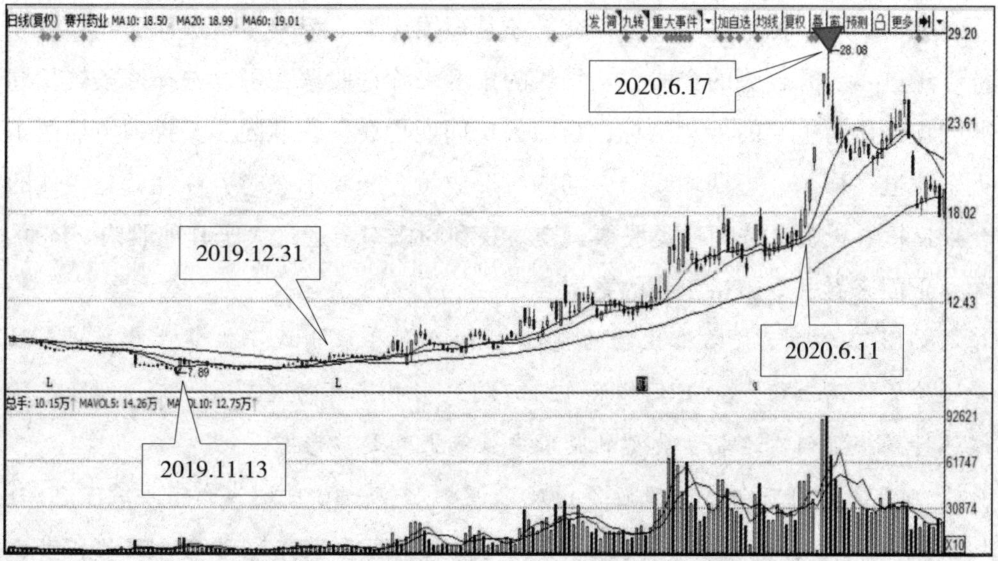

图 7-7　赛升药业（300485）日 K 线走势图

如图 7-7 所示，赛升药业的股价经过一段时间的下跌后，在 2019 年 11 月 13 日创下阶段最低点，之后出现振荡反弹走势。

2019 年 12 月 31 日，该股股价向上突破了 60 日均线，随后，10 日均线和

20 日均线先后向上突破 60 日均线，这说明股价中线运行趋势已经发生了反转。其后，波段交易者可考虑入场买入股票。

该股的均线系统随着股价的波动出现了振荡走势，不过，均线回调的低点却越来越高，这说明整个均线系统处于上升趋势。由于该股股价之前没有出现短线暴涨形态，比较符合波段选股的特征，因此，这类股票就比较符合中线波段交易者选股的需求。

2020 年 6 月 11 日，该股股价 K 线开始加速上攻，10 日均线出现拐头，此时属于短线入场位置。中线持仓者可继续持仓，但要做好撤退的准备。6 月 17 日，该股股价自高点回落，中线交易者可出局离场。

二、火车道上，金叉牛股

如前所示，无论是中线波段交易还是短线交易，都要尽量选择那些长线股价已经进入上升趋势的个股。从均线的角度来筛选股票，可以选择两条较长周期的均线作为重要的参考指标，当两条长周期均线呈现顺向多头排列（如两条火车轨道一样），短期均线与中期均线形成黄金交叉形态时，往往就是较佳的介入良机。投资者选择这类股票，交易获利的概率会远远大于其他股票。

下面来看一下雪榕生物的案例。

如图 7-8 所示，雪榕生物的股价自 2019 年年底出现了振荡上升走势。随着股价的振荡上行，60 日均线和 120 日均线形成了顺向火车道形态，即两条均线保持多头排列，这属于典型的股价中长线上升趋势形态。

2020 年 6 月下旬，该股股价出现了调整走势，10 日均线向下跌破了 20 日均线。由于此时 60 日均线和 120 日均线仍呈现顺向火车道形态，因此，可以认定此时股价的回调属于短线调整。

7 月 2 日，该股股价在之前上行的基础上收出一根小阳线，10 日均线向上突破了 20 日均线，这属于典型的看涨形态。对于喜欢中短线交易的投资者而言，这类股票就是最佳的投资标的。

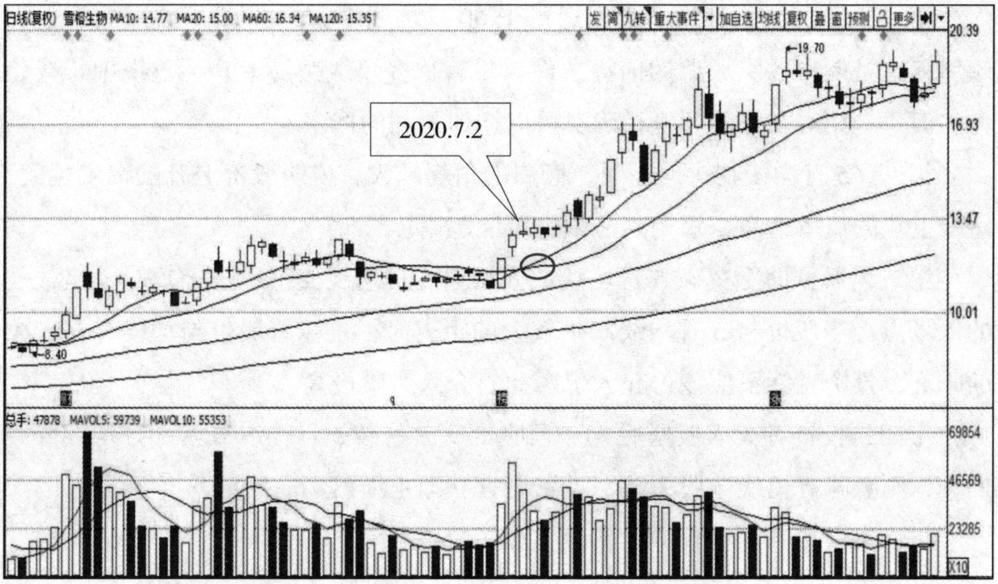

图 7-8　雪榕生物（300511）日 K 线走势图

总之，只要股价运行于 60 日均线和 120 日均线上方，60 日均线与 120 日均线呈顺向火车道排列，投资者就可以耐心持股，或者借助中短线交易技巧进行小波段操作。

三、均线拐头，线价齐飞

短线交易者可能对股价的中长线走势并不感兴趣，而更愿意关注最近两天股价能不能上攻，因此，短线强势股常常成为他们的最爱。短线强势股的选择看似简单，却面临很大的风险，投资者一旦选择失误，短期内就可能出现较大的亏损。因此，在这类股票的选择上，投资者必须慎之又慎。

前面曾经提到过，5 日均线常常被用作短线操作的重要参考均线。当 5 日均线出现拐头向上的迹象时，往往意味着股价已经进入加速上涨状态，短线交易者最喜欢的短线强势股往往就在其中。

依靠 5 日均线拐头选强势股时，需要注意这样几点。

第一，股价与5日均线必须运行于60日均线上方，60日均线需向右上方倾斜，这是操作各类股票的前提条件。尽管很多短线交易者并不重视中长线趋势，但一个相对友好的环境，确实可以增加盈利的概率。

第二，5日均线拐头向上时，倾斜的角度越大，说明股价上升的幅度越大，短线上攻的概率越高，短期内涨幅也可能越高。

第三，股价向上突破5日均线或回调遇5日均线支撑快速上攻时，是最佳的入场点。当股价与5日均线产生较大的距离时，意味着股价与均线存在较大的乖离，投资者就不应该再介入了，此时介入风险极高。

第四，投资者买入股票后，一旦股价反向跌破5日均线或者5日均线开始回调，则意味着短线选股失败，投资者宜立即止损离场。

下面来看一下西南证券的案例，如图7-9所示。

图7-9　西南证券（600369）日K线走势图

如图7-9所示，西南证券的股价经过一波小幅振荡上升走势后，在2020年6月底，股价出现了小幅调整。此时60日均线已经开始放平，这说明此时市场环境已经开始偏向多头，有利于投资者进行短线追涨交易。

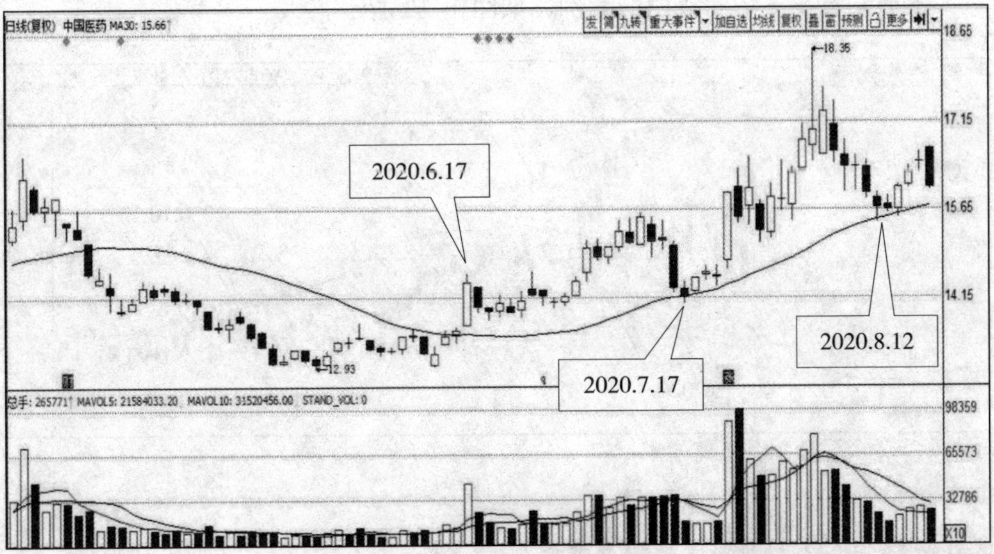

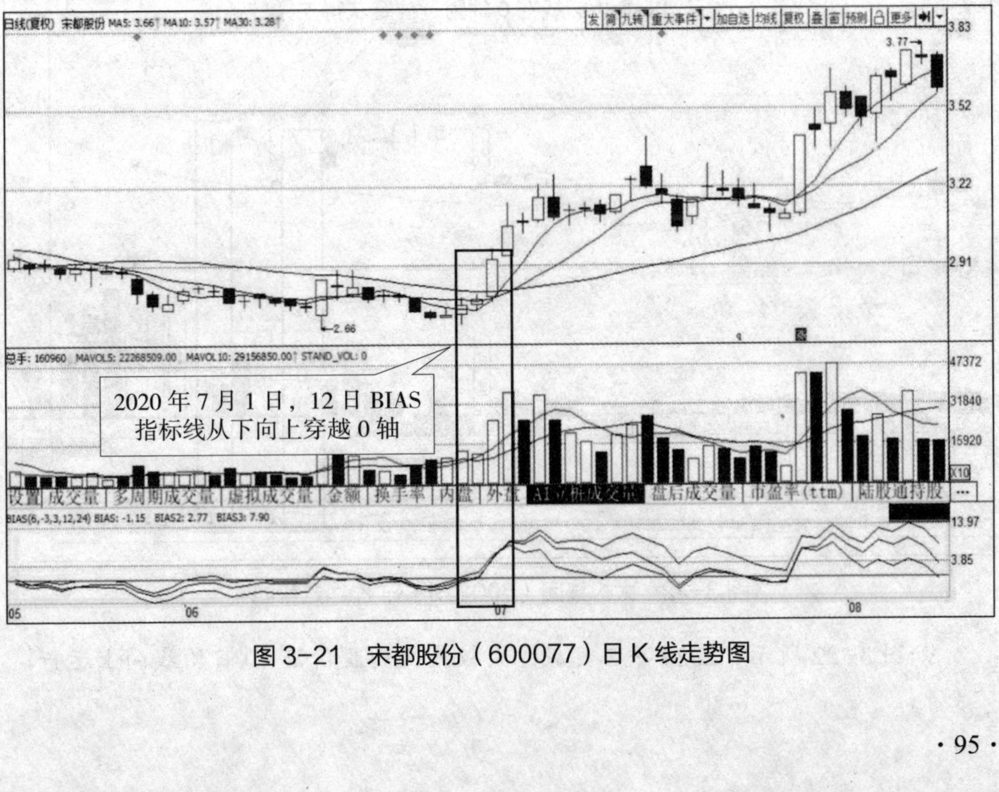

2020 年 7 月 2 日，该股股价大幅拉升，在突破 5 日均线的同时，成交量同步大幅放大。与此同时，5 日均线出现了拐头向上的态势，且拐头的幅度极大，这说明该股股价短线可能会进入暴涨行情，短线交易者可积极追涨该股。

四、均线新高，量价齐升

按照前面提及的均线与上升趋势研判的相关分析方法，当均线回调的低点一个比一个高的时候，就说明股价已经进入了上升趋势。进入上升趋势的股票，就是进行中短线操作的较佳投资标的。

按照这一标准选择的股票，应该满足如下几个条件。

第一，随着股价的波动，短期均线呈振荡上升态势，即回调的低点一次比一次高，这是均线处于上升趋势的典型特征。

第二，股价运行于均线上方，或股价自下而上突破均线，此为最佳入场时机。股价突破均线时，需要成交量的放大相配合。

第三，10 日均线是重要的短线生命线，对于中短线交易者来说，10 日均线可以作为主要参照均线。

第四，投资者所选的股票，还应该满足中长期均线（以 60 日均线为佳）处于向右上方倾斜态势，股价与短期均线（10 日均线）运行于中长期均线上方，这是股价长期上行的保障。

下面来看一下伊利股份的案例。

如图 7-9 所示，伊利股份的 10 日均线在 2020 年 3 月 26 日创下阶段低点后振荡上扬。6 月 3 日，该股的 10 日均线在股价反弹后形成的第二个低点位置再度上行，该 10 日均线的低点要比 3 月 26 日的低点高一些。也就是说，10 日均线回调的低点开始上行，这是股价进入上升趋势的信号。

与此同时，伊利股份的股价刚刚突破 60 日均线，且 60 日均线开始向上拐头，投资者可以保持对该股的关注。

6 月 12 日，该股股价经过一波调整后重新上升，10 日均线自下而上穿越

60 日均线。至此，股价 K 线与 10 日均线全部运行于 60 日均线上方，满足了之前设定的选股条件，投资者可择机入场建仓该股。

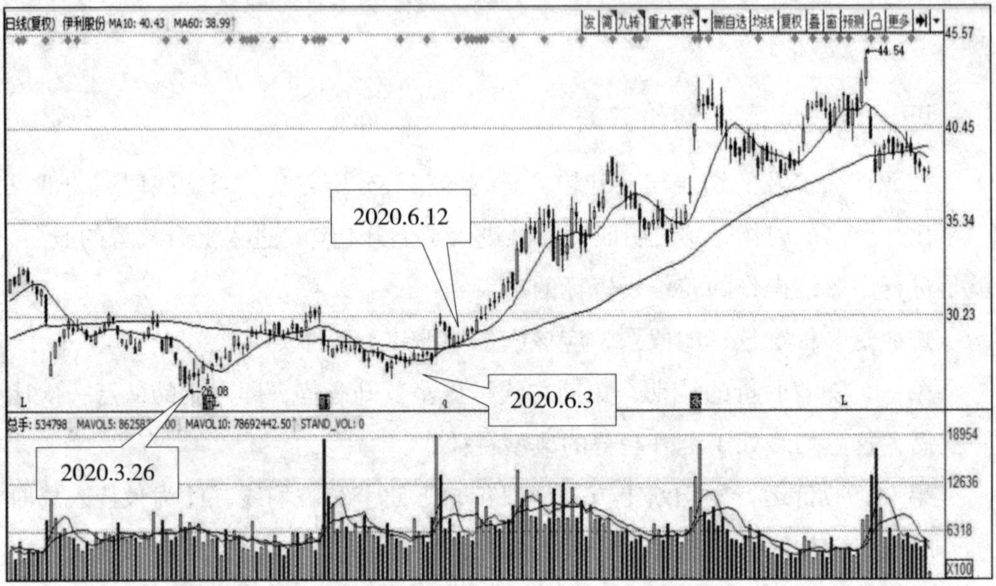

图 7-9 伊利股份（600887）日 K 线走势图

五、均线黏合，花开富贵

前面曾经介绍过关于三线开花、五线开花的内容，这些形态实质上都属于均线由黏合到多头发散所催生的股价上升趋势。一般来说，只有出现多头发散形态，才算是精准的买入信号。不过，在实战中，我们也可以通过均线与其他技术指标结合分析，在股价刚刚启动时，先一步介入这类股票。

大家知道，均线黏合后，必然会走向发散。发散分为多头发散和空头发散，这就为投资者提前介入增加了风险。若介入时间过早，谁也不清楚股价黏合的时间到底有多长，这就增加了投资的时间成本和不必要的风险。因此，在选择这类股票时，需要关注以下几个方面。

第一，均线黏合的时间长度。通常来说，黏合的时间越长，未来上攻的空间越大，也越有利于投资者的操作。

第二，均线黏合期间的波动幅度。均线黏合期间的波动幅度越小，各条均线真正纠缠在一起，很难区分，未来分开时，股价波动的幅度才会越大。

第三，均线黏合期间的成交量大致会经历这样一个过程：第一阶段，随着黏合时间的增加，成交量逐渐萎缩；第二阶段，随着黏合临近结束，成交量开始温和放大，这是主力资金开始进场的标志，投资者可以选取这些股票作为候选标的。

第四，随着黏合临近结束，MACD 指标也会率先出现振荡上升态势，一旦该指标在 0 轴附近出现金叉或拐头上扬形态，往往就是股价启动上行的信号，投资者可以考虑开始建仓。

第五，当股价启动上升，各条均线开始多头发散时，投资者可再度进行加仓。

下面来看一下方正证券的案例，如图 7-10 所示。

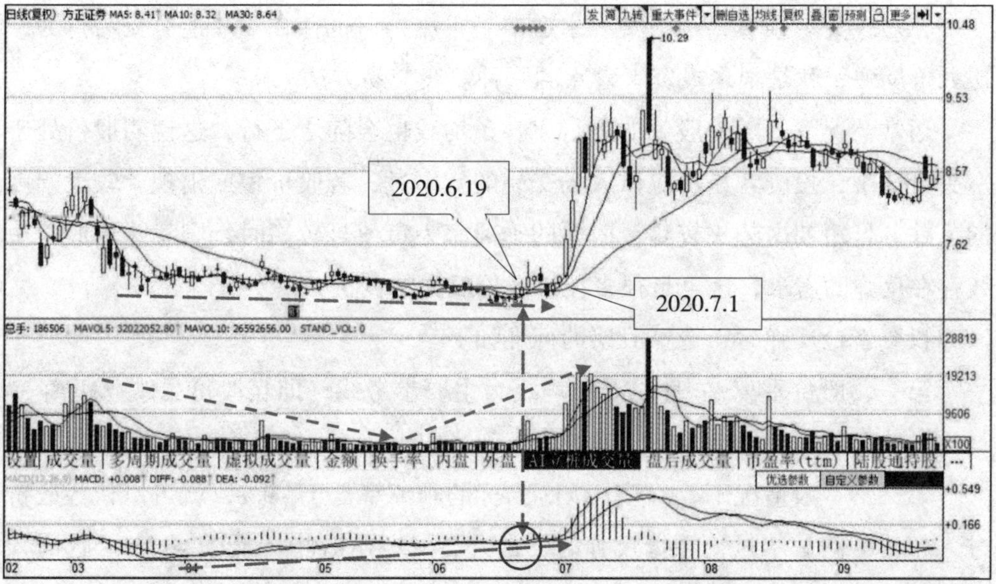

图 7-10　方正证券（601901）日 K 线走势图

如图 7-10 所示，方正证券的股价经过一段下跌走势之后，自 2020 年 3 月开始横向盘整走势，各条均线逐渐黏合在一处。观察该股的成交量可知，在股价黏合过程中，先期成交量逐渐萎缩。随着黏合时间的增加，成交量开始逐渐温和放大，这说明主力资金开始缓步入场。

在均线黏合过程中，尽管股价还在不断创出新低，但观察此时的 MACD 指标可知，MACD 指标出现了振荡上行态势，这说明股价与 MACD 指标出现了底背离，这是股价向好的信号。

2020 年 6 月 19 日，该股股价小幅上扬，成交量出现了明显放大，MACD 指标在 0 轴附近开始向上拐头，这属于典型的行情启动信号，投资者可考虑先行入场少量建仓。

7 月 1 日，该股股价再度收涨，成交量同步放大，MACD 指标加大拐头力度，且各条均线呈多头发散排列，投资者可积极入场。

六、乖离过大，暴跌反弹

在短线交易领域，顺势交易永远都是主流，但也存在一些逆势交易行为，比如抢反弹，就是很多投资者喜欢的一种短线交易方法。

通常情况下，随着股价的下行，各条均线也会随之下行，这说明股价处于空头行情中，投资者是不应该入场交易的。不过，若股价短期出现了较大幅度的下跌，且短期内势头较猛，股票的乖离率为负值且较高时，则意味着股价短线存在反弹的需求，这也是很多投资者抢反弹的良机。

投资者抢反弹时，选择股票的标准如下。

第一，股价乖离一般以 30 日均线为主要参考线，即当股价暴跌，距离 30 日均线较远时，股价会存在反弹的需求。

第二，一般情况下，24 日 BAIS 指标的乖离率低于 –9%，就可以认为股价进入超卖区间。不过，在抢反弹时，最好 24 日 BAIS 指标低于 –15%，这时入场把握更大。

第三，股价下跌时，成交量一般会出现萎缩，但如股价触底时成交量出现增大，则说明有大资金入场，投资者可积极入场。

第四，股价出现暴跌并远离均线时，各条长期均线仍处于下行趋势，原则上，这种环境并不利于进行短线操作。因此，抢反弹的投资者在看到股价远离均线，并且乖离率较大时，可以少量入场，但必须合理控制仓位。同时，在股价反弹至30日均线附近时，还要考虑均线对股价的阻力，一旦股价存在遇阻回落迹象，则应立即离场。

下面来看一下德美化工的案例，如图 7–11 所示。

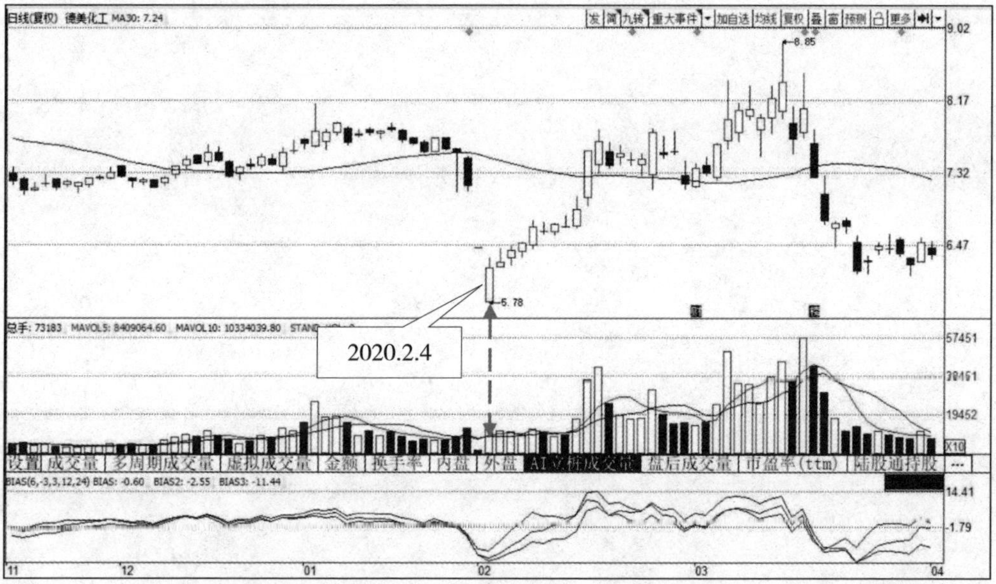

图 7–11　德美化工（002054）日 K 线走势图

如图 7–11 所示，2020 年年初，因疫情原因，德美化工的股价随着大盘的暴跌而出现了一波暴跌走势。随着股价下跌速度加快，导致负的乖离率突然增大。2020 年 2 月 4 日，该股股价创下回调新低，6 日、12 日和 24 日 BIAS 指标值均低于 –10%，特别是 24 日 BIAS 指标值达到了 –17%，说明该股已经严重超卖，短线投资者可以尝试买入，争抢反弹。

其后，该股企稳回升，出现了一波反弹行情。